ZEITSTROM
EINER EPOCHE

Welch eindrucksvollen Weg – von den Trümmern der unmittelbaren Nachkriegszeit bis heute – Österreich zurückgelegt hat, das bringt dieses Buch gerade jenen heute jungen Menschen nahe, die von der damaligen Zeit nur aus Erzählungen und Medien wissen.

Diese Chronik versteht es, den Einsatz für die Energiegewinnung in Österreich mit seiner Zeitgeschichte faszinierend zu verbinden. Daß dabei auch kritische Stimmen zu Wort kommen und kontroversielle Debatten nicht ausgespart bleiben, macht diese illustrierte Geschichte interessant und lehrreich.

Diese Form der Auseinandersetzung mit den Fragen der Energieversorgung läßt hoffen, daß Österreich seine Kräfte konstruktiv zur Lösung der Probleme der Zukunft einsetzt: Wer auf der einen Seite weiß, wie wichtig eine gesicherte Energieversorgung für das gesamte Leben im Land ist, und andererseits versteht, wie Ziele und Wünsche der Menschen sich wandeln, wird fruchtbringend daran mitarbeiten.

Bundeskanzler Dr. **Franz Vranitzky**

Firmengeschichten beschränken sich oft darauf, eine pure Chronik der Ereignisse in dem Unternehmen zu sein. Bei der vorliegenden Publikation des Verbundkonzerns ist dies aber nicht der Fall. Nicht nur eingebettet in das Umfeld der Elektrizitätswirtschaft als solche, sondern in der Wechselwirkung mit nationalen und internationalen Entwicklungen auf politischem, wirtschaftlichem und kulturellem Gebiet wird ein Kaleidoskop der Energiewirtschaft und Energiepolitik geboten, das nicht nur Schlagzeilen aufzählt, sondern versucht, Zusammenhänge darzustellen.

Dabei kommt deutlich zum Ausdruck, daß seit den siebziger Jahren die Energiepolitik zu jenen Bereichen wirtschaftspolitischen Handelns zählt, die ein überdurchschnittliches Interesse der breiten Öffentlichkeit vorfinden. Die Bevölkerung ist sensibel geworden: nicht nur für die Abhängigkeit von Lebensqualität und Wohlbefinden, von ausreichender Versorgung mit Energiedienstleistungen, sondern auch für die Beeinträchtigung der Umwelt, die mit manchen Formen der Erzeugung und des Einsatzes von Energie einhergehen kann. Die Risiken von Großtechnologien in der Industriegesellschaft – Stichwort Kernenergie – werden mit Energiepolitik ebenso in Zusammenhang gebracht wie die für die Demokratie vitale Frage der Legitimation von politischen Entscheidungen – Stichworte Großprojekte, Umweltverträglichkeitsprüfung.

Eine möglichst spannungsfreies Funktionieren einer Gesellschafts- und Wirtschaftsordnung beruht auf langfristigen und klar formulierten wirtschaftspolitischen Zielvorgaben. Diese haben für eine an marktwirtschaftlichen Grundsätzen orientierte Energieversorgung wie derjenigen Österreichs nachvollziehbare Rahmenbedingungen zu enthalten. Zu diesen Rahmenbedingungen gehören mehr Transparenz und Chancengleichheit, vor allem aber auch die wirkungsvolle Integration ökologischer Ziele. In Zukunft gilt es daher – und dies ist die Aufgabe der Energiepolitik –, für die Energiewirtschaft im allgemeinen und für die Elektrizitätswirtschaft im besonderen optimale Rahmenbedingungen und eine bessere Organisation des Marktes zu schaffen. Daraus resultiert einerseits eine größtmögliche Zurücknahme staatlicher Eingriffe und andererseits die bedeutende Herausforderung, die sich der österreichischen Wirtschaft in Zukunft stellen wird, nämlich die fortschreitende europäische Integration.

Der Verbundkonzern stellt sich jedenfalls – und dies verdeutlicht die vorliegende Publikation – von den Tagen des Wiederaufbaus bis hin zur Gegenwart als Basiszweig der österreichischen Wirtschaft dar, der zweifellos den Herausforderungen der Zukunft – versehen mit neuen und zusätzlichen Aufgaben – gewachsen sein wird.

Bundesminister Dr. **Wolfgang Schüssel**

P·I·C·H·L·E·R

VERLAGSBUCHHANDLUNG PICHLER GES.M.B.H.

ROBERT KLEMENT

ZEITSTROM EINER EPOCHE

ENERGIE- UND ZEITGESCHICHTE
VON 1947 BIS ZUR GEGENWART

INHALT

Mit Gastbeiträgen von:

Hugo Portisch

Bruno Kreisky

Horst Knapp

Franz Hintermayer

Gerhard Heilingbrunner

Hannes Zach

und einem Nachwort von:

Walter Fremuth

Autor: Robert Klement
Umschlag und graphische Gestaltung: Reinhard Kiesel

Medieninhaber: Verlagsbuchhandlung A. Pichlers Witwe & Sohn Ges.m.b.H. Wien

Hersteller: Elbemühl Graphische Industrie Ges.m.b.H. Wien

Verlags- und Herstellungsort: Wien
Printed in Austria

ISBN 3-85431-039-0

Die Publikation dieses Buches wurde durch die Verbundgesellschaft gefördert.

Vorwort. Zeitgeschichte kann spannend sein, sie kann sogar hochspannend sein, in Hochspannung versetzen. Wir von der Verbundgesellschaft wissen mit Hochspannung umzugehen. Dieses „elektrisierende" Buch ist als Zeitung gedacht. Aktuelles aus vier Jahrzehnten wird hier verkürzt – oft nur in Schlagworten – dargestellt. Diese „Momentaufnahmen" wollen nichts weiter, als Interesse an einem aufregenden Stück Zeitgeschichte wecken.

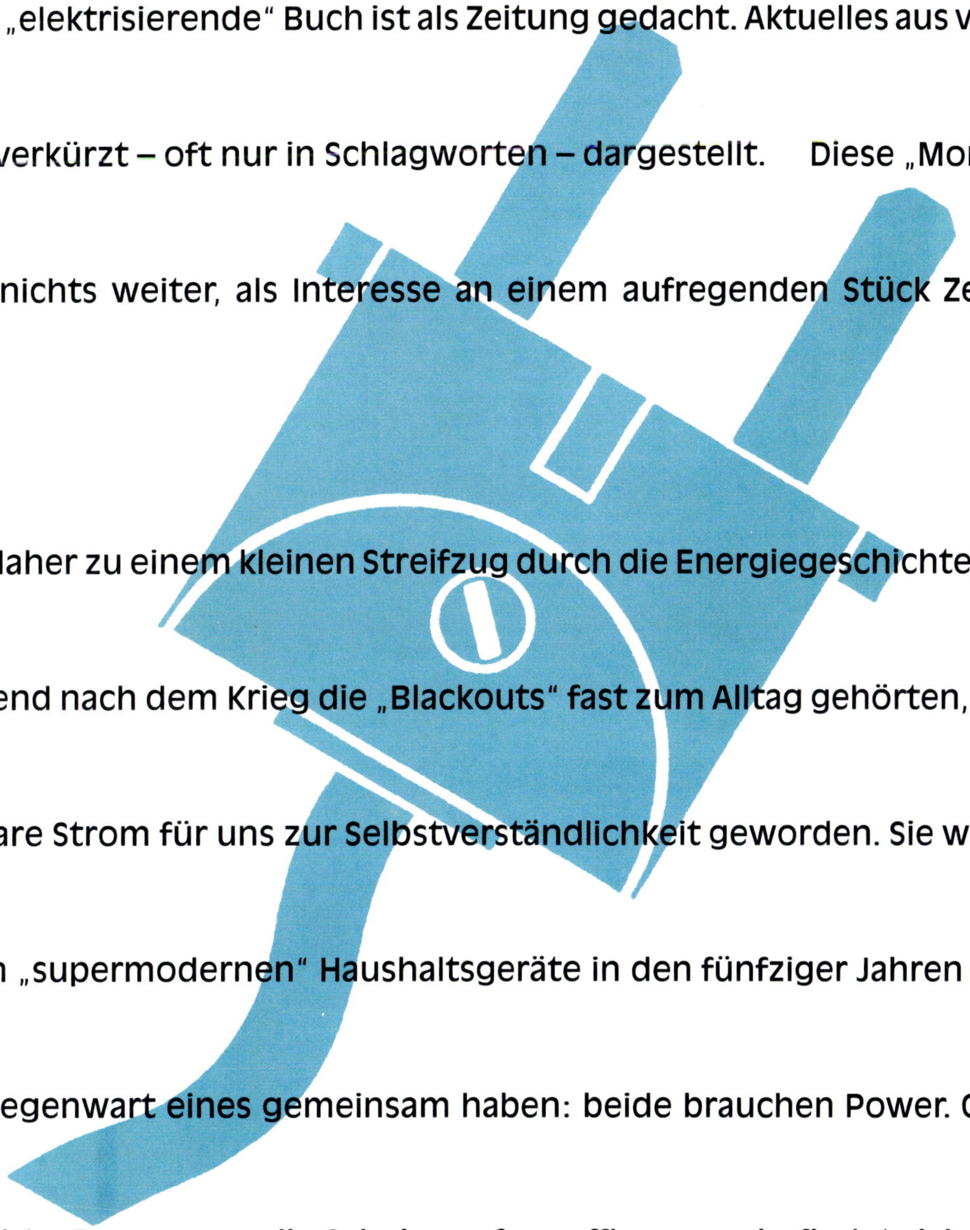

Wir laden Sie daher zu einem kleinen Streifzug durch die Energiegeschichte unseres Landes ein. Während nach dem Krieg die „Blackouts" fast zum Alltag gehörten, ist heute der stets verfügbare Strom für uns zur Selbstverständlichkeit geworden. Sie werden sehen, daß die ersten „supermodernen" Haushaltsgeräte in den fünfziger Jahren und ein Pop-Konzert der Gegenwart eines gemeinsam haben: beide brauchen Power. Ohne Energie geht eben nichts. Denn wenn die Scheinwerfer aufflammen, befindet sich irgendwo im Hintergrund eine Steckdose. Genauso wie bei diesem Buch – es wurde auf einer elektrischen Schreibmaschine getippt. Wetten, daß es in Hochspannung versetzen kann ...

Der schönste Tag seit 1945 war für ganz Österreich der 12. September 1947: In Wiener Neustadt trifft der erste Transport von Heimkehrern aus der sowjetischen Kriegsgefangenschaft ein.

Verbundgesellschaft gegründet

Wiederaufbau der E-Wirtschaft beginnt

Die österreichische Elektrizitätswirtschaft erhält in diesem Jahr eine neue Rechtsgrundlage und Organisationsform:

Am 26. März 1947 wird vom Nationalrat das Bundesgesetz für die Verstaatlichung der Elektrizitätswirtschaft, das 2. Verstaatlichungsgesetz, beschlossen.

Noch im selben Jahr werden durch dieses Gesetz die Verbundgesellschaft und vier Sondergesellschaften gegründet.

Der Wiederaufbau der Elektrizitätswirtschaft beginnt.

150 000 Haushalte kontrolliert

Der E-Kommissar geht um

Aufgrund des Katastrophenwinters '47 werden für die einzelnen Bundesländer Stromkontingente festgesetzt.

Ende Juli werden Höchstverbrauchsmengen für Haushalte, Landwirtschaft und Kleingewerbebetriebe bestimmt. Die elektrische Raumheizung sowie Schaufenster- und Reklamebeleuchtung werden grundsätzlich verboten.

Rund 150 000 Haushaltabnehmer werden kontrolliert: Als wirksamste Strafmaßnahme bei großen Überschreitungen erweist sich bei allen Anlagen die drei- bis achttägige Abschaltung.

Katastrophenwinter

- **Kohlemangel: „Aus" für Bahn**
- **Wasserstand extrem niedrig**
- **Industriebetriebe stillgelegt**
- **Kältewellen**

26. 3. 1947 einstimmige Verabschiedung des 2. Verstaatlichungsgesetzes im Nationalrat
10. 5. 1947 Veröffentlichung des 2. Verstaatlichungsgesetzes (BGBl. 81/1947)
11. 5. 1947 Inkrafttreten des 2. Verstaatlichungsgesetzes Satzungen der Österreichischen Elektrizitätswirtschafts-Aktiengesellschaft durch Beschluß der Bundesregierung genehmigt
27. 7. 1947 Gründung folgender Gesellschaften:
- Österreichische Elektrizitätswirtschafts AG
- Österreichische Donaukraftwerke AG
- Österreichische Draukraftwerke AG
- Ennskraftwerke AG
- Tauernkraftwerke AG

26. 9. 1947 erste Eintragung im Handelsregister mit Bezug auf „Verbundgesellschaft".

Der schwarze Markt blüht: Die Alliierten bringen Lebensmittel und Zigaretten, die Österreicher Uhren, Ringe, Ketten, Fotoapparate, Teppiche und Kleider. „Tauschzentrale“ ist der Wiener Resselpark.

Ära der großen Koalition beginnt

Neue Bundeshymne

1. Lohn- und Preisabkommen

Marshallplanhilfe beschlossen

Holaubek Wiener Polizeipräsident

Außenministerkonferenz über Staatsvertrag in London

Währungsreform

23 „Blackouts“

Kerzen und Petroleumlampen liegen stets in Griffweite: Man sitzt sehr oft im Dunkeln in diesem denkwürdigen Jahr.

Von den 23 „Blackouts“ des Jahres 1947 werden 14 durch Leistungsmangel verursacht, die anderen durch technische Gebrechen.

Energieminister zurückgetreten

Bei der Parlamentsdebatte über das Währungsgesetz tritt Energieminister Altmann (KPÖ) zurück. Sein Nachfolger ist Alfred Migsch (SPÖ).

Durch den Rücktritt Altmanns wird die Dreier-Koalition beendet.

NEWS

Der amerikanische Außenminister George C. Marshall schlägt das später als Marshallplan bezeichnete Wirtschaftsaufbauprogramm für Europa vor.

„Kalter Krieg“ nach Moskauer Konferenzen

Benelux-Abkommen

USA: Truman-Doktrin

Pariser Friedensverträge

Indien unabhängig

Marshallplan für Europa

Kommunisten gründen Kominform-Büro

UNO beschließt Teilung Palästinas

BUNDESGESETZBLATT

FÜR DIE REPUBLIK ÖSTERREICH

Jahrgang 1947 Ausgegeben am 10. Mai 1947 21. Stück

81. Bundesgesetz vom 26. März 1947 über die Verstaatlichung der Elektrizitätswirtschaft (2. Verstaatlichungsgesetz).

Der Nationalrat hat beschlossen:

§ 1. Umfang der Verstaatlichung.

(1) Die Unternehmungen, Betriebe und Anlagen zur Erzeugung und Verteilung elektrischer Energie werden nach Maßgabe der folgenden Bestimmungen auf die öffentliche Hand übertragen (verstaatlicht).

(2) Von der Verstaatlichung sind ausgenommen:

a) Stromlieferungsunternehmungen, deren Erzeugungsanlagen eine Nennleistung von 200 kW nicht übersteigen und deren Energieabgabe im Jahresdurchschnitt nicht mehr als die doppelte Eigenerzeugung beträgt,

b) elektrische Eigenversorgungsanlagen, wenn deren entgeltliche unmittelbare Stromabgabe an betriebsfremde Verbraucher im Jahre 100.000 kWh nicht übersteigt und eine weitere Stromabgabe nur an Landesgesellschaften (§ 3), Sondergesellschaften (§ 4) oder die Verbundgesellschaft (§ 5) erfolgt; als betriebsfremde Verbraucher gelten nicht Unternehmungen desselben Industriekonzerns.

§ 3. Landesgesellschaften.

(1) Aufgabe der Landesgesellschaft ist, die Allgemeinversorgung mit elektrischer Energie im Bereich der einzelnen Bundesländer (Landesversorgung) durchzuführen, die Verbundwirtschaft im Landesgebiet zu besorgen und Energie mit benachbarten Gesellschaften auszutauschen.

(2) Landesgesellschaften im Sinne dieses Bundesgesetzes sind:

a) die Kärntner Elektrizitäts Aktiengesellschaft für das Bundesland Kärnten,

b) die Niederösterreichische Elektrizitätswerke Aktiengesellschaft für das Bundesland Niederösterreich,

c) die Österreichische Kraftwerke Aktiengesellschaft für das Bundesland Oberösterreich,

d) die Salzburger Aktiengesellschaft für Elektrizitätswirtschaft für das Bundesland Salzburg,

e) die Steirische Wasserkraft- und Elektrizitäts-Aktiengesellschaft für das Bundesland Steiermark,

f) die Tiroler Wasserkraftwerke Aktiengesellschaft für das Bundesland Tirol,

g) die Vorarlberger Kraftwerke Aktiengesellschaft für das Bundesland Vorarlberg,

h) die Wiener Elektrizitätswerke für die Bundeshauptstadt Wien.

§ 4. Sondergesellschaften.

(1) Großkraftwerke, die im wesentlichen nicht zur Erfüllung der Aufgabe der Landesgesellschaften (§ 3) bestimmt sind und nicht als Eigenversorgungsanlagen unter § 1, Abs. (2), lit. b, fallen, sind mit den zugehörigen Leitungen und Umspannwerken an Sondergesellschaften zu übertragen (§ 8). Wenn es energie- und wasserwirtschaftliche Interessen erfordern, können von einer Sondergesellschaft auch mehrere Großkraftwerke mit den zugehörigen Leitungen und Umspannwerken errichtet und betrieben werden.

§ 5. Verbundgesellschaft.

(1) Zur treuhändigen Verwaltung der Bundesbeteiligungen an Sondergesellschaften (§ 4) und Landesgesellschaften (§ 3) ist eine Aktiengesellschaft (Verbundgesellschaft) zu errichten, deren Anteilsrechte im Bundeseigentum stehen.

Der erste Schritt auf einem langen Weg . . .

Österreichisches Höchstspannungsnetz
Stand 1947

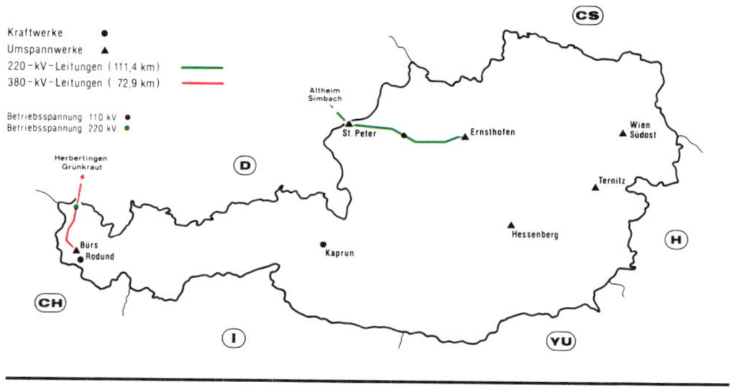

OEWAG / STE - OH 33B

Österreichisches Höchstspannungsnetz
Stand 1988

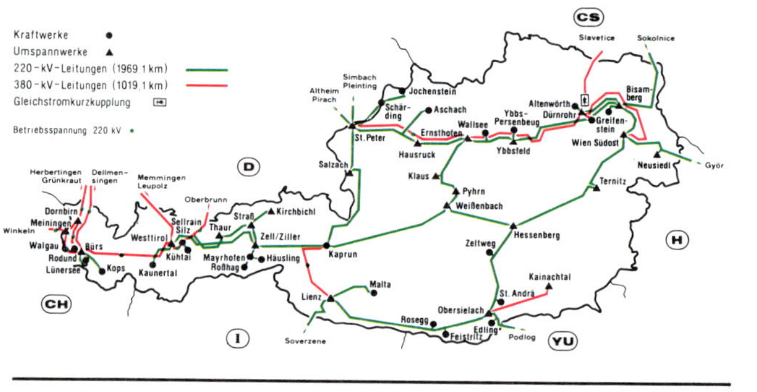

OEWAG / STE - OH 67 B/2

Dem Hauptlastverteiler stehen 1947 eine schon damals museumsreife Telefonanlage als einzige Verbindungsmöglichkeit zu den Kraft- und Umspannwerken des Verbundnetzes zur Verfügung. Zur Verbindung mit dem Ausland und mit einigen Industrieanlagen innerhalb des Verbundnetzes dienen bloß zwei alte Militärfernschreiber.

Nachkriegsliteratur

Radikaler Pazifist

„Draußen vor der Tür" berührt auch heute, vier Jahrzehnte nach der Uraufführung, durch die schonungslose Wahrhaftigkeit des Dichters (Szenenbild einer Aufführung des „Theaters der Jugend", Wien)

Das Inferno des Krieges hat unmittelbar nach der Katastrophe nur ein echtes Werk geboren: Wolfgang Borcherts verzweifeltes Heimkehrerstück „Draußen vor der Tür".

Für den Heimkehrer Beckmann ist kein Zuhause mehr vorhanden, es ist draußen vor der Tür ...

Wolfgang Borchert gehört zur enttäuschten Kriegsgeneration, die in eine Trümmerwelt zurückkehrt.

Die Erlebnisse im Krieg haben ihn zu einem radikalen Pazifisten werden lassen. Sein Drama bleibt vorerst die einzige dramatische Ausbeute aus der Hölle des Zweiten Weltkrieges. Um so mitreißender und aufwühlender wirkt es in der ersten Nachkriegszeit.

Weder seine starke visionäre Kraft noch seine scharfe, ätzende Zeitkritik fanden eine ebenbürtige Nachfolge.

Wolfgang Borchert stirbt einen Tag vor der Uraufführung im Alter von 26 Jahren an einem in Rußland zugezogenen Lungenleiden.

Gruppe 47

Sie verstehen sich als Sammelbekken „junger Literaten". Unter dem Vorsitz von Hans Werner Richter schließen sich deutsche Schriftsteller zur GRUPPE 47 zusammen. Autoren wie Heinrich Böll, Ingeborg Bachmann, Walter Jens, Martin Walser, Günther Grass, Hans Magnus Enzensberger, Günter Eich und Wolfdietrich Schnurre werden zu wesentlichen Vertretern deutscher Nachkriegsliteratur.

Hugo Portisch

Helft, ehe es zu spät ist!

„Es ist einem Wunder gleichzusetzen, daß nach dem Zusammenbruch und dem chaotischen Geschehen der Nachkriegszeit das neue Österreich entstehen konnte", meint Hugo Portisch in „Österreich II". Hier beschreibt er die Not und die katastrophale Energiesituation nach 1945.

„Das österreichische Volk zählt zu jenen Völkern der Welt, die dem Hungertod am nächsten sind."

Fiorello La Guardia, Generaldirektor der UNRRA

Im Herbst 1946 kommen internationale Kommissionen nach Österreich, insbesondere nach Wien, untersuchen die Kinder, schütteln die Köpfe und führen Statistiken: In Ostösterreich und in Wien ist der Prozentsatz der schwer unterernährten Kinder auf 70 Prozent gestiegen. Bei der Hälfte der Kinder werden die Hungersymptome als „lebensbedrohend" eingestuft. Rachitis und Tuberkulose sind wieder weitverbreitete Krankheiten.
Es soll noch ärger kommen; die UNRRA (United Nations Relief and Rehabilitation Administration), die erste große Nachkriegshilfsorganisation der UNO, die erst vor kurzem auch die Belieferung Österreichs mit Lebensmitteln übernommen hatte, teilt dem Wiener Bürgermeister Körner mit, daß sie ihre Tätigkeit mit Jahresende werde einstellen müssen. Körner entschließt sich zu einem drastischen Schritt. Mit den Worten: „Wir können nicht mehr weiter" wendet er sich direkt an den Generaldirektor der UNRRA, den früheren New Yorker Bürgermeister Fiorello La Guardia. Wörtlich heißt es in dem Hilferuf Körners: „Wenn nicht Hilfe kommt, bricht die Bevölkerung zusammen. Als Bürgermeister von Wien richte ich die dringende Bitte an Sie: Kommen Sie nach Wien, und überzeugen Sie sich selbst. Wir können nicht mehr weiter!" Und La Guardia kommt, landet in Tulln. Der Hilferuf des Bürgermeisters hat den gewesenen Bürgermeister erschüttert. In der Österreichischen

Zwei Drittel der Kinder sind schwer unterernährt: Schulausspeisungen als wirksame Soforthilfe

Mission der UNRRA läßt sich La Guardia berichten. Er empfängt Körner, aber auch Bundeskanzler Figl und Vizekanzler Schärf, und er läßt sich von General Mark Clark die Lebensmittelrationen zeigen, mit denen ein Normalbürger eine Woche lang auszukommen hat: Statt der programmierten 1500 Kalorien pro Tag sind es nur noch 700 Kalorien.

La Guardia zieht daraus den Schluß und leitet diesen an das UNRRA-Hauptquartier weiter: „Das österreichische Volk zählt zu jenen Völkern der Welt, die dem Hungertod am nächsten sind." Und La Guardia verspricht, die UNRRA-Hilfe so lange wie möglich aufrechtzuerhalten. Doch selbst mit den gesteigerten UNRRA-Lieferungen wird nur ein Satz von 900 Kalorien am Tag erreicht. Das liegt immer noch weit unter dem Existenzminimum.

Die Regierung hält eine Krisensitzung nach der anderen ab. Sie bestellt ein Ernährungsdirektorium und erteilt ihm alle Vollmachten. Dem Direktorium gehören Innenminister Helmer, Ernährungsminister Frenzel und Landwirtschaftsminister Kraus an. Sie richten einen verzweifelten Appell an die Bauern. Wörtlich heißt es darin: „In den Städten und Industriegebieten unseres Landes herrscht Hungersnot... Die furchtbare Not in unserem Land zwingt uns, an Euch heute den dringenden Appell zu richten: Liefert freiwillig, was Ihr entbehren könnt! Helft Euren Söhnen und Brüdern in der Industrie, die gleich Euch am Wiederaufbau unserer so schwer geprüften Heimat arbeiten wollen und die vielfach schon an ihren Arbeitsstätten vor Hunger zusammenbrechen. Helft unseren Frauen und

Eine zerstörte Anlage der E-Wirtschaft, das Dampfkraftwerk Wien-Simmering. Die Stromversorgung in den österreichischen Großstädten ist arg gedrosselt. In Wien darf ein Haushalt von ein bis zwei Personen pro Tag nur zwei Kilowatt-Stunden verbrauchen; in jedem Wohnraum darf nur eine einzige Lampe von 25 bis 40 Watt verwendet werden.

Ein Zug mit Hilfsgütern der UNRRA trifft am Wiener Ostbahnhof ein. Das Lebensmittelhilfsprogramm der Alliierten half, die ärgste Notzeit zu bewältigen.

Kindern! Helft, ehe es zu spät ist!"

Erstmals kommt es zu Hungerdemonstrationen. In Innsbruck rotten sich die Menschen zusammen, als eine zugesagte Kalorienerhöhung nicht eingehalten wird. In Graz kommt es zu einem Massenaufmarsch. Die Demonstration richtet sich gegen die Bundesregierung in Wien und gegen die alliierten Mächte. Schließlich kommt es auch in Wien zu Demonstrationen, hier schon mit starkem politischem Akzent: Die Kommunisten machen die Regierungspolitik und das Gesellschaftssystem für den Hunger verantwortlich.

In dieser Situation entschließt sich die Regierung zu einem außerordentlichen Schritt: Sie ruft am 29. Oktober 1946 den Nationalrat zu einer geheimen Sitzung zusammen, erstmals in dessen Geschichte. Die Abgeordneten sollen die volle Wahrheit über die Lage des Landes erfahren, aber man wagt es nicht, auch der Bevölkerung die volle Wahrheit zu sagen. Der Nationalrat tagt hinter verschlossenen Türen. Der veröffentlichte Teil des Parlamentsprotokolls der damaligen Geheimsitzung beginnt mit dem bezeichnenden Satz: „Nach Entfernung der Zuhörer beschließt das Haus einstimmig, zur Entgegennahme eines Berichts der Bundesregierung die Öffentlichkeit auszuschließen." Bundeskanzler Figl wird das Wort erteilt. Der Katalog der Katastrophen, von denen er spricht, ist lang: keine Aussicht auf den baldigen Abschluß eines Staatsvertrags; keine Aussicht auf eine Rückkehr Südtirols; keine Aussicht auf einen baldigen Abzug der Besatzungsmächte. Der Begriff des Deutschen Eigentums wird in der Sowjetzone extensiv ausgelegt, und es wird rigoros beschlagnahmt. Ein Drittel des gesamten Staatsbudgets muß für die Begleichung der Besatzungskosten aufgewendet werden. Im Inland ist der Schilling wenig, im Ausland faktisch nichts wert. Es gibt nur spärliche Handelsbeziehungen, Österreichs Industrie hat auch so gut wie nichts anzubieten. Mit Ausnahme der US-Regierung ist kaum jemand bereit, Österreich Kredite zu gewähren. Für die Industrie und für die Haushalte fehlt für den kommenden Winter die Kohle, die Lebensmittelversorgung hat einen katastrophalen Tiefstand erreicht.

Das ist die Wahrheit, die die Regierung der Bevölkerung nicht zu sagen wagt.

Und nun bricht auch noch der Winter herein, schon Ende Oktober, zwei Monate zu früh, mit vier Grad Kälte und nichts zum Heizen. Es schneit. Auf vielen Häusern fehlen noch die Dächer, in den Wohnungen fehlen die Fenster. Die Elektrizitätswerke erhalten nur ungenügende Kohlelieferungen, Ölfeuerung gibt es nicht und auch nur wenig Wasserkraft.

Die E-Werke müssen abgeschaltet werden. Gerade noch die Krankenhäuser und die Quartiere der Besatzungsmächte können mit Strom beliefert werden, nicht mehr die Industrie. Viele Betriebe müssen ihre Arbeit einstellen. Die Zeitungen melden: „Elektrischer

Vom Wiener Westbahnhof in die Schweiz: Zehntausende österreichische Kinder wurden von Schweizer Familien im Rahmen der Ferienaktionen aufgenommen. Aus den Trümmern und dem Elend kamen sie in ein wahres Paradies.

Renner, Figl und US-Genral Clark beim Start der CARE-Aktion 1946.

Die Schäden durch Luftangriffe prägen noch lange das Bild österreichischer Städte. Das Aquarell zeigt das Inferno um den St. Pöltner Bahnhof.

Strom ab sofort täglich von 7 bis 17 Uhr ausgeschaltet", „Teilweise Stillegung des Straßenbahnverkehrs wegen Strommangels". Man geht wieder zu Fuß zur Arbeitsstätte – wie am Ende des Kriegs.

Doch dann gibt es für viele auch diese Arbeitsstätte nicht mehr. Am Höhepunkt des Katastrophenwinters 1946/47 wird die gesamte Industrie stillgelegt: keine Elektrizität und keine Kohle. Die Regierung ordnet an: totale Industriesperre für mindestens zwei Wochen. „Energieferien". Aber anders als heute: Die Straßenbahnen verkehren nicht mehr, die Remisen bleiben geschlossen; der gesamte Bahnverkehr ist eingestellt. Vor der Arbeiterkammer stehen die Leute Schlange. Sie kommen um Rat und um Unterstützung. Erstmals gibt es wieder Arbeitslose in großer Zahl. Die Krise ist im Winter 1946/47 europaweit. Aber die kriegszerstörten, die besetzten Länder trifft es besonders hart. Und die Arbeitslosenunterstützungen reichen nur, weil es außer den Hungerrationen so gut wie nichts zu kaufen gibt.

Inmitten der großen Not, die der Winter 1946/47 mit sich bringt, gibt es für Österreich einen Hoffnungsschimmer. Die vier Großmächte haben Sonderbeauftragte eingesetzt, die nun doch auch für Österreich einen Vertrag vorbereiten sollen. Karl Renner hatte schon früher vorgeschlagen, ihn Staatsvertrag zu nennen, da sich Österreich mit den alliierten Mächten niemals im Krieg befunden habe.

Bis zum 15. Mai 1955 sollte es noch ein sehr langer und steiniger Weg sein.

NEWSFLASH

Marshall-plan

Die Vereinigten Staaten verpflichten sich in einem Abkommen zu großzügiger Hilfeleistung für Österreich. Mit Marshallplan-Mittel werden auch die heimischen Wasserkräfte ausgebaut.

Rasanter Ausbau der Wasserkräfte

ERP: Drei Milliarden für die E-Wirtschaft

Nach dem Ende des Zweiten Weltkrieges befindet sich die österreichische Elektrizitätswirtschaft in einer ungemein schwierigen Lage: Zahlreiche Kraftwerke, Umspannwerke und Leitungen sind zerstört, beschädigt oder demontiert. Die betriebsfähigen thermischen Kraftwerke können wegen Brennstoffmangel nicht betrieben werden.

Die notwendigen Investitionsmittel für den Wiederaufbau werden vor allem durch das amerikanische „European Recovery Program" (ERP), den Marshallplan, aufgebracht: In den Jahren 1948 bis 1954 werden der E-Wirtschaft knapp drei Milliarden Schilling, rund 37 Prozent des gesamten Programms, zur Verfügung gestellt.

Österreichs Wasserkraft für Europa

Bei der Pariser Vorkonferenz für den Marshallplan festigt Österreich seine internationale Stellung erheblich durch die Vorlage eines Konzeptes für ein mitteleuropäisches Verbundnetz.

Dieses soll wesentlich von österreichischen Wasserkraftwerken gespeist werden, die in den folgenden 15 Jahren aus ERP-Mitteln errichtet werden sollen.

Start für Verbund-Ausbau-programm

Eine wesentliche Aufgabe des Verbundkonzerns besteht nach seiner Gründung darin, die übernommenen Anlagen, die zum großen Teil von der Alpen-Elektrowerke AG vom Jahre 1938 an errichtet wurden, weiter auszubauen. Diese Anlagen waren nach den Richtlinien der damaligen großdeutschen Energiewirtschaft geplant worden und sollten nun in ein System eingepaßt werden, das den Bedürfnissen unseres Landes entspricht.

Durch die neue Organisationsform der österreichischen E-Wirtschaft, die durch das 2. Verstaatlichungsgesetz beschlossen wurde, steht dem Verbund-Ausbauprogramm nichts mehr im Wege.

Es folgt ein forcierter Ausbau der österreichischen Wasserkräfte. Auch der Ausbau von Dampfkraftwerken erfolgt mit Hilfe des Marshallplans.

Stromverbrauch wächst enorm

Die ersten Jahre des Verbundkonzerns sind gekennzeichnet durch einen stürmischen Anstieg des Stromverbrauchs der erwachenden Wirtschaftsaktivitäten (29,2 Prozent im Jahre 1948).

In den fünf Jahren von 1947 bis 1952 verdoppelt sich der Stromverbrauch.

Die Verbesserung der Ernährung

1945 Mai 340 Kalorien je Tag
1946 April 1200 Kalorien je Tag
1946 November 1550 Kalorien je Tag
1947 November 1700 Kalorien je Tag
1947 Juli 1800 Kalorien je Ta
1948 September 2100 Kalorie

Langsam geht es aufwärts, die Lebensmittelversorgung „normalisiert“ sich.

- **UKW-Funk**

Der Ultrakurzwellen-Rundfunk findet rasche Verbreitung. Der Empfang von UKW-Programmen ist störungsfreier und klangschöner.

- **Wasserkraftkataster**

Das Bundesministerium für Handel und Wiederaufbau beginnt ab 1948 mit einer auch nach internationalen Grundsätzen bis heute vorbildlich gebliebenen Neubearbeitung des österreichischen Wasserkraftkatasters.

- **Übereinkommen**

Rechtliche und verwaltungsmäßige Grundlage jeder Zusammenarbeit zwischen Verbundgesellschaft und Sondergesellschaften bildet das im Jahre 1948 abgeschlossene „Konsultationsübereinkommen“.

- **Assuan-Damm**

König Faruk von Ägypten legt den Grundstein für den Assuan-Staudamm.

Jugoslawien erhebt Gebietsansprüche an Österreich

Marshallplanabkommen unterzeichnet

NS-Verbrechen: Minderbelasteten-Amnestie

2. Lohn- und Preisabkommen

Stephansdom feierlich eröffnet

NEWS

Mahatma Gandhi, Führer der indischen Unabhängigkeitsbewegung, wird in Delhi von einem fanatischen Hindu erschossen.

Gandhi erschossen
OECD gegründet
Berlin-Blockade: Spaltung zeichnet sich ab
ČSSR: KP-Staatsstreich
Staat Israel proklamiert
Tito bricht mit Stalin
Korea geteilt
UNO: Menschenrechtsdeklaration

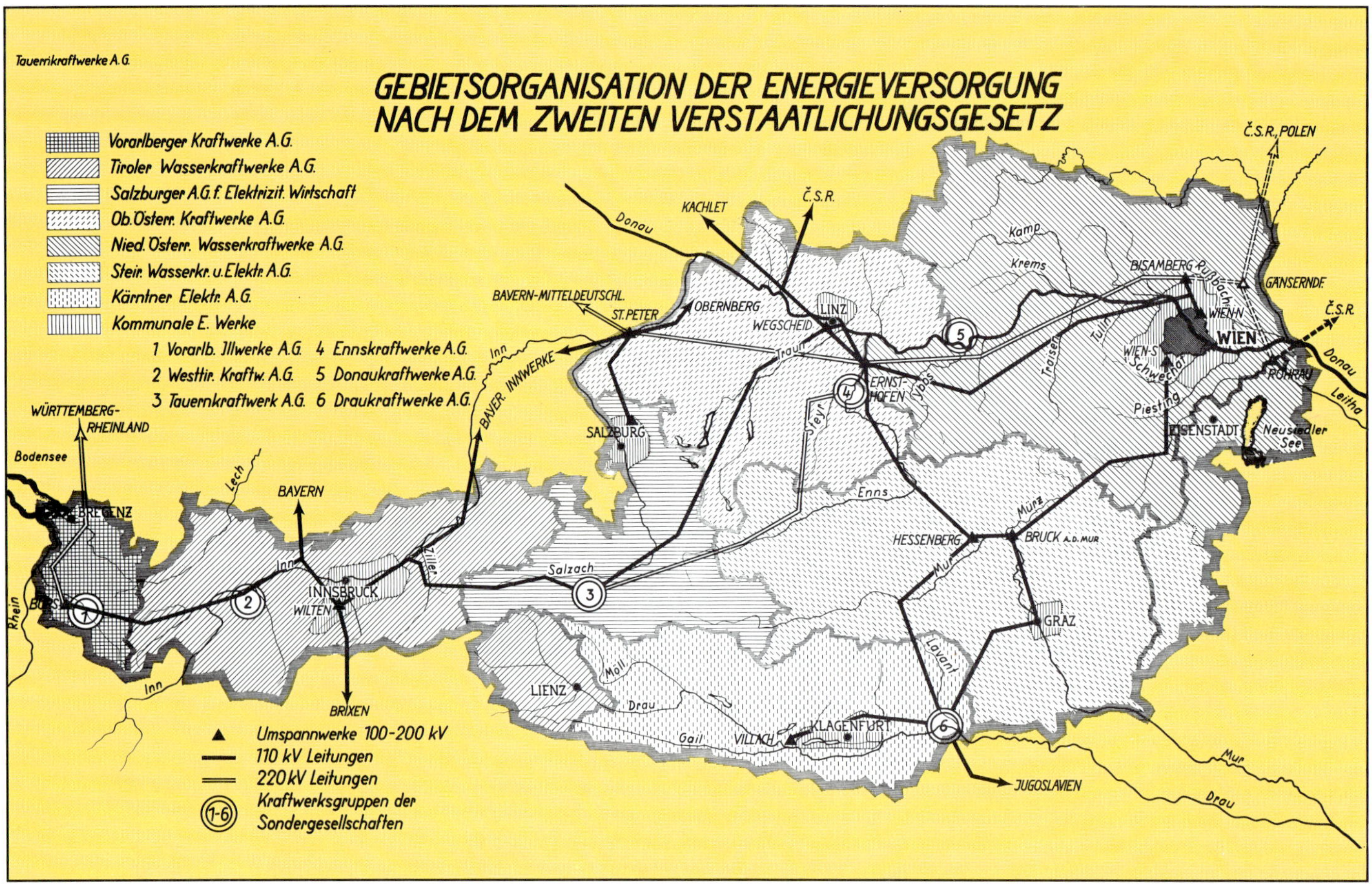

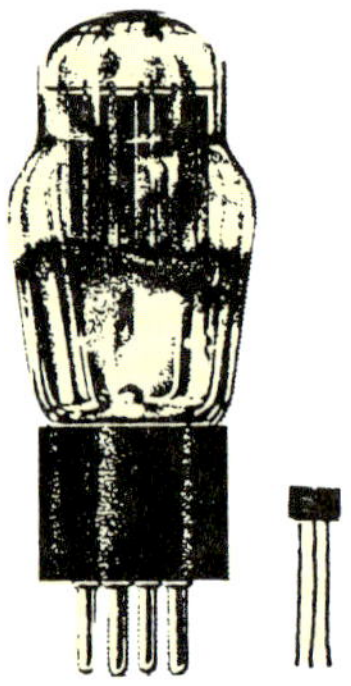

Fortschritte der Technik: Immer kleinere Transistoren ersetzen Röhren.

In den ersten Nachkriegsjahren sind Energie und Elektrizität äußerst knapp: Netzzusammenbrüche sind häufig und können erst nach Stunden behoben werden.

Orwell läßt grüßen

Allgemeines Aufatmen, als das „Orwell-Jahr" 1984 endlich vorüber war. Denn der englische Dichter wurde mit seiner Vision vom totalen Überwachungsstaat in diesen 12 Monaten mehr als strapaziert. George Orwell hat im Jahre 1948 das Buch „1984" geschrieben. Die Wirklichkeit hat seine Visionen eingeholt: Der gläserne Mensch ist da, seine Daten sind gespeichert. Der technisch perfekte Überwachungsapparat harrt seines politischen Mißbrauchers.

Großer Bruder im Film „1984"

George Orwell beschreibt in „1984" eine lebensfeindliche Welt, in der Apparate die Menschen überwachen und in der ein „Großer Bruder" über die Menschheit herrscht – „Big Brother is watching you".

Dazu der „SPIEGEL": „Der Roman ‚1984', als Warnung gedacht und als Satire geschrieben, ist zur Chiffre geworden für alles, was die Welt an Totalitarismus und Personenüberwachung, an Gesinnungsterror und Bürokratie, an amtlicher Verlogenheit und Manipulation der geschichtlichen Wahrheit, an psychischen Schrecknissen und verletzter Menschenwürde, an Vernichtung von Liberalität und Persönlichkeit, ob Liebe oder Religion, erfunden hat."

Der „rasende Reporter" Kisch verstorben

„Nichts ist erregender als die Wahrheit" hieß sein Credo. Egon Erwin Kisch begann als Lokalreporter in Prag, reiste rund um die Welt und erhob die Reportage zur Kunstform. Sein Spürsinn, sein rastloses Interesse für alle Lebenserscheinungen und sein soziales Engagement kennzeichnen sein Werk. Generationen von Journalisten lernten und lernen von seinen Reportagen.

Mailer schockt Amerika

Norman Mailers Roman „Die Nackten und die Toten", der Ereignisse aus dem Zweiten Weltkrieg schildert, erregt die Nation. Mailer holt den Krieger vom Sockel, demaskiert das Heroische am schmutzigen Geschäft Krieg. Die amerikanische Öffentlichkeit ist über Mailers schonungslosen Realismus schockiert. Der Roman wird auch ein internationaler Bucherfolg.

NEWSFLASH

Der Dritte Mann

Der Kriminalfilm „Der Dritte Mann“, der die Atmosphäre in der besetzten und geteilten Stadt Wien überzeugend wiedergibt, wird ein Welterfolg.

Größtes Ölfeld Mitteleuropas entdeckt

Ölförderung steigt rasant

Die russische Besatzungsmacht hatte aufgrund des „Potsdamer Abkommens“ praktisch die gesamte Ölwirtschaft unter ihrer Kontrolle. Die Aufschließung neuer Vorkommen wurde von den Russen ziemlich forciert.

Im Zuge dieser Arbeiten wird 1949 das bisher weitaus größte Ölfeld Mitteleuropas um Matzen (nördlich von Wien) entdeckt und aufgeschlossen.

Dank dieses Fundes nimmt die Ölförderung sprunghaft zu und erreicht 1955 mit knapp 3,7 Millionen Tonnen den bisher höchsten Stand. In den zehn Jahren sowjetischer Verwaltung werden den österreichischen Ölfeldern insgesamt 21,4 Millionen Tonnen Rohöl entnommen, also rund fünfmal so viel wie zwischen 1938 und 1945.

Nach dem Staatsvertrag im Jahre 1955 gehen die russisch verwalteten Erdölbetriebe in österreichisches Eigentum über.

Plötzlich geht das Licht aus

Seit einem Jahr, der E-Wirtschaft sei Dank, passiert dies nicht mehr so häufig. Die drei Zusammenbrüche des Jahres 1948 wurden durch Kurzschlüsse verursacht. Der einmalige Zusammenbruch des Jahres 1949 ist der letzte, der durch Leistungsmangel verursacht wird.

220-kV-Leitung Kaprun–Ernsthofen, Tragmast Nr. 32 bei Bruck (Pongau).

Netzausbau

Der erste rein österreichische 220-kV-Leitungsbau führt von Kaprun nach Ernsthofen (208 km) und wird 1949 nach nur neunmonatiger Bauzeit in Betrieb genommen.

Von 1946 bis 1957 wird zahlreichen Österreichern mit über einer Million CARE-Paketen geholfen. Die amerikanischen Hilfssendungen enthalten Nahrung, Kleidung und sonstige Hilfsgüter.

Brot- und Mehlrationierung aufgehoben

VdU als vierte Partei gegründet

Neue Verhandlungsrunde für Staatsvertrag

Nationalratswahlen: Regierung Figl/Schärf

3. Lohn- und Preisabkommen

Kinderbeihilfe eingeführt

● Baumaschinen

Gründung der Verbund-Tochter „Baumaschinen Verleih Ges.m.b.H.". Sie soll die zur Fortführung der im Krieg begonnenen Kraftwerksbauten benötigten Baumaschinen beschaffen.

● Limbergsperre

Die Wasserspeicherung der Limbergsperre des Tauernkraftwerkes Kaprun (Salzburg) beginnt.

● UKW-Empfänger

Der erste UKW-Empfänger, der „Minerva 506 FM", ist auf dem deutschen Markt.

● Lavamünd

Mit der Inbetriebnahme des dritten Maschinensatzes des Draukraftwerkes Lavamünd ist das erste Pfeilerkraftwerk Österreichs fertiggestellt.

NEWS

Mao Tse-tung, der Führer der Kommunistischen Partei Chinas, proklamiert die Kommunistische Volksrepublik China.

Europarat gegründet

UdSSR besitzt Atombombe

Gründung der NATO

Mao proklamiert Volksrepublik China

BRD: Adenauer 1. Bundeskanzler

Gründung der DDR

Aus einer Werbeschrift für Inlandkohle: „Denken Sie daran, liebe Hausfrau, daß die österreichische Braunkohle ein inländischer Brennstoff ist, der bei richtiger Verwendung durch seine Billigkeit auch Ihnen viel Geld sparen hilft . . .“

Auch Paris hat zu wenig Strom

Seit 3. Jänner dürfen in Paris die Auslagen nicht mehr beleuchtet sein, die Kaffeehäuser, Bars und Gaststätten haben nur Samstag und an Sonn- und Feiertagen keine Lichteinschränkungen und als einzige Lichtreklame ist das „Genfer Kreuz“ der Apotheken gestattet.

Der Verbrauch der Behörden, der Kaufleute und der Privaten, der schon Ende 1948 nur 80 Prozent des Normalverbrauches betragen durfte, ist nun um weitere 10 Prozent gekürzt worden. Praktisch kann niemand mehr einen elektrischen Ofen oder Heißwasserspeicher benützen. Besonders empfindliche Strafen treffen Stromsünder der Industrie: Wer sein Kontingent um 5 bis 10 Prozent überschreitet, wird einen Werktag vom Netz abgeschaltet und muß für jede mehrverbrauchte Kilowattstunde 5 Francs zahlen. Das steigert sich bis zu vier Tagen Abschaltung und 20 Francs je Kilowattstunde, wenn 20 bis 25 Prozent zuviel verbraucht werden.

Aus „Die Presse“ vom 4. Jänner 1949.

Perfekter Thriller mit Zitherklängen

Orson Welles im „Dritten Mann"

Wenn der Penicillinschieber Harry Lime von seinem Exfreund Holly Martins und der Polizei durch das Wiener Kanalnetz gejagt wird, erreicht der perfekt gemachte Thriller seinen Höhepunkt.

Dreharbeiten zum „Dritten Mann" im Wiener Kanalnetz: Orson Welles (l.) und Regisseur Carol Reed

Schuttberge, das Riesenrad im kahlen Prater, Schleichhandel, Nebel, Schmuggler... Schauplatz des Films ist die Viersektorenstadt Wien.

Nach einem Drehbuch von Graham Greene („The Third Man") gelingt dem britischen Regisseur Carol Reed mit Hauptdarsteller Orson Welles ein Welterfolg.

Weltberühmt wird das Harry-Lime-Thema, die Zitherklänge des Wiener Musikers Anton Karas. Der Film wird ein Jahr später in Wien begeistert aufgenommen.

„Glockner-König" Menapace

Frankreich hat die „Tour de France", Italien den „Giro". Mit der Österreich-Rundfahrt hat nun auch unser Land seine Radsportgroßveranstaltung.

Höhepunkt der Österreich-Rundfahrt ist die Etappe über den Großglockner. Der Österreicher Richard Menapace erweist sich als wahrer Kletterkönig.

Er ist der Gewinner der ersten Österreich-Rundfahrt und als Sieger der Etappe über den Glockner auch der „Glockner-König".

NEWSFLASH

Kommunistisch dominierte Streikbewegung

Das vierte Lohn- und Preisabkommen führt zu Demonstrationen und Streiks besonders von Arbeitern der sowjetisch dominierten USIA-Betriebe.

Mehr Dampfkraftwerke notwendig

Die „wilden" Fünfziger: Ohne Strom geht nichts ...

Der nach Kriegsende einsetzende Wiederaufbau Österreichs gibt den Anstoß zu einem in der bisherigen Geschichte noch nicht dagewesenen, mehrere Jahrzehnte andauernden Wirtschaftswachstum (abgesehen von kurzen Einbrüchen), das mit einem ständig steigenden Energiebedarf Hand in Hand geht. Von 1950 bis 1960 steigt der Inlandstrombedarf um 11,3 Prozent pro Jahr.

Der Verbrauch elektrischer Energie nimmt auch in den Jahren konjunktureller Stagnation kontinuierlich zu.

Der rasche und starke Anstieg des Strombedarfs nach Kriegsende macht sowohl den beschleunigten Ausbau heimischer Wasserkräfte, also der Laufkraftwerke und der Speicherkraftwerke, als auch den Bau neuer Dampfkraftwerke notwendig.

Ausbau von Salzach und Inn

Gemeinsam mit den Bayern

Gründung der Österreichisch-Bayerischen Kraftwerke AG

Ein bayerischer Ministerpräsident und ein österreichischer Bundeskanzler sind die Geburtshelfer:

Am 16. Oktober 1950 wird in einem Regierungsübereinkommen die Gründung einer Gesellschaft – Österreichisch-Bayerische Kraftwerke AG (ÖBK) – beschlossen. Die ÖBK wird zwischen Partnern aus der BRD und Österreich mit Sitz in Deutschland (Simbach) gegründet.

Unternehmenszweck: Ausbau von Salzach und Inn.

Jede Aktionärsgruppe hat Anspruch auf Lieferung der Hälfte der von der Gesellschaft im Konzessionsgebiet erzeugten Energie (die deutsche Beteiligung halten mit 25 Prozent der Freistaat Bayern und 25 Prozent die Innwerke AG). Jeder Aktionär bezahlt diese Lieferung in der für seinen Staat gültigen Währung an die Gesellschaft.

Als letztes großes Ausbauvorhaben wird 1982 die Kraftwerksstufe Nußdorf fertiggestellt.

Kohle – aber woher?

Die in Bau befindlichen Kraftwerke sind in den nächsten fünf Jahren nicht imstande, den zukünftigen Bedarf zu decken. Es ist demnach notwendig, den Einsatz der Dampfkraftwerke in der neuen Berechnungsperiode ständig zu vergrößern.

Da zur Erzeugung dieser Energiemengen Inlandkohle nur in einem beschränkten Ausmaß zur Verfügung steht, steigt also der böseste Passivposten unserer Handelsbilanz, die Einfuhr fester Brennstoffe, in den nächsten fünf Jahren ganz erheblich.

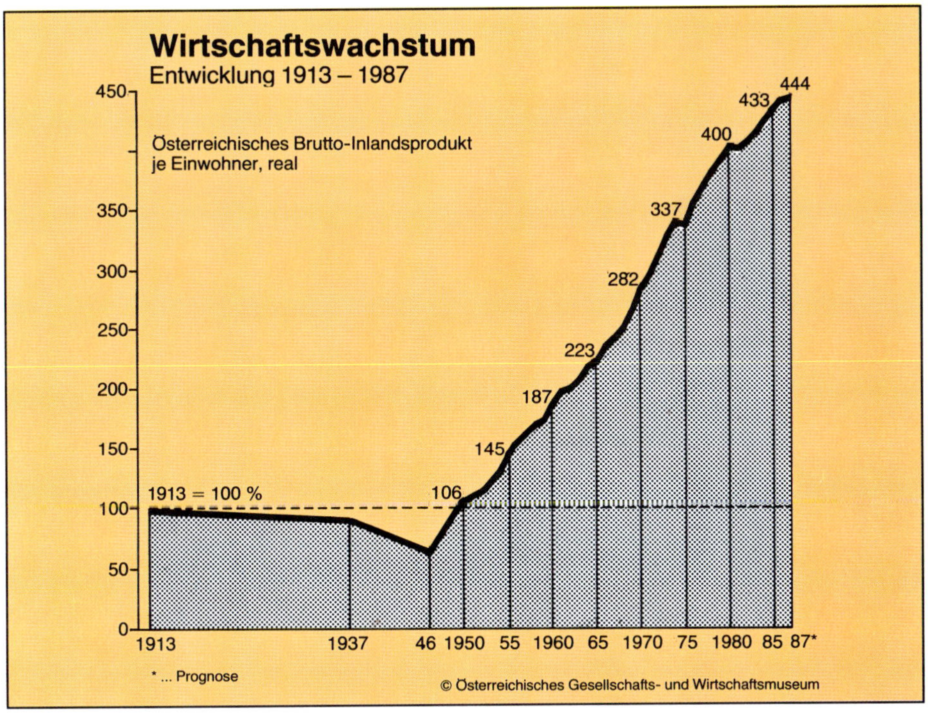

Der allgemeine Wohlstand eines Landes hängt von seiner Wirtschaftsleistung ab, die im Brutto-Inlandsprodukt zum Ausdruck kommt. Bildlich gesprochen stellt es den Kuchen dar, der zur Verteilung gelangen kann.

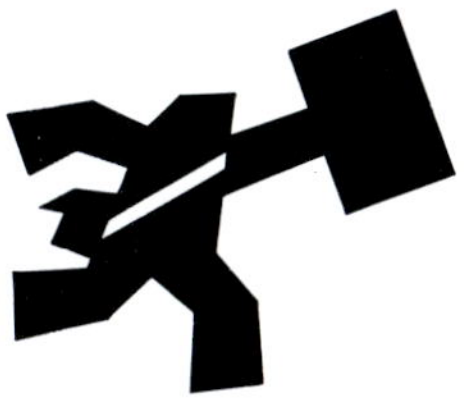

Staatsvertragsverhandlungen in London

Todesstrafe abgeschafft

Lebensmittelrationierung aufgehoben

Kommunistisch dominierte Streikbewegung gegen 4. Lohn- und Preisabkommen

Renner, Seitz verstorben

- **Computer**
  Computer der „zweiten Generation" werden entwickelt. Sie arbeiten mit Transistoren.
- **Hochgebirgsleitungen**
  Mit der 1950 fertiggestellten 110-kV-Leitung Mittersill–Felbertauern, die den Tauernhauptkamm in rund 2 500 m Seehöhe überquert, geht die erste von der Verbundgesellschaft geplante Hochgebirgsleitung in Betrieb.
- **Silvrettaspeicher**
  Der Silvrettaspeicher wird in den Jahren 1946 bis 1948 fertiggestellt und erreicht 1950 den ersten Vollstau.

Endlich!

STROMVERSORGUNG STABILISIERT. Traten auch nach 1948 gelegentlich Netzzusammenbrüche auf, so beginnt mit dem Jahre 1950 eine Periode hoher Stromversorgungssicherheit, die bis zur Gegenwart anhält.

NEWS

Mit dem Einfall nordkoreanischer Truppen in Südkorea beginnt der Koreakrieg, der durch das Engagement der USA und der VR China zu einer Gefahr für den Weltfrieden wird.

Israel: Jerusalem Hauptstadt

Taiwan: Nationalchinesische Republik China proklamiert

Koreakrieg beginnt

Schuman-Plan für wirtschaftliche Einigung Europas

Volksrepublik China besetzt Tibet

Plombierung oder Abschaltung

...Elektrische Raumheizgeräte sind binnen 14 Tagen bei der zuständigen Elektrizitätsversorgungsunternehmung zur Plombierung anzumelden... Für unzulässigerweise mehr verbrauchte elektrische Energie wird eine Mehrgebühr eingehoben, und es erfolgt der vorübergehende Ausschluß vom Strombezug (Abschaltung).

Wien, am 23. Oktober 1950
Der Bundesminister für Verkehr und
verstaatlichte Betriebe:

Waldbrunner

Unmittelbar vor dem Winter verordnete man selbst 1950 noch rigorose Maßnahmen. Der Verbrauch von Haushalt, Gewerbe und Landwirtschaft konnte jedoch wenig später vollkommen freigegeben werden.

Wiener Zeitung, 1. 11. 1950

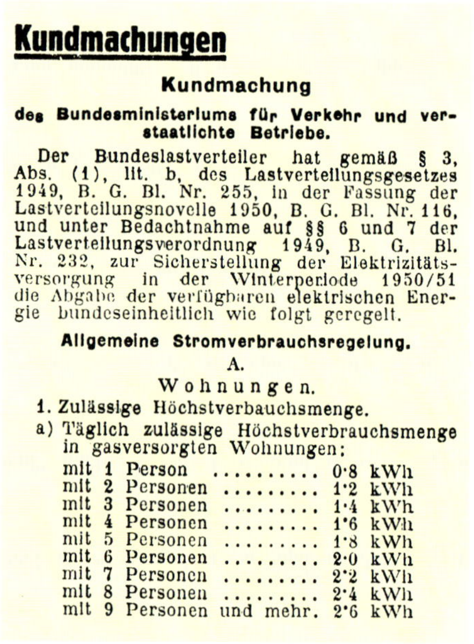

Kundmachungen

Kundmachung

des Bundesministeriums für Verkehr und verstaatlichte Betriebe.

Der Bundeslastverteiler hat gemäß § 3, Abs. (1), lit. b, des Lastverteilungsgesetzes 1949, B. G. Bl. Nr. 255, in der Fassung der Lastverteilungsnovelle 1950, B. G. Bl. Nr. 116, und unter Bedachtnahme auf §§ 6 und 7 der Lastverteilungsverordnung 1949, B. G. Bl. Nr. 232, zur Sicherstellung der Elektrizitätsversorgung in der Winterperiode 1950/51 die Abgabe der verfügbaren elektrischen Energie bundeseinheitlich wie folgt geregelt.

Allgemeine Stromverbrauchsregelung.

A.

Wohnungen.

1. Zulässige Höchstverbauchsmenge.

a) Täglich zulässige Höchstverbrauchsmenge in gasversorgten Wohnungen:

mit 1 Person	0·8 kWh
mit 2 Personen	1·2 kWh
mit 3 Personen	1·4 kWh
mit 4 Personen	1·6 kWh
mit 5 Personen	1·8 kWh
mit 6 Personen	2·0 kWh
mit 7 Personen	2·2 kWh
mit 8 Personen	2·4 kWh
mit 9 Personen und mehr.	2·6 kWh

Kaufkraft

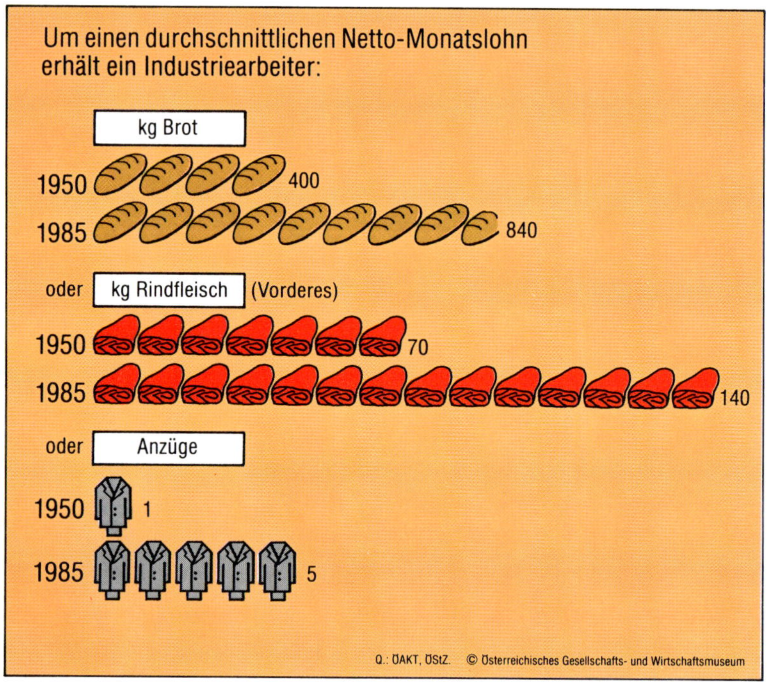

Seinerzeit:

1 kWh: 2 Groschen

Nostalgiker träumen davon, daß man damals für 10 Schilling ein Schnitzel bekam, das über den Tellerrand hing...

Doch von diesem Schnitzel können damals, 1950, viele bloß träumen. Ein kaufmännischer Angestellter verdient bei 13 Gehältern monatlich S 1.149,–. Das 14. Gehalt ist noch nicht üblich.

Der Jahresbandpreis für Verbundstrom beträgt je kWh durchschnittlich 9,39 Groschen, wobei der Arbeitspreis im Winter auf 12 Groschen steigt, im Sommer hingegen auf 2 Groschen je kWh fällt.

Nick Knatterton, Charlie Brown und Micky Maus

Während einer faden Unterrichtsstunde konnte man die schmalen Akim-Hefte bequem unter der Bank lesen. Comics, in den Fünfzigern oft als „Schmutz und Schund" verpönt, wurden später von Intellektuellen und Snobs zur Kunstform erhoben.

Nick Knatterton tauchte erstmals 1950 in der Illustrierten „Quick" auf. Der Meisterdetektiv ist ein Geschöpf des Zeichners und Schriftstellers Manfred Schmidt.

In den USA läßt im selben Jahr der kalifornische Laienprediger Charles Monroe Schulz seine Peanuts aufmarschieren. Es sind Comic strips um den ewigen Verlierer Charlie Brown, den Hund Snoopy, Schroeder, Linus und Lucy. Mitte der siebziger Jahre sind die Peanuts die erfolgreichste Comic-Serie der Welt.

1951 erscheint die erste „Micky Maus" mit deutschen Sprechblasen. Walt Disneys drollige Figuren erobern bald die österreichischen Kinderherzen. Das erste Sex-Heft im Lande, das „Wiener Magazin", konnte freilich noch nichts von „Playboy" und „Penthouse" ahnen.

NEWSFLASH

Europa rückt zusammen

Montanunion

Der gemeinsame Markt für Kohle und Stahl verbessert in erheblichem Maß die europäische Zusammenarbeit. Im Bild Frankreichs Außenminister Robert Schuman und der deutsche Bundeskanzler Konrad Adenauer (r).

Stromaustausch im europäischen Verbundnetz

UCPTE: Energie-Europastraßen

Mit den Nachbarländern Deutschland, der Schweiz und Italien sowie den Staaten Belgien, den Niederlanden, Luxemburg und Frankreich schließt sich Österreich zur Union zur Koordinierung der Produktion und des Transportes elektrischer Energie (UCPTE) zusammen.

Ziele dieser europäischen Union, an die sich auch Spanien, Portugal, Dänemark und Jugoslawien anschließen, sind:

- Optimale Ausnutzung der Wasserkraft,
- Rationeller Einsatz der Wärmekraftwerke.

Heute sorgt die UCPTE für Reservehaltung und sichere Stromversorgung. 1987 beträgt die im UCPTE-Netz installierte Leistung mehr als 160000 MW.

Das vereinte Europa des Stroms ist Wirklichkeit, Österreich hat seine Chance als Drehscheibe zwischen Ost und West.

Montanunion – Europas Einigung rückt näher

Die Vertreter der sechs Signatarstaaten Frankreich, Bundesrepublik, Italien, Belgien, Niederlande und Luxemburg unterzeichnen in Paris den Vertrag zur Bildung der „Europäischen Gemeinschaft für Kohle und Stahl“.

Die Montanunion geht auf Vorschläge des französischen Außenministers Schuman zurück und bedeutet einen ersten Schritt in Richtung einer europäischen Einigung.

Strom für die Landwirtschaft

Der „Generalplan für die Elektrifizierung der österreichischen Landwirtschaft“ wird fertiggestellt. Die Initiative dazu geht von der Tagung des Österreichischen Kuratoriums für Landtechnik im Juni 1948 aus.

Dieser Plan gibt mit den Anstoß zur Erlassung des Elektrizitätsförderungsgesetzes des Jahres 1953.

Enorme Verbesserung der Betonqualität

Die neu entwickelte „Feinstkorntechnik“ zählt zu den größten Fortschritten, die auf dem Gebiet des Massenbetonbaues in den letzten Jahren weltweit erreicht wurden. Die neue Technik bringt Einsparungen an Bindemitteln im Wert von vielen Millionen Schilling.

Höher noch ist jedoch die gleichzeitig erzielte Verbesserung der Betonqualität zu bewerten, deren Streuungen weitestgehend verringert werden konnten.

Bei den Kraftwerken Kaprun, Jochenstein, Ybbs-Persenbeug und Lünersee wird die neue Technik erfolgreich eingesetzt.

Maiaufmarsch im Zeichen der Bundespräsidentenwahlen. In einer Stichwahl wird der Bürgermeister von Wien, Theodor Körner, zum neuen Präsidenten gewählt.

Volkswahl des Bundespräsidenten beschlossen

Körner Bundespräsident

Jonas Wiener Bürgermeister

Zwei fleischlose Tage

Wohnungsbeihilfe beschlossen

5. Lohn- und Preisabkommen

Erstes SOS-Kinderdorf eröffnet

Erstes internationales Stromlieferungsübereinkommen

Bereits in den Jahren 1947 bis 1950 wurde Energieaustausch, wenn auch nur in geringem Umfang, durchgeführt.

Das Jahr 1951 bringt den Abschluß des ersten Stromlieferungsübereinkommens mit Jugoslawien, das später durch einen umfangreichen Vertrag über gegenseitige Lieferung und Tausch von elektrischer Energie ersetzt wird. In der Folge kommen Stromlieferungsverträge mit verschiedenen großen Energieversorgungsunternehmen der BRD und Italiens zustande.

- **Kernenergie**
  Versuchs-Kernreaktor in USA erzeugt erstmals Strom.
- **Kohle**
  Österreich erreicht mit einer halben Million Tonne den Höchststand der Kohleförderung seit Bestehen des Kohlebergbaues: 476 740 t.
- **Fernsehen**
  Das deutsche Fernsehen beginnt seinen regelmäßigen Sendebetrieb. In den USA werden erstmals TV-Sendungen in Farbe ausgestrahlt.

NEWS

Nach einem Wahlsieg für die Konservativen bildet Winston Churchill sein zweites Kabinett (nach 1940 bis 1945).

Montanunion gegründet

Großbritannien: Churchill Premierminister

USA: Todesurteil gegen Atomspione

Korea-Krieg: US-General MacArthur abberufen

Kaprun: Die Mauer wächst

Diese 115 Meter hohe Staumauer, die Drossensperre am Mooserboden, soll 1955 fertiggestellt werden.

Die Limbergsperre, die Hauptstufe des Tauernkraftwerkes Kaprun (Salzburg), wird 1951 durch Bundespräsident Körner feierlich ihrer Bestimmung übergeben.

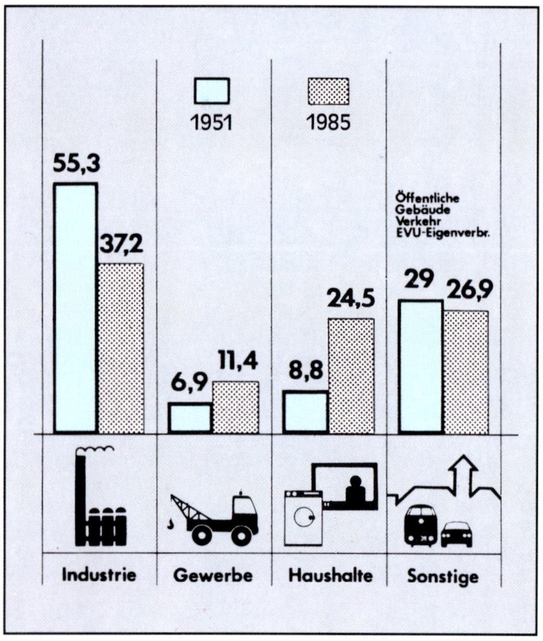

Industrieanteil sinkt – Kleinverbraucher im Vormarsch

Mit Beginn der Fünfziger vollziehen sich in den Anteilen der Strombeziehergruppen fast dramatische Veränderungen: Der Industrieanteil am gesamten Stromverbrauch sinkt deutlich, dafür steigen die Anteile der sogenannten Kleinverbraucher rasch. Die Anteile der Haushalte sind heute dreimal so hoch wie 1951.

Stromverbrauch von 1951 und 1985 in Prozent.

Erzählte Zeitgeschichte

„Wo warst du, Adam?" heißt der erste Roman des deutschen Schriftstellers Heinrich Böll.

Böll gehört zu der Generation von Schriftstellern, die in Schutt und Ruinen heimgekehrt sind. Den Krieg erlebt er als Infanterist, er wird viermal verwundet. In seinen frühen Abrechnungen mit der jüngsten deutschen Vergangenheit erweckt Böll den Eindruck des Zeitzeugen, der überall dabei war.

In seinem ersten Roman stellt er die totale Sinnlosigkeit der Kriegsmaschinerie dar: Deutsche Soldaten bauen eine von Partisanen zerstörte Brücke wieder auf, um sie anschließend zu sprengen.

Bölls Erzählungen und Romane sind erzählte Zeitgeschichte. Die Lehren aus der Kriegskatastrophe, aus diesem düsteren Kapitel jüngster Vergangenheit machen Böll zum unbestechlichen Kämpfer, der mit seinem literarischen Engagement für eine humane und gerechte Welt eintritt.

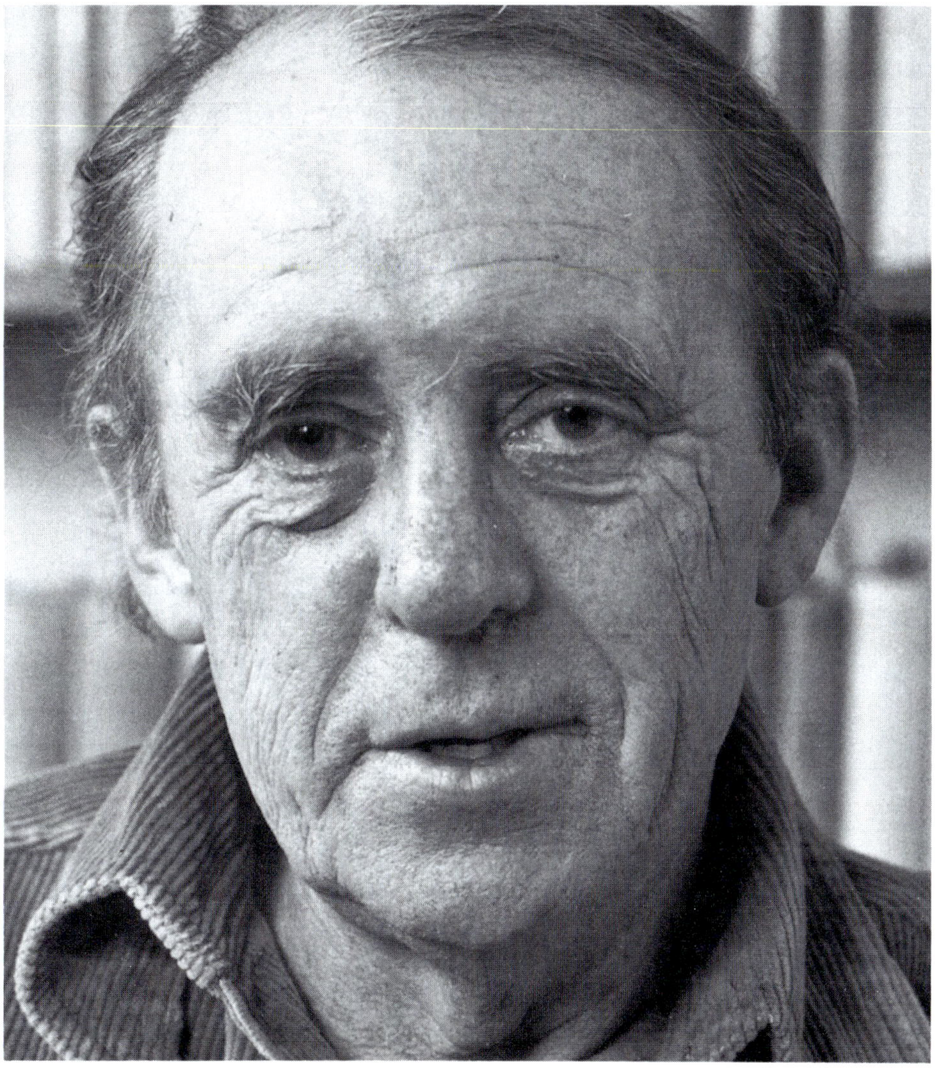

Filmskandal

Anno 1951 konnte niemand ahnen, was noch so alles auf uns zukommt.

Riesiger Skandal um Hildegard Knef. Willi Forst liefert mit seinem Film „Die Sünderin" den größten Skandalfall des Nachkriegsfilms. In einer Szene posiert die Knef wenige Sekunden nackt als Modell für ihren Freund, den Maler. Das reicht!

Ein Sturm der Entrüstung bricht los, in den Kinos werden Stinkbomben geworfen. Die „Aktion saubere Leinwand" wird ins Leben gerufen.

NEWSFLASH

Pummerin für „Steffl“

Der wiederaufgebaute Stephansdom in Wien wird feierlich eröffnet, und die neugegossene Glocke, die Pummerin, hält ihren Einzug in den Dom.

ERP-Hilfe läuft aus

Geld fehlt!

Das Wirtschaftswachstum und das Ansteigen des Nationalprodukts, das die ersten Jahre des Wiederaufbaus kennzeichnete, erfahren in diesem Jahr zum ersten Mal einen Stillstand.

Er hängt mit dem Auslaufen der finanziellen Unterstützung aus der Marshallplanhilfe (ERP) zusammen, die bisher 42 Milliarden Schilling betrug.

Es ist verständlich, daß die österreichische E-Wirtschaft aus dem Verkauf von Strom nicht ausreichende Mittel für ihre sehr umfangreiche Ausbautätigkeit schöpfen kann. Während nun die ERP-Hilfe ausläuft, steigt der Stromverbrauch weiter an. Daher ist es notwendig, neue Geldquellen (zum Beispiel Anleihen) zu erschließen, durch die die Investitionstätigkeit der Elektrizitätswirtschaft finanziert werden kann.

Gemeinsam mit der BRD

Donaukraftwerke Jochenstein AG

Nach der Gründung der Österreichisch-Bayerischen Kraftwerke AG (1950) wird mit der Donaukraftwerke Jochenstein AG ein weiterer Schritt in Richtung Zusammenarbeit mit unserem Nachbarn gesetzt. Der Unternehmungszweck besteht in der gemeinsamen Ausnutzung der Donau durch die Bundesrepublik Deutschland und Österreich.

Die Anteile an der Unternehmung (Sitz Passau und Schärding) setzen sich wie folgt zusammen:

10 Prozent Bayernwerke AG (München)

40 Prozent Rhein-Main-Donau AG (München)

50 Prozent Republik Österreich.

Den Anteil der Republik Österreich hat die Verbundgesellschaft wie bei den Sondergesellschaften als Treuhänderin inne. 1956 ist das erste Vollbetriebsjahr.

Lastverteilungsgesetz

„Vom Strombezug ausschließen...“

Zur Sicherstellung der Elektrizitätsversorgung wird eine Lenkungsstelle für die E-Wirtschaft gebildet.

Die Funktionen dieser Lenkungsstelle übt der Bundeslastverteiler aus. Dieser kann, wenn dies zur Sicherung der gefährdeten Elektrizitätsversorgung erforderlich ist:

- den Bundesländern Landesverbrauchskontingente vorschreiben,
- die Abgabe der verfügbaren elektrischen Energie an die Verbraucher nach dem Grad der Dringlichkeit regeln, insbesondere aber Stromverbraucher vorübergehend vom Strombezug ausschließen.

Da die Verhandlungen über den Staatsvertrag ins Stocken geraten, wendet sich Österreich an die UNO. Bundeskanzler Leopold Figl unterhält Kontakte mit der britischen, amerikanischen (im Bild mit dem US-Außenminister) und französischen Regierung.

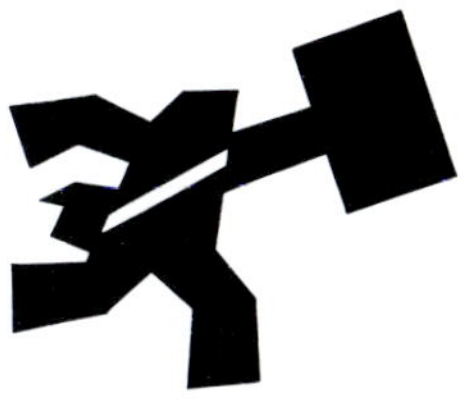

Budgetkrise – Regierung Figl tritt zurück

Neue Pummerin für „Steffl"

Amnestie für belastete Nationalsozialisten

UNO-Resolution an Großmächte wegen Staatsvertrags

INTERALPEN gegründet – Wasserkraft in Ausländerhand?

Deutsche, französische und italienische Aktionäre sollen österreichische Kraftwerksprojekte mitfinanzieren.

Die INTERALPEN wird 1952 gemeinsam von der Societá Energia Elettrica (SENEL), Rom, der Deutschen Verbundgesellschaft, der Electricité de France sowie der (österreichischen) Verbundgesellschaft zusammen mit den Ländern Tirol und Vorarlberg gegründet. Ihre Aufgabe ist die Realisierung solcher Kraftwerksprojekte, bei denen eine zwischenstaatliche Finanzierung und Ausnutzung der gewinnbaren Energie zweckmäßig erscheint.

Kritiker sehen den gezielten Versuch, durch Ausnützung der Ausnahmebestimmungen des 2. Verstaatlichungsgesetzes den gemeinwirtschaftlichen Grundsatz der österreichischen E-Wirtschaft zu unterlaufen.

- **Fernschreibverkehr**

Die tausendste Teilnehmerstelle an das österreichische Fernschreibwählnetz wird angeschlossen. In der Entwicklung des Fernschreibverkehrs ist Österreich führend.

- **Größtes Kraftwerk**

Das größte westeuropäische Wasserkraftwerk mit einer Leistung von jährlich zwei Milliarden Kilowattstunden nimmt an der Rhône die Stromerzeugung auf.

NEWS

Albert Schweitzer, der weltbekannte Urwaldarzt, erhält den Friedensnobelpreis. Sein Wirken wird in aller Welt zum Beispiel tätiger Nächstenliebe.

DDR: Flüchtlingsstrom verstärkt sich

USA: Erste Wasserstoffbombe, Kommunistenjagd McCarthys

Marshallplanhilfe beendet

Ägypten: König Faruk abgesetzt

Nr. 1268 Wien, Samstag **Die Presse** 20. Dezember

Erster Elektrozug startete im neuen Westbahnhof

Festliche Fahrt Wien—Amstetten—Wien — Bundespräsident Körner: Symbol einer besseren Zukunft

Der Westbahnhof hatte sich am Freitag in neuem festlichem Gewande gezeigt, als er nach einem kurzen Festakt der erste Elektrozug nach Amstetten auslief. Dort, wo im ersten Stock der Halle noch vor wenigen Tagen ein häßlicher Plankenverschlag den Zugang und Einblick versperrte, stehen jetzt Blumenkübel. In neuen Verkaufsständen gibt es alle erdenklichen Reiseutensilien zu sehen, an der linken Seite öffnen sich die Türen zum Restaurant erster Klasse, d... allerdings vorläufig nur für beso...

sagen, daß Österreich im Vergleich mit anderen Ländern an Initiative und Arbeit zurückgeblieben sei. Wenn er nun mit dem ersten elektrischen Zug nach Innsbruck fahren werde, um dort der ersten Promotio „sub auspiciis praesidentis" der Republik beizuwohnen, so sei dies ein Symbol für das Zusammenwirken von Wissenschaft und Technik, dem wir soviel verdanken und das uns, wenn uns Friede und Freiheit beschieden sein werden, ganz gewiß zu einer besseren Zukunft verhelfen werde.

Nur 40 Minuten Fahrzeit bis St. Pölten

Die erste Elektrofahrt auf der Strecke ...Amstetten hatte festliches Gepräge. ... schwere, lange Sonderzug...

Der Zug entwickelte, davon konnte sich ... Vertreter der „Presse" ...

Ver... Pe... Bei ... straße ... einem ... 46jäh... aus V... plötzl... Wage... holen ... und ... auf d... Jo...

Samstag, 20. Dezember 1952 3

Der glitzernde Draht läuft von Bregenz bis Wien

Bedeutsame Worte des Bundespräsidenten bei dem Festakt anläßlich der Aufnahme des elektrischen Betriebes Wien—Amstetten

...n Ereignis, das ohne Übertreibung ...eines der markantesten ... der ... ausgesprochen. Die Energie und Umsicht, mit denen das im ... ge... ...digte ... einig wir Österreicher im Willen, ... dieses Unrecht der Besetzung end... ...werden."

Wie ... ihre ... fast ...

220-kV-Leitung nach Italien

Die Bundesbahnstrecke Wien—Amstetten wird elektrifiziert in Betrieb genommen. Die Westbahn ist nun von Wien bis Bregenz vollständig elektrifiziert.

Energie in luftigen Höhen

1952/53 wird die 220-kV-Einfachleitung Lienz – Pelos errichtet. Sie verbindet die Netze Italiens und Österreichs. In luftigen Höhen überwindet sie die Dolomiten (Kofelpaß) und die Karnischen Alpen. Auf der Porzescharte erreicht sie eine Seehöhe von etwa 2300 m.

Das Umspannwerk Lienz (UW-Lienz) wird im Jahre 1952 als Netzknotenpunkt im Raum Osttirol errichtet. Die Inbetriebnahme der 110-kV-Anlage erfolgt im September 1953.

„Was, Travnicek, halten Sie von ...“

„Brettl vorm Kopf“ heißt das Programm der neuen Gruppe im „Kleinen Theater im Konzerthaus“. Es wirken mit: Carl Merz, Michael Kehlmann, Gerhard Bronner und Helmut Qualtinger.

Ein Feuerwerk von Späßen, satirischen Angriffen, Spott und messerscharfer Kritik – dazu liefern die überragenden Darsteller musikalische Perfektion: Das Wiener Publikum erlebt Kabarett von bestechender Qualität.

„Quasi“ und sein Team zündeln unverfroren an der Volksseele, wenn sie selbstgefälligen Opportunismus, reaktionäre Weltsicht und mürrische Besserwisserei anprangern. Sie provozieren lustvoll Proteste und Skandale am Fließband.

Die raunzigen Nörgler fliegen aus dem Hörfunk, denn sowjetische Zensoren besitzen wenig Humor. Merz und Qualtinger finden Asyl beim amerikanischen Sender Rot-Weiß-Rot und starten ihr großes Funk-Kabarett „Brettl vor'm Kopf“.

1956 geht's weiter mit „Blattl vorm Mund“. Hier wird neben der bitterbös-makabren „Ahndlvertilgung“ auch der „Herr Travnicek“ geboren.

Qualtinger im O-Ton: „Wann mi des Reisebüro net vermittelt hätt'...“

Als zehn Jahre später bei „Hackl ins Kreuz“ der Vorhang fällt, geht ein Stück Kabarettgeschichte zu Ende, das inzwischen zur Legende geworden ist.

N E W S F L A S H

Energie-anleihe

Kammersängerin Ljuba Welitsch beim Zeichnen von Energieanleihe.

Die Sparer stehen Schlange

Der Verbund-Sparerhit

Nach der ersten Phase der Konzernfinanzierung durch ERP-Mittel folgt die Kapitalbeschaffung im Inland. Die „Energieanleihe", erste Anleihe am österreichischen Kapitalmarkt seit Kriegsende, wird ein gewaltiger Erfolg.

Vor allem die kleinen Sparer stehen Schlange. Bei der ersten Energieanleihe am 26. Mai werden 600 Millionen Schilling gezeichnet. Ein Umstand für die Popularität besteht darin, daß der Hauptaktionär, die Republik Österreich, die Haftung für diese Anleihe übernimmt.

Die Menschen sehen im erworbenen Wertpapier aber nicht nur eine gut verzinste Forderung, sondern auch ein Symbol für die Wiederaufbauleistungen der österreichischen E-Wirtschaft.

Der Zeichner hat die berechtigte und stolze Überzeugung, auch seinen Beitrag zum Wiederaufbau seines Landes und der österreichischen Elektrizitätswirtschaft geleistet zu haben.

Industrie: Einschränkungen aufgehoben

Mit zunehmendem Kraftwerksausbau werden die Einschränkungen immer mehr gelockert.

Infolge eines ausgiebigen Kraftwerkszuwachses (St. Andrä, 4. Generator Hauptstufe Kaprun, Rosenau, Braunau) laufen im Winter 1952/53 sämtliche Industriebetriebe erstmals mit Schaltstufe IV, d.h. praktisch ohne jede Einschränkung.

Russen geben Ybbs-Persenbeug frei

Am 17. Juli 1953 wird zwischen der sowjetischen Besatzungsmacht und der österreichischen Bundesregierung in einem Vertrag vereinbart, daß die bestehenden Anlagen des Kraftwerkes Ybbs-Persenbeug zur Baufortsetzung freigegeben werden.

Die Österreichische Donaukraftwerke AG, die im Jahre 1947 aufgrund des 2. Verstaatlichungsgesetzes gegründet wurde, übernimmt die eingestellte und verlassene Baustelle und führt den Bau nach einem eigenen Projekt aus.

Verband der Elektrizitätswerke Österreichs — neue Rechtsform

Eine Interessenvertretung der E-Wirtschaft, der Verband der Elektrizitätswerke Österreichs (VEÖ), wird als Verein gegründet. Es gab jedoch schon Jahrzehnte vorher Interessenvertretungen der E-Wirtschaft.

Mitglieder sind die Landesgesellschaften, die Österreichische Elektrizitätswirtschafts AG (Verbundgesellschaft) und die Sondergesellschaften, die landeshauptstädtischen E-Werke und sonstige gemeindeeigene E-Versorger.

Auch private E-Werke und Elektrizitätsgenossenschaften sind Mitglieder des VEÖ.

Der neue Bundeskanzler heißt Julius Raab. Neben der Beseitigung der Arbeitslosigkeit ist die Erringung der Freiheit sein wichtigstes Regierungsziel.

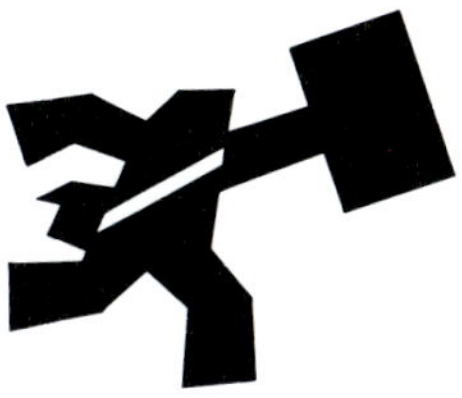

Nationalratswahlen: Regierung Raab/Schärf

Lebensmittelkarten abgeschafft

Diskussion über Neutralität

Energieanleihe

Figl neuer Außenminister

Russen verzichten auf Besatzungskosten

- **Mehr Fachkräfte**

Seit dem Jahr 1953 steigt die Zahl der Angestellten beim Verbund stärker als die der Arbeiter. Ursache: Die Behebung der Kriegsschäden und der Wiederaufbau der Anlagen ist zügig vorangeschritten, im technischen Dienst werden immer mehr qualifizierte Fachkräfte gebraucht.

- **Energiesituation**

Österreich ist in der Gesamtenergieaufbringung noch autark.

- **CERN**

Zwölf westeuropäische Staaten gründen die Atomkern-Forschungsgemeinschaft CERN.

- **Schnelle Brüter**

Erstmals gelingt es, mit der Spaltung radioaktiven Materials neues spaltbares Material zu gewinnen. Die Gewinnung des Plutoniums ist ein erster Schritt zum Schnellen Brüter (s. S. 99).

Elektrizitätsförderungsgesetz verabschiedet

Wesentliche Bestimmung:

- Steuervorteile für die Elektrizitätsversorgungsunternehmen: Sie sollen das Investitionsprogramm leichter finanzieren können.

NEWS

Josef Iwanowitsch Dschugaschwili, genannt Stalin, stirbt in Moskau. Die Folgen davon sind weitreichende Änderungen der sowjetischen Innen- und Außenpolitik.

Koreakrieg beendet

Ost-Berlin: Arbeiteraufstand niedergeschlagen

Stalin gestorben

Eisenhower US-Präsident

Ägypten Republik

Großbritannien: Elizabeth II. zur Königin gekrönt

Erstes Atomkraftwerk im britischen Calder Hall

Besonders in England werden gewaltige Mittel für die Entwicklung der Kernenergie aufgewendet. Im britischen Calder Hall beginnt der Bau des ersten großen Atomkraftwerks.

Hausarbeit wird in den fünfziger Jahren, besonders in der Werbung, als Vergnügen dargestellt. Der Druck auf den Knopf des Elektrogeräts genügt . . .

Ronald Reagan sorgt für „Law and Order". Als smarter Revolverheld agiert er in zahlreichen B-Western auf der Kinoleinwand. Auf seine Rolle als A-Darsteller in der Weltpolitik muß er noch einige Zeit warten.

Kinsey-Report schockiert

Mit der empirischen Untersuchung „Das sexuelle Verhalten des Mannes" sorgte Alfred C. Kinsey bereits 1948 für Aufsehen. Nun liefert er einen weiteren Beitrag zum Thema „Sexuelle Befreiung", indem er das Geschlechtsleben der Frauen unter die Lupe nimmt.

Die Studie birgt brisanten Sprengstoff.

Der Kinsey-Report erregt in der gesamten westlichen Welt beträchtliches Aufsehen.

Auch Fußballer brauchen Sprit

Kicker unter sich: An der Tankstelle von Freund Ocwirk holen sich die Fußballer Körner, Happel und Hanappi neue Energie.

NEWSFLASH

Vier im Jeep

Weltberühmt gewordenes Symbol für die vierfache Besetzung der österreichischen Bundeshauptstadt Wien: Die interalliierte Militärpatrouille amtierte zehn lange Jahre hindurch.

Nach ERP und Energieanleihe

Dollars von der Weltbank

In der dritten Phase der Konzernfinanzierung (nach ERP und Energieanleihe) kann der Verbundkonzern seine Fremdmittelbeschaffung auf das Ausland ausdehnen.

1954 schließt die Verbundgesellschaft als erstes österreichisches Unternehmen Verhandlungen mit der Weltbank über die Gewährung von Krediten zur Finanzierung der Investitionen des Konzerns positiv ab.

Die ersten Geldmittel stehen Anfang 1955 zur Verfügung.

Weitere Weltbankkredite folgen in den Jahren 1956 und 1958. Insgesamt beträgt das Volumen der Weltbankkredite 68 Millionen US-Dollar.

Zittern vor dem Winter — Dampfkraftwerke forciert

Obwohl die Versorgung seit einigen Jahren klaglos erfolgt, kann von einer restlosen Sicherstellung der Bedarfsdeckung im Winter noch nicht gesprochen werden.

Dies ist vor allem auf den weit über den europäischen Durchschnittswerten liegenden Verbrauchsanstieg zurückzuführen.

Die Wasserdarbietung im Winter 1953/54 ist sehr schlecht. Somit müssen die Dampfkraftwerke forciert eingesetzt werden, was zur Folge hat, daß die Lagerbestände an Brennstoffen im Februar 1954 den niedrigsten Wert seit dem Jahre 1947 erreichen. Durch die guten Beziehungen der Verbundgesellschaft zu den Versorgungsunternehmen der Nachbarstaaten kann Strom aus Deutschland und Italien bezogen werden. Daher sind keine Einschränkungen notwendig.

Wasserkraft : Dampfkraft = 4:1?

Vor dem Krieg und auch noch während der fünfziger Jahre nahm man an, daß für die österreichischen Bedingungen das optimale Verhältnis zwischen Wasserkraft und Dampfkraft 4 zu 1 betragen müsse. Heute, Ende der achtziger Jahre, ist das Optimalverhältnis wegen des blockierten Wasserkraftausbaus gefährdet.

Erscheint täglich außer Montag
Preis 70 Groschen
Monatsbezugspreis S 18.—

Das kleine Volksblatt

Nr. 41 Jahrgang 1954

Redaktion u. Verwaltung: Wien VIII, Strozzigasse 8 Telephon A 28 5 50

Wien, Freitag, 19. Februar 1954

Anzeigen-Schalter: VIII, Lerchenfelder Str. 40 Telephon A 28 5 50

Wieder kein Staatsvertrag!

Figl schlug Räumung bis 30. Juni 1955 vor – Molotow lehnte alle Vorschläge ab

In den gestrigen Nachmittagsstunden traf folgende Meldung aus Berlin in den Wiener Redaktionen ein: „Molotow hat alle Vorschläge Dr. Figls abgelehnt. Eine Einigung über den österreichischen Staatsvertrag konnte auch in der heutigen Sitzung der Außenministerkonferenz nicht erzielt werden!"

Gleich zu Beginn der Sitzung hatte Außenminister Dr. Figl folgende neuen Vorschläge unterbreitet: Oesterreich ist bis zum 30. Juni 1955 von fremden Truppen zu räumen. Für den Fall, daß sich bei der Durchführung des Staatsvertrages Meinungsverschiedenheiten ergeben, treten die Missionschefs aller vier Großmächte an die österreichische Bundesregierung heran. Dann appellierte Dr. Figl noch einmal eindringlich an die Außenminister, Oesterreich doch endlich die Freiheit zu geben. Molotow lehnte aber alle Vorschläge Dr. Figls ab. Die Verhandlungen über Oesterreich waren damit ergebnislos geblieben.

Oesterreich wird sich der Gewalt nie beugen

Nach Bekanntwerden der Nachricht, daß Molotow die österreichischen Vorschläge über einen Abschluß des Staatsvertrages abgelehnt hat, gab Bundeskanzler Ing. Raab über den Rundfunk folgende Erklärung ab:

„Unser Volk hat trotz allen bisherigen Enttäuschungen in die Berliner Konferenz der vier Außenminister gewisse Erwartungen gesetzt. Es bestand die schwache Hoffnung, daß es doch möglich sein werde, zur Sicherung des Friedens eine Tat zu setzen. Diese wäre beim österreichischen Staatsvertrag fürwahr mehr als leicht gewesen. Der Verlauf der Konferenz hat bewiesen, daß unsere vorsichtige Beurteilung der Erfolgsaussichten berechtigt war. Unser Volk wird die Nachricht vom neuerlichen Scheitern der Staatsvertragsverhandlungen mit Enttäuschung, ja mit Erbitterung, nicht aber mit Mutlosigkeit zur Kenntnis nehmen. Wir haben nun neun Jahre lang auf die Erfüllung eines feierlich gegebenen Versprechens, auf unsere volle Freiheit und Souveränität vergeblich gewartet. In diesen neun Jahren hat unser Volk eine vorbildliche Disziplin und Standhaftigkeit bewiesen. Wir werden diese Haltung auch in Zukunft nicht ändern. Wir werden unseren Standpunkt, unser Begehren nach unserem Recht mit Entschiedenheit weiter vertreten. Eine Zermürbungstaktik wird beim österreichischen Volk keinen Erfolg haben.

Unserer Delegation, die in Berlin die Interessen Oesterreichs so mannhaft und geschickt vertreten hat, gebührt unser Dank, auch wenn ihre Bemühungen nicht zu einem Erfolg geführt haben. Leider mußte sich unser Recht der Macht beugen. Die tapfere und staatsmännische Haltung aber, mit der Außenminister Ing. Dr. Figl und seine Begleitung unsere Interessen vertreten haben, hat ihnen und unserem Volk die Sympathien der rechtlich denkenden Menschen eingetragen.

Die Staatsvertragsverhandlungen haben jedenfalls gezeigt, daß der Vertrag als solcher fertig ist und zur Unterzeichnung bereit gewesen wäre. Es war lediglich internationale Machtpolitik, die einen Abschluß verhindert hat. Einer Gewaltpolitik aber wird sich Oesterreich nie beugen."

Nach den Worten des Bundeskanzlers erklang die Bundeshymne. Dann erklärte ein Sprecher, der österreichische Rundfunk trage dem Umstand Rechnung, daß der heutige Tag den Staatsvertrag nicht gebracht habe und ändere sein Programm. Die österreichischen Rundfunkstationen senden anschließend ernste Musik.

Wir sind enttäuscht, aber nicht verzagt

Unmittelbar nach dem Schluß der letzten Oesterreich-Debatte der Berliner Außenministerkonferenz empfing der Außenminister Dr. Figl den Sonderberichterstatter der OeVP. Der Außenminister lehnte es ab, in einer politischen Erklärung zum negativen Ausgang der Konferenz Stellung zu nehmen. In einem längeren Gespräch entwickelte er folgende Gedanken:

„Wer die Freiheit liebt, muß für sie kämpfen. Oesterreich hat seit mehr als 16 Jahren um seine Freiheit gerungen und um der Freiheit willen hat unser Volk unzählige Opfer gebracht, schwerste Demütigungen erduldet, furchtbare Enttäuschungen auf sich genommen, aber es ist deshalb niemals verzagt. Jeden Rückschlag in der Erfüllung seiner Sehnsucht nach Freiheit hat es, seiner großen geschichtlichen Mission entsprechend, mit Würde ertragen. Seit 1945 hat Oesterreich der Welt ein Beispiel seiner demokratischen Gesinnung, seiner Opferbereitschaft und Treue zur Heimat, aber auch seines unbeugsamen Willens gegeben.

Unser Volk sah der Berliner Konferenz mit gewissen Hoffnungen entgegen, als nach dem ersten Konferenztag bei Beginn der Verhandlungen über Oesterreich die österreichische Delegation als gleichberechtigter Partner am Konferenztisch Platz nehmen konnte. (Fortsetzung S. 2)

Eine Außenminister-konferenz in Berlin verhandelt über den Staatsvertrag – wieder kommt es zu keiner Einigung.

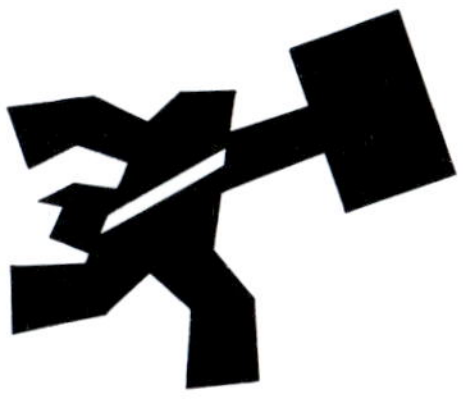

Berliner Außenministerkonferenz über Staatsvertrag gescheitert

Kulturbudget nach Künstlerprotest erhöht

Arbeitsbeginn Autobahn Salzburg–Wien

Außenhandel im Rahmen der OEEC liberalisiert

1. Verstaatlichungsentschädigungsgesetz

Die Entschädigung für Anteilsrechte, die durch das 2. Verstaatlichungsgesetz in das Eigentum von Bundesländern übergegangen sind, wird mit dem 1. Verstaatlichungsentschädigungsgesetz (BGBl. 189/1954) geregelt. Die Entschädigung erfolgt zu Lasten der Länder.

Die Regelung der Entschädigung für verstaatlichte Unternehmungen, Betriebe und Anlagen soll einem besonderen Bundesgesetz vorbehalten sein.

Die 2. Durchführungsverordnung vom 4. Juni 1955 regelt die Entschädigungsanspruchshöhen.

- **Gas im Vormarsch**
  Gas gewinnt im Industriebereich laufend an Terrain (seit 1973 im Kleinverbrauch).

- **Atomkraft**
  Die Sowjetunion nimmt ihr erstes Atomkraftwerk mit einer elektrischen Leistung von 5000 Kilowatt in Betrieb.

NEWS

In Ägypten wird Gamal Abdel Nasser Ministerpräsident. Zwei Jahre später kommt es zum Ausbruch der Suezkrise.

BRD in NATO aufgenommen

Frankreich verliert Indochinakrieg

Ägypten: Nasser übernimmt Macht

DDR: Souveräner Staat

Algerien kämpft um Unabhängigkeit von Frankreich

Österreichs größte Baustellen

befinden sich in Kaprun und Ybbs-Persenbeug. Die Oberstufe des gigantischen Kraftwerkes Kaprun wird am 1. Dezember 1954 offiziell in Betrieb genommen.

Ein Sieg der „Baraber" von Kaprun

KAPRUN – EUROPAS GEWALTIGSTES KRAFTWERK

Am 1. 10. 1954 erfolgt der Spatenstich zum Bau des ersten österreichischen Donaukraftwerkes (Fertigstellung 1959). Trotz katastrophaler Hochwässer 1954 und 1955 kann das Bauprogramm in Ybbs-Persenbeug eingehalten werden. Das Bild zeigt die Baustelle im Jahre 1956.

Träume für einen Schilling

Die Schlager der Saison heißen: „Drei Münzen im Brunnen", „Tutti Frutti" (Little Richard), „Rock around the Clock" (Bill Haley). – Die „Capri-Fischer" sind einer der Tophits der fünfziger Jahre.

Ab 1954 halten die Musikautomaten (vor allem der „Wurlitzer") in den Gasthäusern und Espressi Einzug. Die aus den USA importierten Musik-Boxen üben auf Jugendliche eine besondere Anziehungskraft aus.

Reinhard Tramontana meint 1977 im „profil" zum Tod von Elvis Presley:

„Wer später von dem ‚explosiven' Eindruck schrieb, den ein Konzert der ‚Rolling Stones' hinterließ, kann kaum erlebt haben, was in jedem Beisl los war, sobald aus dem Wurlitzer ‚Hound Dog', ‚Treat Me Nice' oder gar der ‚Jailhouse Rock' schepperte."

Wenn bei Capri die rote Sonne
im Meer versinkt
und vom Himmel die bleiche Sichel
des Mondes blinkt,
zieh'n die Fischer mit ihren Booten
aufs Meer hinaus,
und sie legen im weiten Bogen
die Netze aus.
Nur die Sterne, sie zeigen ihnen
am Firmament
ihren Weg mit den Bildern,
die jeder Fischer kennt.
Und von Boot zu Boot
das alte Lied erklingt,
hör' von fern,
wie es singt:

Bella, bella, bella Mari,
bleib mir treu,
ich komm zurück morgen früh!
Bella, bella, bella Mari,
vergiß mich nie!

u. s. w.

Wop-Baba-Luba

Eines der ganz großen Teenager-Idole der fünfziger Jahre wird Peter Kraus. 1956 verkauft er von „Sugar, Sugar Baby" 500.000 Platten. Mit Conny Froboess dreht er ebenso erfolgreiche Filme voll keimfreier Vitalität.

NEWSFLASH

Österreich ist frei!

Der österreichische Staatsvertrag wird am 15. Mai 1955 im Schloß Belvedere in Wien unterzeichnet. Außenminister Figl zeigt das unterzeichnete Dokument einer jubelnden Menge.

Wichtigste Stromnetz-Stütze

Kaprun – Symbol des Wiederaufbaus

Das Tauernkraftwerk Glockner-Kaprun wird zur wichtigsten Stütze des heimischen Stromnetzes. Rund 30 Prozent der damaligen Leistungsspitze konnten von diesem Kraftwerk bereitgestellt werden.

Mit der Fertigstellung der Mooser- und Drossensperre des Stausees Mooserboden sind die Bauarbeiten vollendet. Das Kraftwerk Kaprun Oberstufe erzeugt erstmals Strom.

Vor allem aber gilt Kaprun als Symbol des österreichischen Wiederaufbauwillens und hat im Nachkriegsösterreich psychologisch große Bedeutung. Die Österreicher sind zu Recht stolz auf ihre Ingenieurkunst und die Schaffenskraft des Arbeiters.

Die „Männer von Kaprun", die das gewaltige Bauwerk unter unglaublichen Strapazen vollenden, werden zum Mythos.

Gemeinsam mit den Sondergesellschaften

Projektprüfungsausschuß (PPA)

Der Bau von Großkraftwerken wurde im 2. Verstaatlichungsgesetz primär als Aufgabe der Sondergesellschaften festgelegt. Im neu gegründeten Projektprüfungsausschuß arbeiten diese nun eng mit der Verbundgesellschaft zusammen, wobei vor allem bautechnische und bauwirtschaftliche Fragen behandelt werden.

Ziel dieses Ausschusses ist, die zukünftigen Projekte gemeinsam zu prüfen.

Die Zusammensetzung des PPA wird so geregelt, daß jede Sondergesellschaft zwei Vertreter entsendet, während die Verbundgesellschaft den Vorsitzenden stellt.

Die Geschäftsführung liegt bei der Verbundgesellschaft als Konzernspitze.

Genfer Konferenz über Atomenergie

In Genf geht eine internationale Konferenz über die friedliche Nutzung atomarer Energien zu Ende. Es wird die Meinung vertreten, daß man vor einer Zeit gewaltig ansteigenden Energieverbrauchs stehe und vor allem die Atomenergie die starke Nachfrage befriedigen könne. Die Atomenergie wird als relativ gefahrenfrei beschrieben; nur die Verwendung der radioaktiven Abfälle stellt nach Meinung der Experten noch ein ungelöstes Problem dar.

Auf diesen Tag mußten die Österreicher lange warten: Der 15. Mai 1955 bringt dem Land zehn Jahre nach Kriegsende die staatliche Souveränität und Unabhängigkeit zurück.

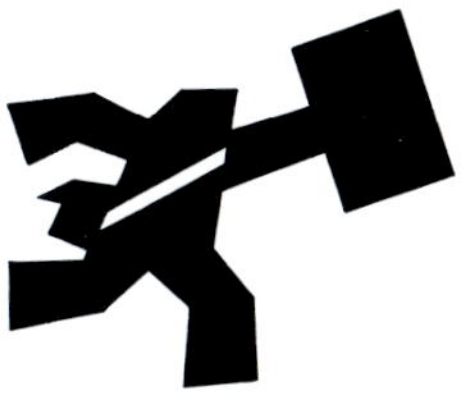

Molotow gibt grünes Licht: Österreichische Delegation wegen Staatsvertrag in Moskau

Staatsvertrag in Wien unterzeichnet

FPÖ gegründet

Immerwährende Neutralität beschlossen

Österreich in die UNO aufgenommen

Wiedereröffnung der Staatsoper

● Transistoren

Transistoren finden als raumsparende Schaltelemente in den Großrechenanlagen Verwendung. Deren Abmessungen schrumpfen damit beträchtlich.

● „Kultur-Strom"

Siemens rüstet Staatsoper und Burgtheater mit Stark- und Schwachstrominstallationen aus.

● ÖBB

Seit der Kopplung des Verbundnetzes mit dem Netz der Österreichischen Bundesbahnen durch Errichtung des Umformwerkes Wien-Auhof findet auch eine regelmäßige Belieferung der ÖBB statt, die seither eine stetige Steigerung erfährt.

● Neue Nachrichtenmittel

Mit der Übersiedlung des Hauptlastverteilers in neue Räumlichkeiten werden auch neue Nachrichtenmittel notwendig. Neben der Erweiterung des Fernsprechnetzes ist auch der Ausbau der Meßwertübertragungen notwendig.

● Automatisation

Bei der internationalen Konferenz über automatische Fabriken in England wird die stark von der Elektronik beeinflußte „Automatisation" als Beginn einer neuen industriellen Revolution bezeichnet.

● Energiebedarf

Für das Jahr 2000 wird der Energiebedarf der gegenüber 1950 verdoppelten Menschheit etwa fünfmal höher geschätzt.

NEWS

Seine Forschungen beeinflußten besonders die Atomphysik, er regte den Bau der ersten Atombombe an: Der deutsche Physiker und Nobelpreisträger Albert Einstein stirbt in den USA.

BRD souverän, Mitglied der NATO

Warschauer Pakt gegründet

Bandung-Konferenz: Afro-asiatische Staaten als „dritte Kraft"

UdSSR: Erste Wasserstoffbombe

Chruschtschow bei Tito

Adenauer in Moskau

Staatsvertrag: Dr. Kreisky antwortet ...

Sehr geehrter Herr Dr. Kreisky!

Als der Staatsvertrag unterzeichnet wurde, waren meine Eltern selber noch Kinder. Von meinen Großeltern weiß ich, was die Not der Nachkriegszeit geheißen hat: Sie haben damals ihr Haus in St. Pölten-Wagram mit Ziegeln aus Bombenruinen errichtet, die sie mühsam zurechtgeklopft haben. Jetzt erzählen sie oft, wie gut es eigentlich unserer Generation geht. Doch ich spüre eine große Unzufriedenheit in meiner Altersgruppe. Alles dreht sich um Arbeitsplätze und Umwelt.

Der Wiederaufbau nach dem Krieg und der Staatsvertrag sind sicher große Leistungen der damaligen Generation. Doch viele, die vor dem Schloß Belvedere gejubelt haben, jubelten auch schon 1938, als Hitler Österreich besetzte. Diese Generation hat also Mitschuld am Untergang von Österreich und gleichzeitig Verdienste am Wiederaufbau. Wofür soll ich also der damaligen Generation danken?

Ich sehe im Staatsvertrag ein Ereignis, das für mich sehr, sehr lange zurückliegt. Die damaligen Politiker haben eine große Leistung vollbracht, als sie den Staatsvertrag erreichten. Dann haben sie aufgebaut und aufgebaut und kaum an die nachfolgenden Generationen gedacht. Wie wird es weitergehen? Schließlich will ich, daß auch meine Kinder einmal eine lebenswerte Umwelt vorfinden.

Mit besten Grüßen

Hannes Weingerl

Wie sieht ein Jugendlicher von heute den Staatsvertrag? Welche Bedeutung hat dieses Ereignis für ihn? Der St. Pöltner Schüler Hannes Weingerl schrieb an Altkanzler Dr. Bruno Kreisky, der 1955 neben Julius Raab, Leopold Figl und Adolf Schärf als Staatssekretär mit dabei war.

Sehr geehrter Herr Weingerl!

Um eine Antwort auf Ihre kritische Stellungnahme geben zu können, muß man sich in erster Linie über die Problematik „objektiver" Geschichtsschreibung bewußt werden. Nicht zu Unrecht formulierte einmal August Strindberg im Zusammenhang mit dem „Urteil der Geschichte" den Satz: „Die menschlichen Interessen und Leidenschaften diktieren das Urteil".

Aus diesen Überlegungen heraus erscheint es mir wichtig, daß man keinesfalls versuchen sollte, die Probleme unserer Zeit auf das Jahr 1938 oder auf die Besatzungszeit 1945 bis 1955 zu projizieren, ohne die dahinterliegenden Interessen und Kausalitätszusammenhänge zu berücksichtigen. Andererseits ist es ebenfalls unrichtig, die Gegenwart nur an der Vergangenheit zu messen, wobei überdies die Vergangenheit viel zu häufig nur als „die heile Welt" gesehen wird.

Sicherlich liegt der Abschluß des Staatsvertrages 1955 schon fast zwei Generationen weit zurück, aber gerade die völkerrechtliche Grundlage unserer Souveränität, die von Staatsvertrag und immerwährender Neutralität geprägt wird, garantiert unsere gegenwärtige internationale Handlungsfreiheit und sollte nicht leichtfertig aufs Spiel gesetzt werden.

Die in den Jahren 1945 bis 1955 entwickelte Internationalität gibt unserem kleinen Staat die Möglichkeit, an der Bewältigung weltumspannender Probleme mitzuarbeiten. So zum Beispiel bedarf die von Ihnen angeführte Frage nach der Wiederherstellung einer „lebenswerten Umwelt" einer internationalen Lösung. Erst vor kurzem mußten wir via Fernsehen feststellen, daß in völlig abgeschiedenen Gegenden Oberösterreichs eklatante Umweltschäden unserer Bäume festgestellt wurden, die auf die Verschmutzung der Luft durch tschechoslowakische, aber auch deutsche Industriekomplexe zurückzuführen sind.

Aber das Umweltproblem ist nur eine der vielen Fragen, die die Gegenwart beherrschen wie Entspannung und Abrüstung, Beseitigung von Dauerarbeitslosigkeit sowie Verschuldung der dritten Welt. Aber alle diese Bereiche können nur durch internationale Kontakte und weitestgehende Kooperation gelöst werden. In diesem Sinne haben der Staatsvertrag und unsere Neutralität auch heute noch „lebenserhaltende" Relevanz.

Seit dem 15. Mai 1955, einem Datum, an dem Österreich in jeder Hinsicht zu einem freien und unabhängigen Staat geworden ist, hat unsere Außenpolitik überall in der Welt – auch dort, wo man ursprünglich anderer Auffassung war – eine sehr deutliche Anerkennung gefunden. Mit der Errichtung des Internationalen Kongreßzentrums sind wir zu einem der wichtigen Zentren globaler Institutionen geworden, was vom sicherheitspolitischen Standpunkt nicht zu gering geachtet werden sollte.

Es bleibt zu hoffen, daß sich auch in der Zukunft jene für Außenpolitik Verantwortlichen dieser Aufgabe, an der ich seit 1953 als Staatssekretär, später als Außenminister und auch als Bundeskanzler bis 1983 mitgewirkt habe, bewußt sein werden.

Mit besten Grüßen

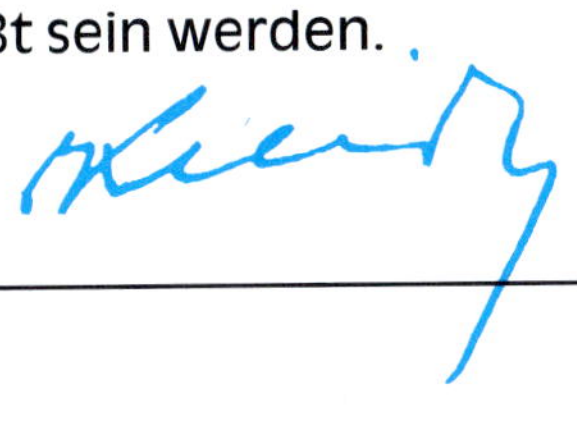

Erste offizielle Ausstrahlung eines TV-Programms in Österreich

Start fürs Fernsehen

Am 1. August 1955, gegen 17 Uhr, erhellen sich in den Auslagen der Radiohändler die Bildschirme der Fernsehempfänger.

Vor den Scheiben bildeten sich dichte Menschentrauben, und aus den improvisiert über den Portalen angebrachten Lautsprechern tönte die Ansage: „Hier ist das Fernsehen des Österreichischen Rundfunks mit seinem öffentlichen Versuchsprogramm." Auf den Bildschirmen erschien als Markenzeichen der neuen Television der Wiener Stephansdom in einem Buchstabenring mit den Worten: ÖSTERREICHISCHER RUNDFUNK FERNSEHEN – VERSUCHSPROGRAMM.

Dann folgte aus dem Klassenzimmer-Studio in der Singrienergasse die Fernsehpremiere des neuen Mediums: eine Diskussionssendung mit den Chefredakteuren der bedeutendsten österreichischen Tageszeitungen und Programmdirektor Dr. Henz zum Thema „Wird das Fernsehen der Presse schaden?". Es gab keine feierliche Eröffnung, kein Minister sprach, aber auch keiner der beiden Öffentlichen Verwalter – obwohl an diesem Tage in Österreich ein neues Medium geboren wurde, das mit der Zeit den Hörfunk an Bedeutung übertreffen sollte.

(Ausschnitt aus „50 Jahre Rundfunk in Österreich", Band II, von Viktor Ergert)

„Sissi" – Geburt eines Stars

Unmöglich, von der jungen Romy Schneider in Ernst Marischkas „Sissi" nicht begeistert zu sein. Der Jungstar und Karlheinz Böhm werden mit der rührseligen Liebesgeschichte des jungen Franz Joseph mit der bayrischen Elisabeth das Traumpaar der fünfziger Jahre. Der Erfolgsfilm erhält noch zwei Fortsetzungen.

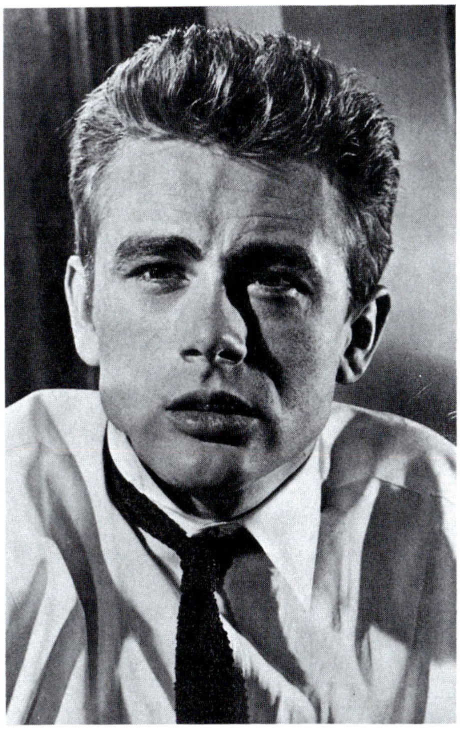

Good bye, Jimmy

Sein Tod löst eine unbeschreibliche Hysterie aus: James Dean, Kultfigur einer ganzen Generation, rast am 30. September mit seinem weißen Porsche Spider in den Tod.

In „Jenseits von Eden", seinem ersten Film (Regie: Elia Kazan), kämpft er um die Achtung und Liebe seines Vaters. In „Denn sie wissen nicht, was sie tun" ist er der sensible Außenseiter, der Vertrauen und menschliche Wärme sucht. Erdrückende Einsamkeit umgibt ihn in „Giganten". – Eine ganze Generation erkennt sich in dem Anti-Helden wieder.

Ein James-Dean-Kult setzt ein.

Renner-Preisträger Josef Fischer

Ich war dabei

Lawinen, Felssturz, Gletscherbrand und Heimweh – der pensionierte Maschinenschlosser Josef Fischer war einer der „Baraber" von Kaprun, die in 2000 Meter Höhe täglich 15 Stunden schufteten. Heute betätigt er sich als „Kraftwerks-Fremdenführer" für seine Pensionsgäste.

„Den Kraftwerksbau habe ich sozusagen von der ersten Stunde an miterlebt. Im Anschlußjahr 1938 mußte ich zur Hitler-Jugend. Als Reichsmarschall Hermann Göring zum Spatenstich aus Berlin anrückte, mußten wir alle festlich aufmarschieren.

Kaprun war damals ein verträumtes Dorf mit etwa 500 Einwohnern. Es kamen aber schon damals viele Wanderer, sogar englische Touristen. Als erstes wurde eine Straße zum Kesselfall gebaut. Aufzüge, Seilbahnen entstanden. Dann kamen viele Kriegsgefangene, Russen, Franzosen, Polen, nach Kaprun, die hier mitarbeiten mußten. Auf einem schmalen Almweg wurden die ersten Kompressoren mit Pferdefuhrwerken hinaufgebracht.

Mit 17 mußte ich in den Krieg nach Rußland. Als ich 1945 zurückkam, fand ich Arbeit als Schlosser bei den Alpen-Elektrowerken. Kurze Zeit später kaufte mein Vater, ein leidenschaftlicher Jäger, ein Haus in Kaprun.

Druckrohrleitungen für die Oberstufe: Schwertransport-Arbeiter Josef Fischer 1953.

35 Jahre später: Der Pensionist Josef Fischer als „Kraftwerks-Fremdenführer" seiner belgischen Hausgäste.

Drei Jahre nach Kriegsende wurde der Bau der Kraftwerksgruppe wieder aufgenommen. Ich wurde Angestellter der Tauernkraftwerke (TKW). Zunächst arbeitete ich als Maschinenschlosser.

Sobald es dämmert, flammen die Scheinwerfer auf: Tag und Nacht schweben die Gondeln der Zementseilbahn über der Hochgebirgsbaustelle.

Nun setzten die Arbeiten in 2000 Meter Höhe voll ein. Der Felsaushub begann. Vor allem die Sprengungen erregten vorerst viel Aufsehen.

Sie erfolgten immer mittags und abends. Man kann sich das kaum vorstellen, daß riesige Dampfloks mit Tiefladern zur Baustelle hinaufgebracht wurden. Auf 2000 Meter Höhe wurden Schienen gelegt. Tag und Nacht erfolgten die Zementtransporte.

Ab 1953 war ich bei den Schwerlasttransporten für die Oberstufe. Wir brachten zehn Meter lange Druckrohrleitungen zur Baustelle. Auf den engen, gewundenen Straßen war das keine Kleinigkeit. Vom Lagerplatz Kaprun bis zur Oberstufe transportierten wir täglich drei Rohre. Um fünf Uhr früh ging's los. Wir schufteten 15 Stunden täglich. Insgesamt habe ich 130 Rohre dort raufgebracht. Der Stundenlohn lag damals bei etwa 6 Schilling.

Auf der Hochgebirgsbaustelle wurde Tag und Nacht gearbeitet. Es durfte keine Pausen geben. Das Jahr hatte für uns schließlich nur fünf Monate. Die Straße wurde erst Ende Mai frei. Sobald es dämmerte, flammten die Scheinwerfer auf. Einmal habe ich sogar 36 Stunden durchgearbeitet. Von Kaprun kamen ununterbrochen die Gondeln der Zementseilbahn. Tag und Nacht schwebten die Kabelkrankübel über uns und schütteten den Beton auf die Mauer der Limbergsperre.

Der frisch gegossene Beton der Talsperre war gegen die Einwirkung von Sonnenstrahlen besonders empfindlich. Um Risse zu verhindern, mußte er wiederholt mit Wasser besprengt werden.

Die Leute, die ‚Baraber von Kaprun', waren ungeheuer zäh und abgehärtet. Wir haben uns mit einer Speckschwarte eingerieben, um keinen Sonnenbrand zu bekommen. Manche waren nicht

höhentauglich und ermüdeten rasch. Durch den enormen Lärm war fast jeder gehörgeschädigt. Das schrille Heulen der Rüttelmaschinen, das Dröhnen der Preßlufthämmer und das Rattern der Bohrer habe ich noch heute in den Ohren. Wenn im Krafthaus vier Maschinensätze liefen, war der Lärmpegel sehr hoch. Heute muß ich eben den Fernseher ganz laut stellen, um etwas zu verstehen.

Auf unserer Hochgebirgsbaustelle gab es einen ‚Konsum', eine Trafik und eine Sanitätsstelle. Im Sommer lebten bis zu 1 500 Arbeiter in den Baracken. Es wurde viel ‚von daheim' gesprochen. Jedes zweite Wochenende war frei. Meistens fuhren die Leute dann heim zu ihren Familien.

Über den Winter, sogar über Weihnachten, blieben zumeist etwa fünfzig Mann oben. Jemand mußte die Baracken freischaufeln, der Schnee hätte sie sonst eingedrückt.

Die Natur bot hier oben ein großartiges Schauspiel. Von den Baracken aus sah man das Kitzsteinhorn, das Kapruner Tal, die Schmittenhöhe und das Steinerne Meer.

Besonders gefährlich waren die Lawinen. Einmal hätte es mich fast erwischt. Wir brachten damals auf einem Holzschlitten mehrere Kompressoren von Limberg zur Orglerhütte. Plötzlich donnerte eine Lawine herab. Durch den Luftdruck wurde ein Kamerad weggeschleudert und erlitt einen Beinbruch. Mit unseren Hosengürteln haben wir eine Tragbahre angefertigt.

Einmal wurde durch Blitzschlag eine Sprengung ausgelöst. Es gab drei Tote.

Durch Lawinen, Felssturz, Steinschlag, bei Sprengungen, im Stollen und durch Stürze aus großer Höhe kamen 160 Beschäftigte ums Leben.

Symbol des Wiederaufbaus und der neuen österreichischen Identität nach dem Zweiten Weltkrieg: Kaprun.

Es war großartig, wenn man von Woche zu Woche beobachten konnte, wie die Mauer der Limbergsperre wuchs und wuchs. Wir hatten ungeheures Vertrauen in unsere Arbeit und die Leistung der Ingenieure. Ununterbrochen wurden Temperatur und Spannungsvorgänge der Mauer kontrolliert. Da wurde nie irgendwie herumgeredet, ob die Sperre auch halten würde. Unser Oberingenieur Ernst Rotter war in Frankreich, in Fréjus, kurz vor der Katastrophe, und hat sofort einige Mängel am Staudamm erkannt.

Wir waren ungeheuer stolz, hier mitarbeiten zu dürfen. Viele waren verliebt in diesen Bau. 1951 wurde schließlich die Limbergsperre eröffnet. Nun war ich bei den Transporten auf den Mooserboden dabei. 1955 wurde dann ‚unser' Kraftwerk eröffnet. Zwei Jahre später erhielt ich bei einem Festakt in Wien eine hohe Auszeichnung: den Renner-Preis für Transportarbeiter.

Nach der Fertigstellung des Kraftwerkes war ich als Maschinenschlosser im Hauptstufenkraftwerk tätig. Bis zu meiner Pensionierung am 1. April 1986 war ich 36 Jahre bei der TKW.

Ein Kraftwerk als Touristenmagnet: Pro Jahr werden rund 200 000 Besucher der Kraftwerkgruppe Glockner-Kaprun gezählt. Seit 1955 sind es fast 8 Millionen.

Ein Kraftwerk als Werbe-Zugpferd: Der mit dem Kraftwerksbau verbundene Enthusiasmus der Wiederaufbauphase wird zur Zigarettenwerbung benutzt.

Wenn ich heute durch Kaprun gehe, kommt mir alles unwirklich vor. Unser Dorf hat sich in dreißig Jahren stürmisch entwickelt. Und alle wissen, daß sie diesen Aufschwung dem Kraftwerksbau zu verdanken haben, denn damals wurden die notwendigen Aufschließungsarbeiten durchgeführt. Fast jeder profitiert vom Fremdenverkehr. In meine kleine Pension kommen Gäste aus Belgien, Holland, Kanada und Japan. Sogar die bulgarische Schimannschaft war bei mir schon untergebracht.

Ich habe elf Enkelkinder, natürlich habe ich schon jedem das Kraftwerk genau erklärt und die Plätze gezeigt, wo ich gearbeitet habe. Auch für meine Hausgäste bin ich der Kraftwerks-Fremdenführer. Es ist enorm, wie viele Leute im Sommer hinauffahren. Ich habe noch keinen getroffen, der sich aufgeregt hat, daß hier die Natur verschandelt wird. Ich weiß, daß es schon damals, beim Bau, viele Umweltauflagen gegeben hat.

Ich glaube, daß wir hier ein richtiges Baudenkmal für Österreich geschaffen haben, und ich bin stolz, daß ich dabeisein durfte."

N E W S F L A S H

Suezkrise:

Krieg Israel – Ägypten

Ägypten erklärt die Verstaatlichung der Suezkanalgesellschaft und stimmt nach Niederlagen gegen Israel, Großbritannien und Frankreich der Stationierung von UN-Truppen am Suezkanal zu. Das Bild zeigt arabische Artillerie im Angriff auf jüdische Stellungen in Jerusalem.

Suezkrise

Energiemarkt in Bewegung

- Konkurrenzkampf der Energieträger
- Europäische Kohlenkrise
- Österreich: Rasante Ölimporte

Eine große Änderung auf dem internationalen Energiemarkt wird durch die Suezkrise ausgelöst.

In Afrika werden zahlreiche neue Erdölvorkommen entdeckt. Dadurch kommt es zu einem reichhaltigen Angebot an Erdöl in Europa und zu einem harten Konkurrenzkampf der Energieträger.

Damit beginnt die europäische Kohlenkrise, die auch Auswirkungen auf Österreich hat.

Öl statt Kohle

Österreichs Energieimporte bestanden bis etwa 1955 beinahe ausschließlich aus festen Brennstoffen und wurden dann durch eine rapide Ausweitung der Ölimporte abgelöst.

Der deutliche Rückgang des Kohleeinsatzes, der 1955 in allen drei Verbrauchssparten (Industrie, Verkehr, Kleinverbraucher) die Hälfte des Bedarfs deckt, ist insbesondere im Verkehrsbereich beachtlich. Erdöl ersetzt bald einen Großteil der Kohle.

Österreichische Studiengesellschaft für Atomenergie gegründet

Atomkraft für Österreich?

In England wird das erste Atomkraftwerk in Calder Hall an das öffentliche Stromnetz angeschlossen. Die Verbundgesellschaft beschließt ein intensives Studienprogramm, um die neuesten Entwicklungen der Technik zu prüfen.

Die Arbeitsgruppe Atom arbeitet an den Kernkraftwerkprojekten Dragon, Halden, Kahl und an dem Versuchsreaktor Garching bei München mit.

Ziele der Arbeitsgruppe:

1. Gutachten über die Typenwahl eines Versuchskernkraftwerkes für Österreich.
2. Standortfrage für ein zukünftiges Kernkraftwerk.

Nach dem Volksaufstand fliehen rund 200.000 Ungarn nach Österreich. Eine Welle der Hilfsbereitschaft erfaßt das ganze Land, um dem bedrängten Nachbarn zu helfen.

Nationalratswahlen: Regierung Raab/Schärf

Beitritt zum Europarat

Bundesministerium für Landesverteidigung gegründet

Südtirol: Einhaltung des Gruber-De-Gasperi-Abkommens gefordert

Flüchtlingsstrom aus Ungarn

Mehrjahresprogramm: Speicher- und Dampfkraftwerke

Die Österreichische Elektrizitätswirtschafts AG arbeitet ein Mehrjahresprogramm aus. Bis 1960 entstehen danach das Donaukraftwerk Ybbs-Persenbeug, das Salzachkraftwerk Schwarzach, weiters Reißeck-Kreuzeck in Kärnten sowie die zweiten Ausbaustufen der Dampfkraftwerke St. Andrä und Voitsberg. In Vorarlberg wird das Exportkraftwerk Lünersee gebaut.

Während in den ersten Nachkriegsjahren das Schwergewicht beim Bau von Laufkraftwerken lag, steht im Programm 1956 bis 1960 die Errichtung von Speicher- und Dampfkraftwerken im Vordergrund.

- **Telefon**

  Das erste Transatlantikkabel zwischen Europa und den USA macht den Telefonverkehr unabhängig von den häufigen Kurzwellenstörungen.

- **Atomkraft**

  In den USA sind bereits 53 Kernreaktoren in Betrieb.

- **Erdöl – Erdgas**

  Die geologische Bundesanstalt schätzt das Erdölvorkommen im Wiener Becken auf rund 58 Millionen Tonnen und die Erdgasreserven auf etwa 20 Milliarden Kubikmeter.

- **Simultananlage**

  Eine bemerkenswerte Neuerung wird zum ersten Mal bei der Weltkraftkonferenz in Wien eingesetzt: eine Funkdolmetscheranlage für die Simultanübertragung von bis zu sechs Sprachen.

- **IAEO**

  Wien wird Sitz der Internationalen Atomenergiekommission.

NEWS

In Ungarn kommt es zu einem Volksaufstand gegen die kommunistische Herrschaft, der von sowjetischen Streitkräften niedergeschlagen wird.

XX. KPdSU-Parteitag: Bruch mit Stalin

Polen: Reformen nach Streiks und Aufruhr

Krise um Suezkanal

Sudan, Marokko, Tunesien unabhängig

Volksaufstand in Ungarn niedergeschlagen

Erstmals Energie aus der Donau

Die erste Donaustaustufe, aus der Österreich elektrische Energie bezieht, ist das Kraftwerk Jochenstein, das gemeinsam von Österreich und der Bundesrepublik Deutschland finanziert und zwischen 1952 und 1956, also noch vor dem ersten DoKW-Kraftwerk Ybbs-Persenbeug, errichtet wurde.

Die erste Großrechenanlage Österreichs wird 1956 von Prof. Heinz Zemanek gebaut: In ironischer Anlehnung an die damals gängigen Computerrechenanlagen in den USA – „Whirlwind" – nennt Zemanek seine Anlage „Mailüfterl".

Symbol der Wirtschaftswunderjahre sind die Leuchtreklamen. Die Kärntner Straße in Wien, 1956.

Elvis, „King of Rock 'n' Roll"

Mit zuckenden Hüften und weit gespreizten, schlotternden Beinen versetzt er Teenager in Ekstase und schockiert das puritanische Amerika. Mit seinem Auftritt in der Ed-Sullivan-Fernsehshow (mit „Heartbreak Hotel" und „Hound Dog") gelingt dem ehemaligen Lastwagenfahrer aus Tennessee 1956 der Durchbruch: Elvis Presley wird zum „King". Der Rock 'n' Roll entwickelt sich zur musikalischen Revolte gegen alles, was „Anstand" bedeutet.

Blitz aus Kitz

Bei den Olympischen Winterspielen in Cortina d'Ampezzo (Italien) gewinnt der 20jährige Skiläufer Toni Sailer gleich dreimal Gold und deklassiert die Konkurrenz.

Der Naturbursch aus Kitzbühel wird durch seine Unbefangenheit und durch sein bescheidenes Auftreten zum Liebling der Nation. Der „Blitz aus Kitz" ist schon wenig später auch als Filmschauspieler zu bewundern.

N E W S F L A S H

Wettlauf ins All

Erdöl und Erdgas billiger

Kohle auf Talfahrt

Kohle war nach dem Zweiten Weltkrieg jahrelang Mangelware Nummer eins in Europa, weil die Nachfrage ungemein rasch zunahm, die Förderung in den großen Revieren aber nur langsam stieg.

Die Kohleförderung erreicht 1957 mit 6,9 Millionen Tonnen ihr Maximum und überschreitet das im Kohleplan von 1948 gesetzte Förderziel um 75 Prozent.

Dann setzt eine rasante Talfahrt ein.

1958 senkt eine Konjunkturdämpfung den Energieverbrauch. Die Kohlekrise in Europa setzt ein.

Die Verbilligung des Erdöls bedeutet den Ruin des österreichischen Kohlebergbaus. Zahlreiche Gruben müssen geschlossen werden.

Insbesondere die Industrie stellt auf das billigere Erdöl oder Erdgas um.

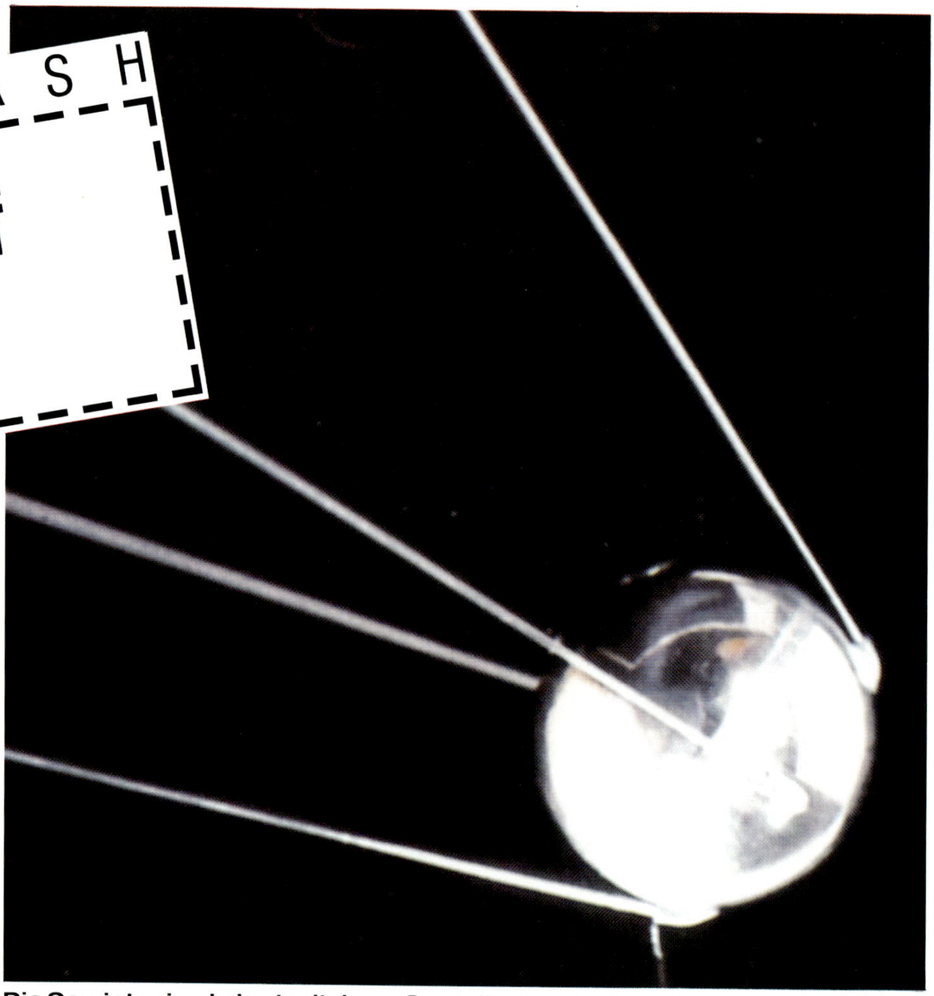

Die Sowjetunion bringt mit dem „Sputnik“ den ersten künstlichen Satelliten in eine Erdumlaufbahn. Im „Sputnik II“ sitzt dann bereits die Hündin Laika.

„Alpen-Elektrowerke AG“ mit Verbund fusioniert

Die Verbundgesellschaft nimmt im Jahr 1957 die AEW im Wege einer Fusion auf. Die Alpen-Elektrowerke AG wird rückwirkend mit 1. Jänner 1955 in die österreichische Elektrizitätswirtschafts AG übergeführt (anläßlich Schillingeröffnungsbilanzgesetz).

Im Zuge der Abrechnungen der AEW bzw. ihrer öffentlichen Verwaltung mit den Bundesländern (die AEW war eine Holding-Gesellschaft) werden umfangreiche Entschädigungsvergleiche abgeschlossen.

Ohne Atomkraft kommt Europa nicht aus

Montanunion-Staaten arbeiten gemeinsam / Erstes Atom-E-Werk erst 1962

Paris, 25. Jänner (Eigenbericht). **Ein Drittel des europäischen Energiebedarfes wird im Jahre 1975 selbst bei maximaler Ausnützung aller klassischen Energiequellen nicht mehr aus eigenen Mitteln gedeckt werden können. Eine intensive Förderung von Atomkraftwerken ist daher, nach Untersuchungen der „Drei Weisen“ der Montan-Union, bereits jetzt unumgänglich.**

Die drei Vizepräsidenten der Hohen Behörde, Etzel (Deutschland), Armand ...

Nach der Meinung der „Drei Weisen“ komme es daher darauf an, ein umfangreiches europäisches Programm auszuarbeiten, das einen Überblick für die Zukunft ermögliche und Europa in die Lage versetze, Atomenergie zu den billigsten Preisen zu produzieren. Kein Land für sich selbst würde dazu in der Lage sein. Angesichts der hohen Investitionskosten für Atomwerke könne nur gemeinsam vorgegangen ...

KURIER, 26. Jänner 1957

Bruno Pittermann wird zum Vizekanzler ernannt, außerdem wird er Vorsitzender der SPÖ.

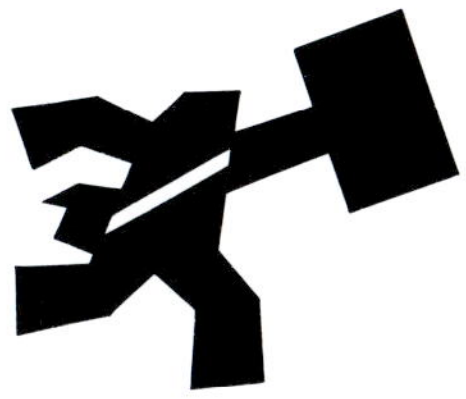

Beginn der Spannungen um Südtirol

Bundespräsident Körner gestorben, Nachfolger wird Schärf

Pittermann wird SPÖ-Chef

Erste Atomkonferenz (IAEO) in Wien

Paritätische Kommission für Lohn- und Preisfragen

Atomkraft: Forschungsstelle in Seibersdorf geplant

In München wird der erste bundesdeutsche Forschungsreaktor in Betrieb genommen. Bei der Ausschreibung um den Wiener Versuchs- und Forschungsreaktor in Seibersdorf bewerben sich sechs Firmen – fünf amerikanische und eine englische. Das zum Reaktor gehörende Laboratorium soll von der österreichischen Industrie errichtet werden.

Der Atomphysiker Dr. Broda weist auf die Gefahren hin, die die Errichtung eines Atommeilers mit sich bringt und zeigt das ungelöste Problem der Atommüllbeseitigung auf.

● Waren statt Öl

Die Sowjetunion erklärt sich damit einverstanden, daß Österreich 1957 statt 100 000 t Erdöl Waren liefert.

● Bündelleitung

Die erste Bündelleitung führt vom Umspannwerk Bürs in Vorarlberg nach Süddeutschland.

● Preisregelungsgesetz

Das Preisregelungsgesetz (BGBl. Nr. 151/1957) regelt die Preise und Entgelte für Sachgüter und Leistungen (u.a. von Erdöl und elektrischer Energie). Im Bundesministerium für Inneres wird eine Preiskommission gebildet.

● Energie aus der Donau

Die Studiengesellschaft Donaukraftwerk Klosterneuburg GmbH wird gegründet.

NEWS

Konrad Adenauer, erster Bundeskanzler der BRD, bemühte sich besonders um eine dauerhafte Aussöhnung zwischen Deutschen und Franzosen und um eine Aufnahme der Bundesrepublik in übernationale Gemeinschaften.

Rom: EWG-Verträge

Eisenhower-Doktrin gegen Kommunismus

UNO gegen Apartheid-Politik Südafrikas

Erster künstlicher Erdsatellit der UdSSR

Plan für atomwaffenfreies Mitteleuropa vor UNO

Tunesien unter Burgiba Republik

Erstes österreichisches Donaukraftwerk

Zwischen 1957 (Donaukraftwerk Ybbs-Persenbeug) und 1985 (Donaukraftwerk Greifenstein) errichteten die DoKW mit einem Investitionsaufwand von rund 35 Milliarden Schilling acht Donaukraftwerke, die 1987 mehr als ein Viertel des heimischen Strombedarfs (12,6 Milliarden Kilowattstunden) erzeugten. Der Durchschnittspreis des sauberen und billigen Donau-Stroms: Nur 21 Groschen für die Kilowattstunde. Dadurch ist es möglich, den teuren Strompreis aus der kalorischen Energie zu „drücken“. Österreich hat deshalb auch relativ günstige Stromtarife.

Neues vom Radio

In der Elektrotechnik bewähren sich zunehmend integrierte Schaltkreise. Die seit 1957 serienmäßig verwendeten, raumsparenden Schaltelemente erlauben es, insbesondere Rundfunkgeräte wesentlich kleiner zu bauen, als es bisher möglich war. In den USA werden 1961 auch erstmals Stereosendungen ausgestrahlt und die ersten stereophonen Rundfunkempfänger gebaut.

Anatomie eines Halbstarken

Der lange Joe auf dem Weg ins Café Colosseum in Meidling, wo er sich mit den Haberern von der Platt'n trifft.

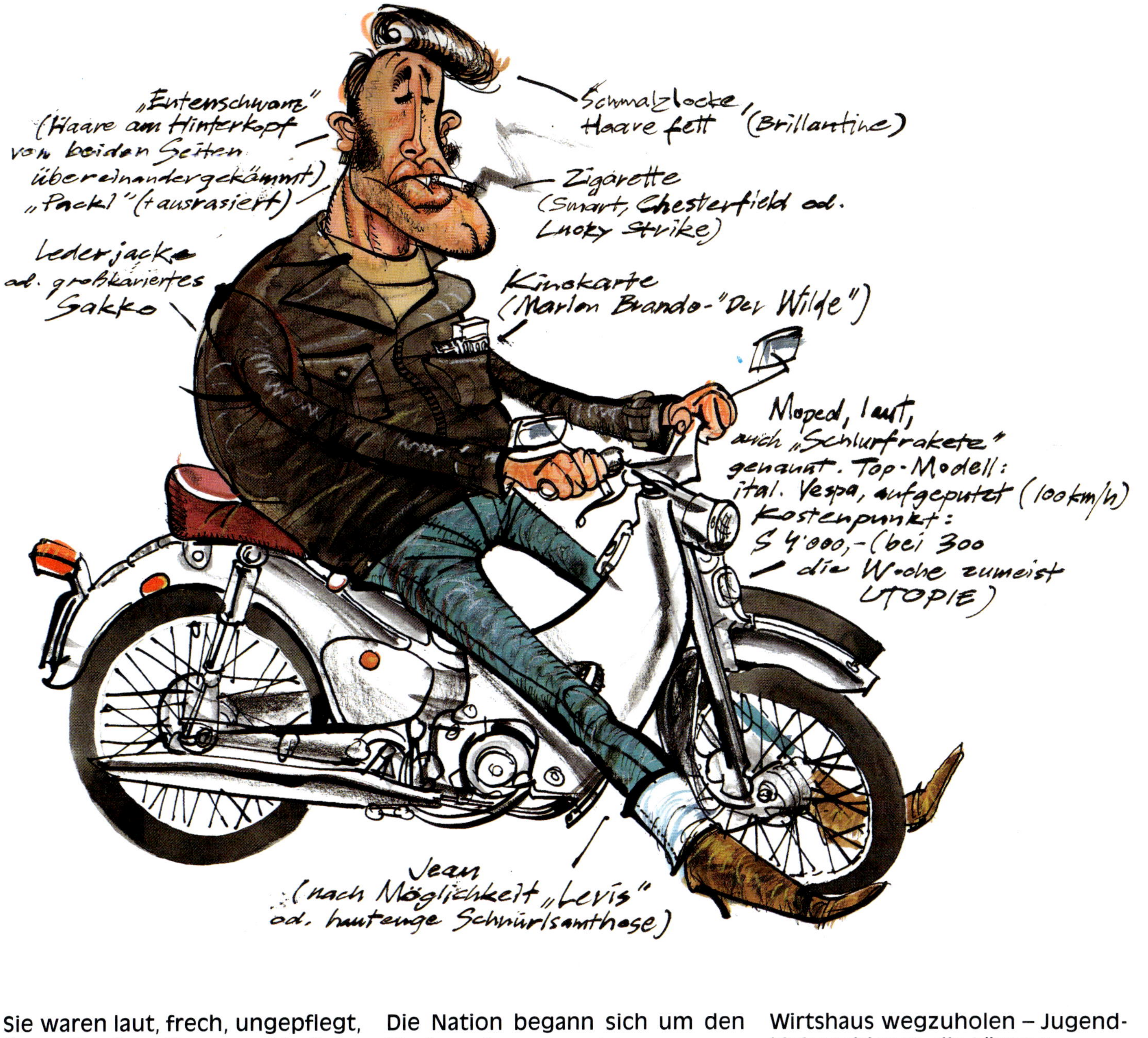

Sie waren laut, frech, ungepflegt, ihre Musik, dieses widerliche „Amigeheul", war ein Greuel, ihre Tänze eine einzige Provokation...

Die Bürger schreckten auf, als die Rock-'n'-Roll-Welle durch die Lande fegte. In der zweiten Hälfte der fünfziger Jahre schufen die „Halbstarken" eine jugendliche Gegenkultur zur Wiederaufbau-ideologie der Elterngeneration. Die Nation begann sich um den Nachwuchs zu sorgen.

Es wurde bei uns jedoch niemals so schlimm wie in Schweden, wo organisierte Banden alle öffentlichen Plätze kontrollierten. Sicher, hin und wieder trafen zwei verfeindete Platt'n aufeinander, wurde schon einmal ein Café zerlegt. Man versuchte, die Jugendlichen aus der Gasse und aus dem Wirtshaus wegzuholen – Jugendklubs schienen die Lösung.

Der Spuk ebbte rasch wieder ab. „Das Abendland war wieder einmal gerettet", denn die „Frankfurter Allgemeine Zeitung" hatte im Halbstarkenwesen noch 1956 eine immense Gefahr für die Gesellschaft geortet – „schlimmer als die Atombombe".

N E W S F L A S H

Weltausstellung Brüssel

Weltausstellung

Die Freude am Fortschritt

Eigentlich sollte ja nicht der technische Fortschritt, sondern der Mensch im Mittelpunkt dieser gewaltigen Schau stehen – so das Ziel der Veranstalter.

Allein das Wahrzeichen der Ausstellung, das gewaltige „Atomium", macht den 42 Millionen Besuchern deutlich, was sie bei der „Expo 58" zu erwarten haben: ungehemmte Freude am Fortschritt.

Nach den gewaltigen technischen Fortschritten und Aufbauleistungen der Nachkriegszeit zieht man in Brüssel stolze Bilanz.

Als bezeichnendes Symbol des Atomzeitalters ragt das „Atomium" in den Himmel. Die Atomkraft ist denn auch, neben der Raumfahrt, eines der Hauptthemen, denen sich die Großmächte bei ihrer Selbstdarstellung widmen.

Die „Expo 58" dient dem Leistungsvergleich zwischen Ost und West. Während die USA ihren „American Way of Life" präsentieren, wartet der Ostblock mit Maschinengigantismus auf.

Kerntechnik und Raumfahrt sind die zentralen Themen der Weltausstellung „Expo 58" in Brüssel.

Schwerer Strahlenunfall

Die Erfolge von US-Arzt Robert Gale sorgen anläßlich der Katastrophe von Tschernobyl für Schlagzeilen. Fast dreißig Jahre zuvor gelingt jedoch erstmals die Behandlung von Strahlenopfern mit menschlichen Knochenmarkzellen: sechs jugoslawische Techniker, die bei einem Unfall im Atomkraftwerk Vinca einer normalerweise tödlichen Strahlendosis ausgesetzt waren, werden in Paris von den Radiologen Mathé und Jammet erfolgreich behandelt.

Energie im Überfluß?

Prof. Fritz Baade, weltbekannter Prognostiker und Ordinarius für Weltwirtschaft, meint, daß die Energiewirtschaft im letzten Viertel des 20. Jahrhunderts nicht eine solche des Mangels, sondern des Überflusses sein würde.

Kommentar 1988: Irren ist menschlich, Herr Professor! Auch wenn die Schocks von 1974 und 1979 „verdaut" sind, der nächste Schock kommt bestimmt . . .

Neues Wärmekraftwerk durch „Dampfkraftwerk Korneuburg GmbH"

Im Jahre 1957 beschließen die Verbundgesellschaft und die NEWAG (Niederösterreichische Elektrizitätswerke AG), im Raum Korneuburg ein Wärmekraftwerk auf Erdgas- und Erdölbasis (Reserve) zu errichten.

Der Bau erfolgt jedoch nicht durch eine gemeinsame Gesellschaft, sondern durch die NEWAG und die im Jahre 1958 neu gegründete Sondergesellschaft DAMPFKRAFTWERK KORNEUBURG GMBH (DKG) – heute „Verbundkraft", zu 100 Prozent im Eigentum der Verbundgesellschaft stehend.

Drei Jahre nach Abschluß des Staatsvertrags verzichtet die Sowjetunion auf die Hälfte der noch ausstehenden Rohöl-Ablöselieferungen (Raab und Chruschtschow bei Unterzeichnung des Abkommens im Juli 1958 in Moskau).

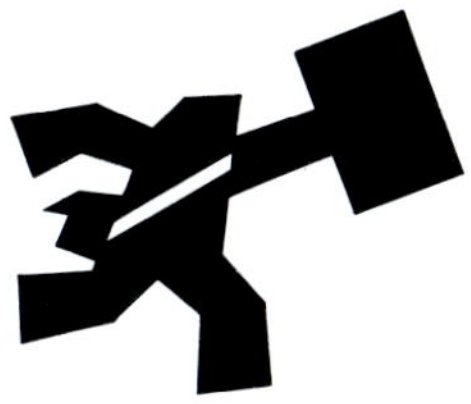

SPÖ, ÖVP: Neue Parteiprogramme

Erste Verzichterklärung Otto Habsburgs

Raab in Moskau – Öllieferungen reduziert

Erzbischof König Kardinal

„AUA" fliegt

- **„Nautilus"**
  Fahrt des mit Kernenergie angetriebenen U-Boots „Nautilus" der USA unter dem Packeis des Nordpols.

- **Weltbankanleihe**
  Die Weltbank gewährt Österreich eine Anleihe in der Höhe von 10,76 Millionen US-Dollar.

- **Größtes Kraftwerk**
  Das Lünerseekraftwerk der Vorarlberger Illwerke, das größte Kraftwerk Österreichs und das größte Hochdruck-Pumpspeicherkraftwerk der Welt, nimmt den Betrieb auf.

- **BEWAG**
  Gründung der Burgenländischen Elektrizitätswirtschafts AG (BEWAG).

- **Export-Import-Saldo**
  Zum ersten Mal ist der Export-Import-Saldo der Verbundgesellschaft für elektrische Energie positiv.

- **Ottenstein**
  Der Bau der 240 m langen Brücke über den Ottensteiner Stausee, das größ te Spannbetonbauwerk Öster reichs, ist vollendet.

NEWS

Die USA starten von Kap Canaveral, Florida, ihren ersten Erdsatelliten „Explorer" und ziehen damit mit den Sowjets im Weltall gleich.

Algerienkrieg: Staatskrise in Frankreich, Vollmachten für de Gaulle

Neue Berlinkrise nach Chruschtschow-Erklärung

Papst Johannes XXIII. Nachfolger von Pius XII.

UdSSR: Alle Macht für Chruschtschow

Straßburg: Europäisches Parlament konstituiert

Briefmarken „elektrisch“

Energie im Mini-Format

Ybbs-Persenbeug, Kaprun oder Dampfkraftwerk St. Andrä: Briefmarken mit Energiemotiven erfreuen den Philatelisten.

„schwoazze dintn“

Die Avantgarde im Vormarsch: H.C. Artmann gibt der Wiener Gruppe wichtige Impulse, in diesem Jahr erscheint sein Dialektbank „med ana schwoazzn dintn“. Der Jazz-Klarinettist Fatty George spielt in seinem Lokal „Fatty's Saloon“ auf. Bill Haley hämmert „Rock around the Clock“, und erstmals ist eine Ausstellung der Wiener Gruppe der „Phantastischen Realisten“ zu sehen.

Ernst Fuchs: Die Hochzeit des Einhorns, Aquarell 1960

N E W S F L A S H

Kuba: Sieg Castros

Auf Kuba gelingt Fidel Castro nach jahrelangem Bürgerkrieg der Sturz des Regimes Batista. Er errichtet das erste sozialistische Gesellschaftssystem im amerikanischen Raum.

Wirtschaftskonjunktur

Stromverbrauch steigt rasant – mehr Wärmekraftwerke notwendig

Die anhaltende Wirtschaftskonjunktur, die die Jahre 1956 bis 1972 kennzeichnet, läßt den Stromverbrauch rasant ansteigen.

Dies macht den unverzüglichen weiteren Ausbau von Wärmekraftwerken zur Abdekkung des Winterbedarfs notwendig.

Diese ständige Zunahme erfordert schon vor Ablauf des Programms 1956 bis 1960 die Aufstellung eines neuen Fünfjahresplanes, wobei in der ersten Hälfte der sechziger Jahre der Bau von Lauf- und Wärmekraftwerken forciert wird und in der zweiten Hälfte zahlreiche Speicherkraftwerke fertiggestellt werden.

Stromlieferungsvertrag bringt enge Zusammenarbeit

Verbund und Sondergesellschaften im „Pool"

In einem Stromlieferungsvertrag stellen die Sondergesellschaften der Verbundgesellschaft ihre gesamte Produktion zur Verfügung („Poolvertrag").

Die Sondergesellschaften sind am Gewinn beteiligt, die Verbundgesellschaft garantiert die Selbstkosten. Der Konzerncharakter wird außerdem durch häufige gemeinsame Konferenzen aller Vorstände und durch intensive Zusammenarbeit auf technischem und energiewirtschaftlichem Gebiet gefördert.

Der gemeinsame „Projektprüfungsausschuß" (s. 1955) leistet im neuen „Pool" wichtige Arbeit.

Österreich braucht 1965 Atomkraftwerk / v

Wien (Eigenbericht). Schon im Jahre 1965, spätestens aber 1968, wird auch Österreich ein Atomkraftwerk zur Stromversorgung des Landes benötigen. Nach der Voraussage von Fachleuten soll zu dieser Zeit eine Energielücke auftreten, die mit Wasserkraftwerken kaum geschlossen werden kann. Da man für das Atomkraftwerk mit einer Bauzeit von fünf bis acht Jahren rechnen muß, wird jetzt bereits ganz Österreich systematisch nach dem geeignetsten Platz für ein Atomkraftwerk abgesucht. Das Kraftwerk benötigt einen gewissen Wasservorrat und ... allzuweit von den Abne... liegen. Man k... klären, ein...

2. Februar

KURIER, 2. Februar 1959

Ende der fünfziger Jahre meinen noch alle, daß an der Kernenergie kein Weg vorbeiführt. Österreich kann aber als kleines, kapitalarmes Land nicht bahnbrechend an der Entwicklung mitarbeiten.

Unser Land hat sich in der Folge an einigen internationalen Forschungsprojekten beteiligt (s. 1956) und dadurch die Voraussetzungen geschaffen, daß Fachleute herangebildet werden, die mit der modernen Forschung vertraut sind und zu gegebener Zeit mit eigenen Aufgaben betraut werden können.

Die ersten Teilergebnisse werden verlautbart: Bei den Nationalratswahlen ist die SPÖ der große Gewinner. Die ÖVP verliert drei Mandate, bleibt jedoch stärkste Partei.

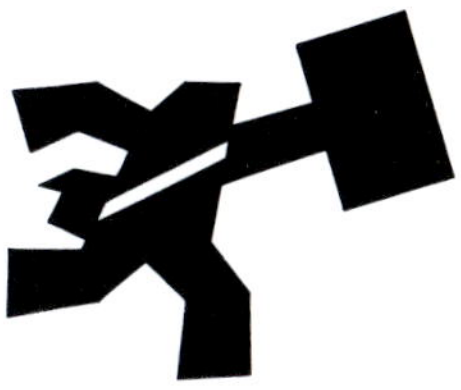

Nationalratswahlen: Regierung Raab/Pittermann

45-Stunden-Woche eingeführt

Südtirol: Kreisky vor der UNO

Wirbel um „Toplitzsee-Schatz"

• TV-Boom

Vier Jahre nach der ersten Ausstrahlung eines TV-Programms gibt es in Österreich bereits 100000 TV-Anmeldungen.

• Verbundumspannwerke

Die Verbundgesellschaft übernimmt die Umspannwerke Ernsthofen, St. Peter und Ranshofen, Eigentum der Republik Österreich, im Wege einer Sacheinbringung.

• Aschach

Nach der Vollendung der Stufe Ybbs-Persenbeug wird mit dem Bau des bislang größten österreichischen Donaukraftwerkes, der Stufe bei Aschach, begonnen.

• Schwarzach

Das Tauernkraftwerk Schwarzach (Salzburg) wird in Betrieb genommen. Das letzte der Kraftwerkgruppe Glockner-Kaprun kostete 1177 Millionen Schilling.

• Verbundplan

Gründung der Verbundtochter „VERBUNDPLAN GES.M.B.H." mit dem Ziel, dem Ausland österreichisches Kraftwerks-Know-how anzubieten. In den nächsten Jahren werden Projekte in Südamerika, Afrika und Südostasien verwirklicht.

• Halogenglühlampen

Die ersten Halogenglühlampen kommen auf den Markt.

NEWS

Der Bruch eines Staudammes nahe der südfranzösischen Stadt Fréjus fordert zahlreiche Todesopfer und macht Tausende von Menschen obdachlos.

Kuba: Staatsstreich Castros

EFTA gegründet

Außenministerkonferenz in Genf

Chruschtschow in den USA

UNO verurteilt Apartheid-Politik in Südafrika

Strom: Mit der Kuh auf du!

Der elektrische Strom wird immer mehr zur Grundlage für die Modernisierung der Technologie in allen Lebensbereichen. Die Elektrizität erleichtert in enormer Weise die Arbeitsbedingungen. Schwierig gestaltet sich die Elektrifizierung in der Landwirtschaft, da die Versorgung von kleinen Siedlungen oder Einzelhöfen mit Strom relativ teuer kommt.

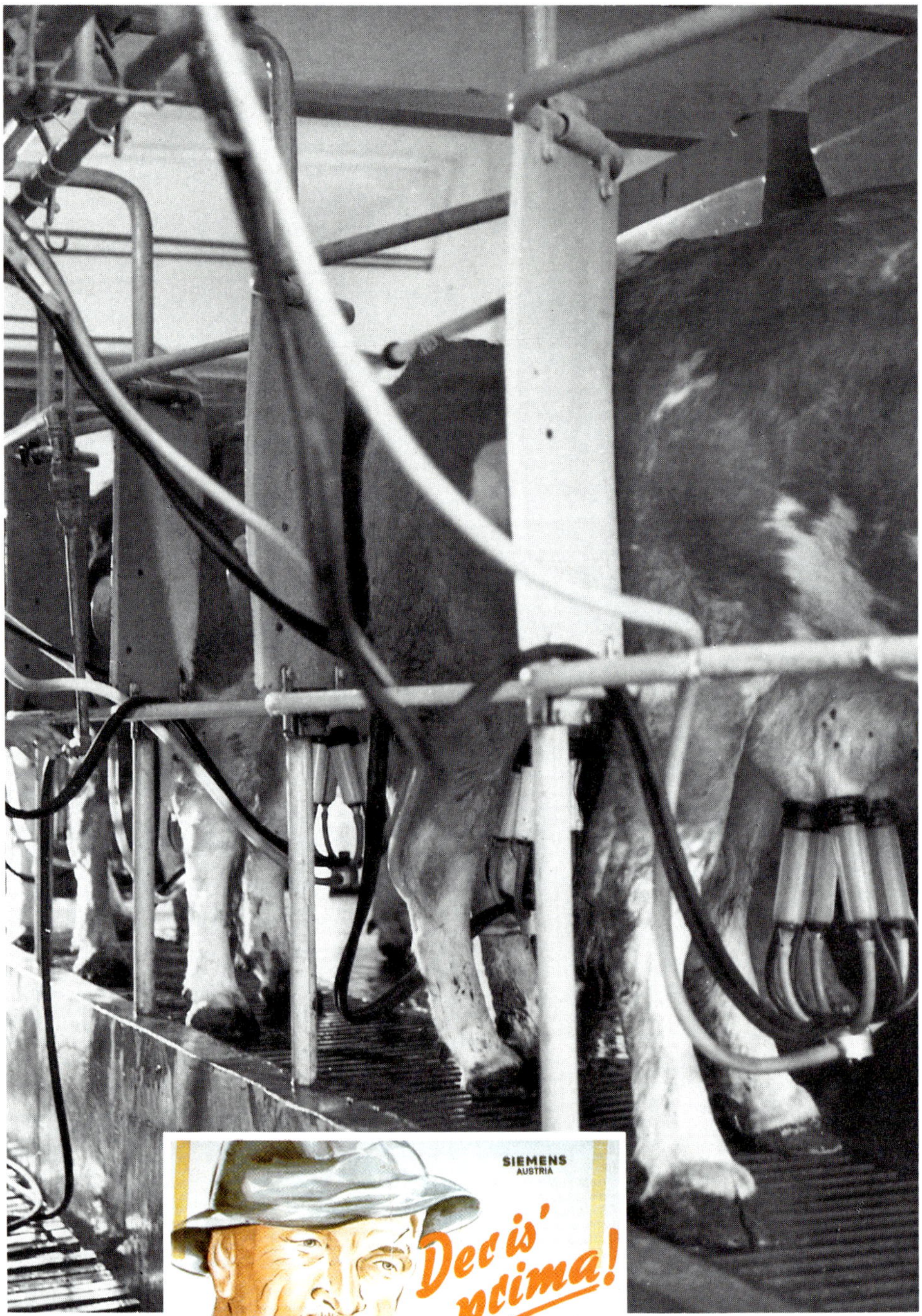

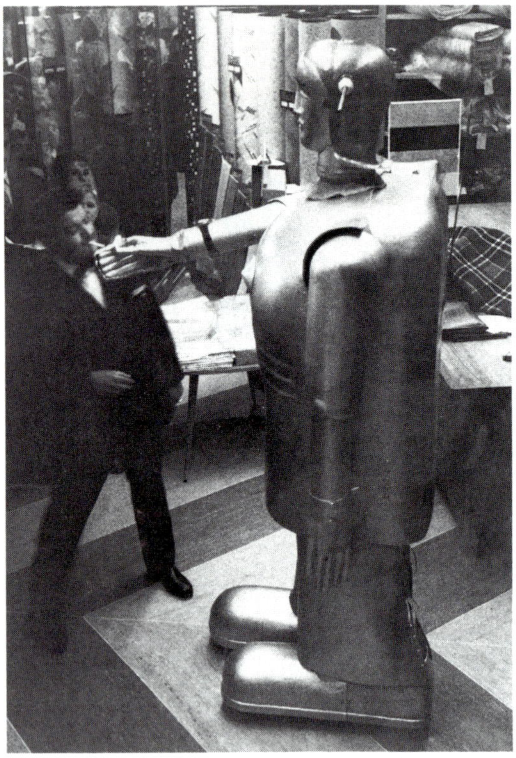

Alles spricht vom Roboter

Roboter werden zum „Hit der Saison" in den Wiener Warenhäusern. Die Sensation lockt jung und alt an.

Bernhard Wickis Meisterwerk

„Die Brücke“

In drei Tagen erfüllt sich das Schicksal von sieben Schulbuben, die der Krieg zu tragischen Helden macht. Der Film „Die Brücke“ ist die eindringliche Schilderung der verführten idealistischen Jugend.

„Im Westen nichts Neues“ ist sicher das erschütterndste Dokument zum Thema Erster Weltkrieg und mißbrauchte Jugend.

„Die Brücke“ ist wohl der bedeutendste Film, der das sinnlose Opfern der verführten Jugend im Zweiten Weltkrieg anprangert.

Regisseur Bernhard Wicki zeigt Wahnwitz und Widersinn schonungslos auf. Mit nationaler Begeisterung und Abenteuerlust ziehen seine tragischen Helden los. Die Handlung konzentriert sich exemplarisch auf eine Jugendgruppe, die in den letzten Kriegstagen eine Brücke verteidigen soll.

Die Schauspieler sind eine Wucht: Es gibt in diesem Film einfach keine Szene, die es an Echtheit und Überzeugungskraft fehlen läßt. Sie sterben, krepieren, einer nach dem anderen, der Zuschauer möchte „Aufhören!“ brüllen, wenn der Wahnsinn konsequent voranschreitet. Mit dem irren Flackern der Verzweiflung in den Augen stolpert endlich, nachdem er noch den Führer eines deutschen Sprengkommandos erschossen hat, der letzte vom Kampfplatz ...

Oskar, der Schelm

Günther Grass erregt mit seinem ersten Roman „Die Blechtrommel“ beträchtliches Aufsehen. Im Mittelpunkt steht der Ich-Erzähler Oskar Matzerath, der mit drei Jahren sein Wachstum eingestellt hat. Deutschland entdeckt einen „neuen Grimmelshausen“ („Der Spiegel“).

Hula-Hoop-Fieber

Fieber oder Seuche? Ein Plastikreifen setzt die halbe Welt in Bewegung. Nicht nur bei der Jugend herrschte ein G'riß nach dem runden Reifen.

N E W S F L A S H

Das Jahr des Nikita

Ministerpräsident Chruschtschow haut in diesem Jahr mächtig auf den Tisch: vor der UNO mit einem Schuh, in Paris läßt er den Gipfel platzen, und die Sowjets schießen einen US-Aufklärer ab. Schließlich kommt er auch noch zu einem Staatsbesuch nach Österreich (Bild).

Die Sechziger

- **Strukturwandel bei Energieträgern**
- **Kalorische Kraftwerke**
- **Wasserkraft gebremst**

Betrachtet man die Struktur der Stromerzeugung ab 1960, so ist eine Abflachung der Steigerungskurve bei der Erzeugung an Wasserkraft zu erkennen.

Die kalorische Stromerzeugung hat sich hingegen stark erhöht. Allein zwischen 1960 und 1967 ist der Leistungszuwachs bei den kalorischen Kraftwerken doppelt so hoch wie bei den hydraulischen Anlagen.

Dieser Trend ist Ausdruck des Ende der fünfziger Jahre eingetretenen Strukturwandels bei den fossilen Energieträgern.

Für die künftige europäische Entwicklung ist entscheidend, daß der Vordere Orient zum größten Ölgebiet der Erde aufsteigt und in Nordafrika neue Ölquellen entdeckt werden. Die Konkurrenzbedingungen verschieben sich stark zugunsten des Erdöls.

Mit den niedrigen Rohöl- und Transportkosten kann die Kohle nicht konkurrieren.

Sechs Prozent mehr Strom pro Jahr

Die ständige Zunahme des Strombedarfs zwingt zu immer neuen Planungen. Das Ausbauprogramm für Speicher- und Dampfkraftwerke steht im Vordergrund. Von 1960 bis 1970 steigt die Stromerzeugung um durchschnittlich sechs Prozent pro Jahr.

Neuer Vorstand beim Verbund

Der bei der Gründung der Verbundgesellschaft eingesetzte Vorstand erfährt nach 13 Jahren erstmals eine Veränderung:

Generaldirektor Dr. Stahl (Bild) scheidet infolge Überschreitung der Altersgrenze aus und übernimmt den Vorsitz im Aufsichtsrat.

Neuer Verbundchef wird Dipl.-Ing. Hintermayer (Stellv. Prof. DDr. Vas).

Eine wichtige „Autobahn" für den Strom

Der Bau der 220 000-Volt-Leitung von Kaprun (Salzburg) nach St. Peter bei Braunau (OÖ) ist vollendet.

Die Stromleitung ist 143 Kilometer lang, die Bauzeit betrug 18 Monate und auf der gesamten Strecke wurden 468 Masten gesetzt.

Während die Südtirolfrage die UNO beschäftigt, kommt es zu immer neuen Terrorakten. Im Bild das gesprengte Andreas-Hofer-Denkmal bei Innsbruck.

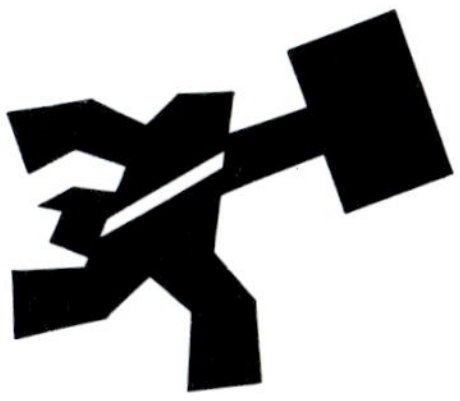

Österreich tritt EFTA bei

Chruschtschow in Wien

Heftiger Streit um Otto von Habsburg

0,6 Prozent Arbeitslose

Südtirolproblem vor UNO

Salzburger Festspielhaus eröffnet

Donaukonvention

Für den Ausbau der Donau als Großschiffahrtsstraße ist die Belgrader Donaukonvention maßgeblich, der Österreich 1960 beitritt. Diese Konvention wurde geschaffen, um die gesamte Donau zu einer modernen Großschiffahrtsstraße auszubauen.

Durch die Errichtung der Kraftwerke Jochenstein, Aschach, Ybbs und Wallsee wird erreicht, daß etwa 100 km der 350 km langen österreichischen Donaustrecke den Anforderungen der Donaukonvention entsprechen.

● Atom-U-Boot

Das amerikanische Atom-U-Boot „Triton" umfährt die Erde unter Wasser und legt dabei 57 600 Kilometer zurück.

● Verbundkraft

Die Verbundkraft Elektrizitätswerke Ges. m. b. H. (damals noch: „Dampfkraftwerk Korneuburg") betreibt den VK-Teil des Wärmekraftwerks Korneuburg (Block 1 und 2) sowie die seit 1. 7. 1960 durch die Republik eingebrachten Wasserkraftwerke Ering und Obernberg (diese standen bis dahin unter öffentlicher Verwaltung).

● Atomkraft

Der erste in der BRD entworfene Atomreaktor in Karlsruhe arbeitet störungsfrei. Außerdem wird der Beschluß gefaßt, in Deutschland einen mit Atomkraft betriebenen Frachter zu bauen.

NEWS

Kennedy – eine Hoffnung für die Welt. Die Amerikaner wählen den Demokraten J. F. Kennedy zum neuen Präsidenten der USA.

Wirbel um US-Aufklärer U2

Pariser Gipfel geplatzt

Kongo unabhängig – Chaos und Bürgerkrieg

OPEC: Ölländer organisieren sich

Ideologischer Bruch China – UdSSR

Zypern unabhängig

Robert Watts, Rembrandt. Neon Signatur, 1965. Neue Galerie – Sammlung Ludwig, Aachen.

Neues vom Licht

- Seit 50 Jahren gibt es das Neonlicht: Der Franzose Georges Claude hat es 1910 erfunden, durch die Spielerstadt Las Vegas ist es berühmt geworden. Heute ist die weiße Röhre eine gängige Arbeitsplatzleuchte, die bunte Reklameröhre veraltet. Nur Museen sammeln sie noch als Pop-art.
- Halogen-Metalldampflampen erhöhen Wirkungsgrad und Lebensdauer um ein Mehrfaches.
- Der Laserstrahl wird entdeckt, mit dem in den nächsten Jahren komplizierte, unblutige Operationen möglich werden.

OPEC gegründet

Ziel der OPEC (Organization of Petroleum Exporting Countries) ist es, die Erdölpolitik der Förderländer zu koordinieren, die staatliche Beteiligung gegenüber den Ölkonzernen durchzusetzen und die Weltmarktpreise zu bestimmen.

Die OPEC besteht aus 13 Mitgliedsländern (u.a. Iran, Saudi-Arabien, Algerien).

Die Länder der OPEC fördern fast die Hälfte der Erdöl-Weltproduktion, sind am Welthandel mit Erdöl zu mehr als vier Fünfteln und an der Ölversorgung der westlichen Länder zu rund drei Fünfteln beteiligt.

Start für Seibersdorf

Das Reaktorzentrum in Seibersdorf (NÖ), eine Forschungsstelle für die friedliche Nutzung der Kernenergie, geht in Betrieb.

Die Verbundgesellschaft hat seit 1956 an den Arbeiten der Österreichischen Studiengesellschaft für Atomenergie aktiv teilgenommen.

Der Start für die Forschungsstelle erfolgt im September 1960. Später wird Seibersdorf zum österreichischen Forschungszentrum auf vielen Gebieten.

Olympia: „Schwarze Gazelle" und Marathon-Barfußsieger

Zieleinlauf im 100-m-Lauf bei den Olympischen Spielen in Rom: Der deutsche Weltrekordler über 100 m (10,0 Sek.) Armin Hary gewinnt die Goldmedaille. Herausragende Athleten sind der barfußlaufende Marathonsieger Abebe Bikila aus Äthiopien und die „schwarze Gazelle" Wilma Rudolph mit Siegen über 100 und 200 m.

Bestseller mal 3

Was haben Freddy Quinn, Peter Alexander und Johannes Mario Simmel gemeinsam? Sie produzieren Bestseller am Fließband. Von Simmel erscheint in diesem Jahr der Roman „Es muß nicht immer Kaviar sein", Freddy röhrt „Junge, komm bald wieder", und Peter Alexander marschiert unaufhaltsam in Richtung Liebling der Nation.

N E W S F L A S H

Der Mensch im All

Der Russe Gagarin umkreist als erster Mensch in einem Raumschiff die Erde. Wenig später gelingt auch den USA der erste bemannte Raumflug.

Erdöl & Erdgas

- Billiger
- Einfacher
- Bequemer

als feste Brennstoffe

Die flüssigen Brennstoffe sind im Vormarsch. Damit ändert sich auch die gesamte österreichische Energieversorgung seit Beginn der sechziger Jahre.

Internationale Prognosen weisen Erdöl und Erdgas in der Zukunft die entscheidende Rolle bei der Expansion des Verbrauches zu, weil diese Energieträger entscheidende Vorteile für sich buchen können.

Anfang der sechziger Jahre befriedigt Rohöl den Energiebedarf erst zu einem Drittel. 1970 sind es bereits 50 Prozent. Und niemand denkt daran, daß es einmal anders sein könnte...

Sagenhafte 0,6 Prozent Arbeitslosenrate

Vollbeschäftigung nahezu erreicht

Wesentlicher Anteil der E-Wirtschaft

Vor allem der Ausbau der Wasserkraft, der Bau der Straßen und Autobahnen sowie die Elektrifizierung der Bundesbahn führt dazu, daß in allen Bereichen von Industrie und Wirtschaft Vollbeschäftigung herrscht.

Die Arbeitslosenrate hat im Vorjahr einen Rekordtiefstand von 44 320 Personen erreicht.

Diese Tatsache ist ein deutliches Zeichen für die erfolgreiche Wiederaufbauphase in Österreich.

Test: Öl/Gas – Kohle

- Erdöl und Erdgas werden zusehends bevorzugt, da sie billiger und handlicher zur Erzeugung elektrischer Energie verwendbar sind.
- Die Errichtung von Öl- und Erdgaskraftwerken erfordert weniger Investitionskapital als die von Kohlekraftwerken.
- Die Förderkosten für Erdöl betragen in den großen Produktionsgebieten einen Bruchteil der Kosten der Kohleförderung.
- Die Transportkosten sind ungleich geringer als bei Kohle, falls man die modernen Großtanker und Pipelines ausnützt.
- Erdgas ist in allen Ländern, die es besitzen, der konkurrenzlos billigste Energieträger.
- Seit in den Jahren 1958 und 1959 das Erdgasleitungsnetz stark ausgebaut wird und neue Absatzgebiete erschlossen werden, nimmt der Erdgasverbrauch in Österreich rasch zu. Die neuen Erdgasbezieher verbrauchten bisher zumeist Inlandkohle.

Erstmals ist Wien Schauplatz eines Ost-West-Gipfels: Kennedy und Chruschtschow treffen einander zu einem „Gedankenaustausch" (im Bild mit Bundespräsident Dr. Adolf Schärf).

Südtirolverhandlungen mit Italien

Kennedy und Chruschtschow in Wien

Habsburg-Verzichterklärung abgelehnt

Raab-Rücktritt, Gorbach Bundeskanzler

EWG-Pläne Österreichs: Sowjets protestieren

- **Aschach**

Die Schleuse des Kraftwerks Aschach an der Donau ist vollendet. Das Stemmtor wurde erstmals in Europa zur Gänze geschweißt.

- **Zweifachbündelleiter**

1961 wird die erste 220-kV-Leitung mit Zweifachbündelleitern zum Großteil fertiggestellt und teilweise in Betrieb genommen (37,7 km). Sie verbindet die Umspannwerke Wien-Südost und Bisamberg.

- **USA größter Stromproduzent**

Die USA sind der mit Abstand größte Stromproduzent der Erde. In der Weltrangliste der Elektrizitätserzeugung führen die USA (872 Mrd. kWh) überlegen vor der UdSSR, Japan, England, BRD, Kanada, Frankreich und Italien.

- **ÖMV**

Die ÖMV-Raffinerie Schwechat wird in Betrieb genommen. Sie verarbeitet jährlich 1,8 Millionen Tonnen Rohöl.

NEWS

Die DDR läßt an der Demarkationslinie um Berlin (West) eine Mauer errichten, um die steigende Fluchtbewegung aus der DDR zu unterbinden.

Kuba: Schweinebucht-Debakel der USA

Wiener Ost-West-Gipfel

Berlinkrise: Mauerbau

XXII. KPdSU-Parteitag: Entstalinisierung, Moskau bricht mit Albanien

Kongo: Präsident Lumumba ermordet

Hammarskjöld tot, U Thant neuer UNO-Chef

Haushaltsgeräte

Großer Luxus für „kleine Leute“

Der Durchbruch zur Elektrifizierung der Hausarbeit erfolgt in den fünfziger und sechziger Jahren. Zwischen 1953 und 1962 erhöht sich der Stand der Elektrogeräte in Österreich bei Kühlschränken von 30000 auf 591000, bei Waschmaschinen von 8000 auf 280000.

Wie alle technischen Revolutionen bringt auch die Elektrifizierung des Haushalts nur in der Utopie reinen Segen. Haushaltsgeräte werden zu Statussymbolen.

Gesünder leben: Der beliebte Filmschauspieler Gunther Philipp posiert mit übervollem Kühlschrank und Ärztekittel.

Um immer hübsch und adrett zu erscheinen, opfern viele Frauen einen Gutteil ihrer Freizeit: Werbeplakat für elektrische Nähmaschinen.

Werbeplakat für elektrische Fruchtpresse.

Der Herr Karl

„Eine Frechheit, wenn dieses Menschenbild richtig wäre, gäbe es keine Hoffnung mehr für Österreich!" empörten sich Fernseher.

Als „Der Herr Karl" am 15. November 1961 via TV in die Wohnstuben der Österreicher kommt, löst die Satire von der Lebensphilosophie eines kleinen Mannes heftige Reaktionen aus.

Hans Weigel meint in seiner Einleitung zu dem Einpersonenstück:

„Der Herr Karl setzt die große, traditionelle Reihe der ungemütlichen Wiener fort... Er ist ein armer Teufel, gewiß, aber er ist arm, und er ist ein Teufel... Man wird über den Herrn Karl lachen und weinen, man wird ihn verdammen und bemitleiden, man wird ihn zitieren, man wird ihm – als höchste Bestätigung seiner Gültigkeit – auf Schritt und Tritt begegnen. Sein scheinbar zufälliges Gerede enthält in konzentrierter Form die Substanz eines Zeitromans oder eines Zeitstücks, ist zugleich Zeugnis einer Epoche, Enthüllung einer Haltung und Ergebnis souveräner literarischer und darstellerischer Gestaltung, mit einem Wort: ein Stück Welt."

Vater der „Pop-art"

Andy Warhol wird zur Galionsfigur der als „Pop-art" bezeichneten modernen Kunstrichtung. Zu Beginn der sechziger Jahre tritt der amerikanische Künstler erstmals mit Gemälden hervor, die als „Reproduktion des Alltäglichen" bezeichnet werden – zum Beispiel Schablonenbilder von Suppendosen.

Andy Warhol, Pop-Ikone seiner selbst, ist einer der ersten, der als Künstler wirklich zum Star wird.

NEWSFLASH

Kubakrise:

Der Welt droht Atomkrieg

Die Kuba-Krise bringt die Welt 1962 an den Rand eines dritten großen Krieges. Auf Kuba werden russische Mittelstreckenraketen installiert, wogegen die USA Sturm laufen. Das Nachgeben der Sowjets entschärft die Krise.

Wachsende Stromexporte

Österreich:

Europa-Riese in Sachen Strom

In der Mitte der sechziger Jahre ist die Mangelsituation der Nachkriegszeit längst behoben, und es kommt sogar zu beträchtlichen Stromüberschüssen. Ständig wachsende Stromexporte sind die Folge.

Österreich zählt bald zu den Ländern Europas mit dem größten internationalen Stromaustausch. Die Energietransporte beschränken sich nicht nur auf die Nachbarländer, sondern reichen, wie die Lieferungen nach den Niederlanden beweisen, weit über diese hinaus.

Im Zuge der Zusammenarbeit wird das österreichische Verbundnetz mit den Energietransportnetzen verschiedener Nachbarländer gekuppelt. Heute fährt Österreich praktisch ununterbrochen mit dem Netz der übrigen UCPTE-Länder parallel.

Was kostet eine Stunde ohne Strom?

Durch den Ausbau des Verbundnetzes kommen so gut wie keine Netzzusammenbrüche mehr vor. 1962 verursacht eine Stunde Stromausfall im gesamten Bundesgebiet einen Produktionsverlust von ca. 21,5 Millionen Schilling (ohne Berücksichtigung des Verkehrs, der Bau- und Landwirtschaft).

Jeder Netzzusammenbruch stellt somit eine schwere Erschütterung des gesamten Wirtschaftslebens dar.

1987 wurde errechnet, daß eine Stunde Netzausfall die österreichische Volkswirtschaft 250 Millionen kostet, schon nach vier Stunden geht's in die Milliarden.

Verdienstvoller „E-Minister“

Dem Wasserkraftausbau der Verbundgruppe galt stets sein besonderes Augenmerk: Karl Waldbrunner, Bundesminister für Verkehr und E-Wirtschaft, scheidet aus der Regierung aus. Waldbrunner war auch maßgeblich an der Gestaltung des 2. Verstaatlichungsgesetzes beteiligt.

Waldbrunner beim Kraftwerk Simbach-Braunau.

MÄRCHENSTUNDE
„. . . und dann kommt der rote Streikterror und frißt alle auf . . . !“

Erich Sokol, Karikaturist der „Arbeiter-Zeitung“, ist der Erfinder der „ÖVP-Tant’“.

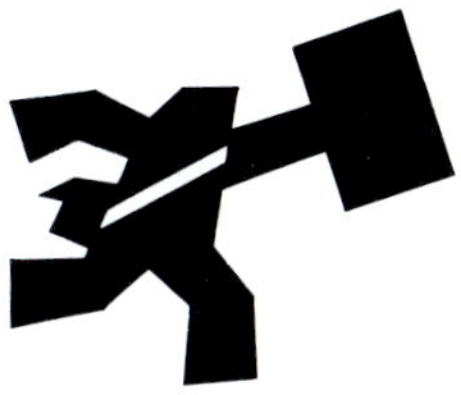

Sowjets gegen EWG-Pläne Österreichs

ÖVP-Gewinne bei Nationalratswahl: Regierung Gorbach/Pittermann

Südtirolverhandlungen in Venedig bringen Entspannung

Südtirolbericht Kreiskys vor UNO

15 Jahre Verbund

Die Wiederaufbauphase der E-Wirtschaft weist eindrucksvolle Fakten auf: In den abgelaufenen 15 Jahren wurden insgesamt 12 Umspann- und Schaltwerke errichtet und Erweiterungsarbeiten in vielen anderen Umspannwerken durchgeführt. Die Gesamtlänge aller verwendeten Fernwirkübertragungskanäle hat sich 1962 auf das rund Achtzigfache gegenüber 1947 vergrößert.

● Rekordbeschäftigung

Österreich erlangt den bisher höchsten Beschäftigtenstand: 2 391 570 Arbeitnehmer.

● Atominstitut

Der Atomreaktor im Wiener Prater, das Atominstitut der österreichischen Hochschulen, nimmt seine Tätigkeit auf.

● Umspannwerke

Errichtung der Umspannwerke Wien-Südost und Obersielach. Wien-Südost ist heute, 1988, eines der bedeutendsten und größten Umspannwerke (Netzknoten) im österreichischen Verbundnetz.

● Optimale Kontrolle

Mit der modernen hauseigenen Hauptlastverteilerwarte läßt sich die Spannung fast aller Umspannwerke fernmessen, die Belastung der einzelnen Leitungen feststellen und die Energieerzeugung der Kraftwerke kontrollieren.

● Zeltweg

Das Dampfkraftwerk Zeltweg, das mit seinem Block von 130 000 kW den derzeit größten Dampfkessel und die größte Dampfturbine Österreichs besitzt, geht in Betrieb.

Das Donaukraftwerk Edling wird eröffnet.

NEWS

Die Franzosen honorieren, daß der blutige Algerienkrieg endlich zu Ende ist: Die Neuwahlen werden ein Triumph für General de Gaulle.

Kubakrise bedroht Weltfrieden

Algerien unabhängig

John Glenn erster US-Astronaut

Israel: Eichmann hingerichtet

Frankreich: Triumph für de Gaulle

Bonner Koalition zerbricht („Spiegel“-Affäre)

Fernsehapparat kein Luxusgut mehr

Massenmedium des Jahrzehnts

Das Fernsehen verändert im Laufe der sechziger Jahre Kommunikations- und Verhaltensweisen österreichischer Familien: Der TV-Apparat dominiert den Wohnraum.

Allen pessimistischen Prognosen zum Trotz breitet sich das Fernsehen in Österreich sehr rasch aus: Am 14. November 1959 erfolgte die 100 000. Fernsehanmeldung. Die elektronischen Bilder entwachsen in Österreich in den sechziger Jahren den Kinderschuhen. Das Fernsehen wird zum Massenmedium des Jahrzehnts: Familiäre Kommunikationsstrukturen, Verhaltens- und Sehweisen ändern sich. Das Mobiliar des Wohnzimmers gruppiert sich um den Fernsehapparat, der aufhört, Luxusgut zu sein, und zum primären Ausstattungsgerät der österreichischen Haushalte wird.

Das Programmschema des Fernsehens bestimmt den Ablauf des Abends. „Der Fenstergucker", „Horizonte", „Zeit im Bild" und die „Familie Leitner" sind Sendungen, deren Namen zu Synonymen für die neue Massenabendunterhaltung und Information der sechziger Jahre werden.

James Bond jagt Dr. No

Erstmals schlägt 007 im Auftrag Ihrer britischen Majestät zu.

Die Dienstnummer besagt, daß der Agent auch die Lizenz zum Töten hat, wovon Mr. Bond auch reichlich Gebrauch macht. Im Gestrüpp der Geheimdienste agiert er mit viel Brutalität und begegnet seinen zahlreichen Gespielinnen mit coolem Charme.

Krimiautor Ian Fleming war selber im britischen Geheimdienst tätig, Regisseur Terence Young verpackt alles in viel Action, und Sean Connery wurde als James Bond später oft kopiert, aber nie erreicht.

Zwei Jahre später folgt „Liebesgrüße aus Moskau". Der endgültige Durchbruch gelingt 1965 mit „Goldfinger".

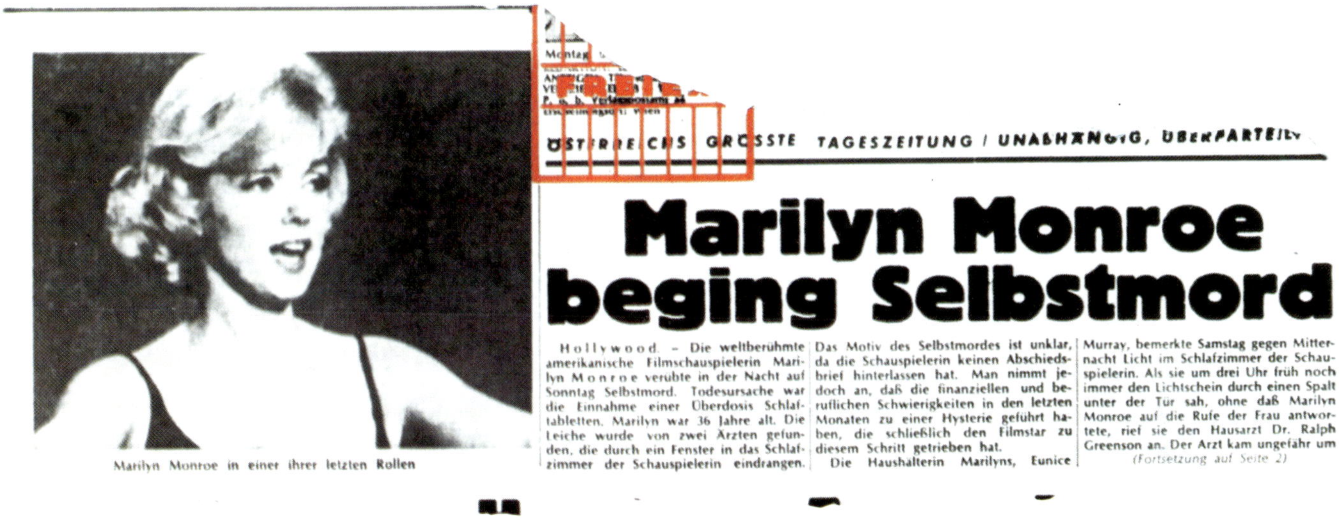

Marilyn Monroe in einer ihrer letzten Rollen

ÖSTERREICHS GRÖSSTE TAGESZEITUNG / UNABHÄNGIG, ÜBERPARTEILICH

Marilyn Monroe beging Selbstmord

Hollywood. – Die weltberühmte amerikanische Filmschauspielerin Marilyn Monroe verübte in der Nacht auf Sonntag Selbstmord. Todesursache war die Einnahme einer Überdosis Schlaftabletten. Marilyn war 36 Jahre alt. Die Leiche wurde von zwei Ärzten gefunden, die durch ein Fenster in das Schlafzimmer der Schauspielerin eindrangen. Das Motiv des Selbstmordes ist unklar, da die Schauspielerin keinen Abschiedsbrief hinterlassen hat. Man nimmt jedoch an, daß die finanziellen und beruflichen Schwierigkeiten in den letzten Monaten zu einer Hysterie geführt haben, die schließlich den Filmstar zu diesem Schritt getrieben hat.

Die Haushälterin Marilyns, Eunice Murray, bemerkte Samstag gegen Mitternacht Licht im Schlafzimmer der Schauspielerin. Als sie um drei Uhr früh noch immer den Lichtschein durch einen Spalt unter der Tür sah, ohne daß Marilyn Monroe auf die Rufe der Frau antwortete, rief sie den Hausarzt Dr. Ralph Greenson an. Der Arzt kam ungefähr um

(Fortsetzung auf Seite 2)

KURIER, 6. August 1962

Wahnsinn mit Methode

Contergan

Kinder mit verkrüppelten Gliedmaßen und mehr als eintausend Tote . . .

Man bekam es ohne Rezept. Da CONTERGAN in der Werbung gerade für Schwangere propagiert wurde, lag die Zahl der Opfer hier besonders hoch. Allein in der BRD wurden fast 7000 mißgebildete Kinder mit einer Überlebenschance von 40 Prozent geboren.

Als die verheerende Wirkung des Medikaments längst feststand, setzten die CONTERGAN-Hersteller mit Hilfe von Staranwälten, Werbematerial und Ausschaltung von Zeugen alles daran, um weiterhin auf dem Markt zu bleiben.

Begonnen hatte der Wahnsinn in einer alten Kupfergießerei, in der die Seifen- und Waschmittelhersteller Maurer & Wirtz ins gewinnversprechende Pharmageschäft einsteigen wollten. Jeder, der Lust und Geld hatte, konnte damals Arzneimittelhersteller werden.

Beim Prozeß kam nach fünf Jahren wenig heraus: Die Angeklagten blieben ohne Schuldspruch.

N E W S F L A S H

J. F. Kennedy in Dallas ermordet

In Dallas fällt der amerikanische Präsident John F. Kennedy einem Attentat zum Opfer. Im Bild (nach einem Amateurfilm) die unverletzte Jacqueline Kennedy, ein Sicherheitsbeamter springt auf den Wagen auf, der zum Krankenhaus rast.

Know-how-Export weltweit

Verbundtochter in Guatemala

Von Guatemala über Nah- und Mittelost bis Thailand und von Griechenland bis Madagaskar spannt sich der Bogen der weltweiten Tätigkeit der VERBUNDPLAN Ges. m. b. H.

Diese Verbundtochter wurde 1959 unter Beteiligung aller Sondergesellschaften gegründet. Ziel: Der reiche Erfahrungsschatz im Kraftwerksbau soll auch außerhalb des Konzernbereichs nutzbar gemacht werden. Darüber hinaus sollen für Österreichs Wirtschaft Exporterfolge erzielt, heimische Baufirmen forciert werden.

Die relativ kleine Firma arbeitet wie ein Rangierbahnhof für Ingenieurwissen: Das Know-how mehrerer tausend Experten aus allen Bereichen des Verbundkonzerns steht für die einzelnen Beratungsprojekte zur Verfügung. Dieselben Techniker, die das 1983 fertiggestellte Kraftwerk Voitsberg III in der Steiermark konstruierten, gingen nach dieser Arbeit im Auftrag von Verbundplan in die Türkei, die mehrere Kohlekraftwerke bestellte.

VERBUNDPLAN baut im Iran

Shahnaz-Sperre bei Hamadan. Die umfangreichen Karsterscheinungen forderten vom Geologen und Bauingenieur das Äußerste an Erfahrung und Verantwortungsbewußtsein. Der Bau der 1963 vollendeten Sperre stellte auch infolge der extremen Klimaverhältnisse höchste Anforderungen an Projektierung, Bauüberwachung und -durchführung.

Letzte Erdöllieferung an Sowjets

30. 12.: Mit der letzten Lieferung von 500 t Erdöl in die UdSSR ist Österreichs Erdölschuld getilgt.

Die Energieausfuhr aus Österreich war von 1955 bis 1965 durch beachtliche Mengen an Erdölablöselieferungen an die Sowjetunion charakterisiert; die Ausfuhr von elektrischer Energie bewegt sich seit etwa 1965 um 20 Petajoule (Petajoule = 10^{15} Joule [Energieeinheit], 1 Petajoule = ca. 35000 Tonnen Steinkohle) und bleibt ziemlich konstant; sie beträgt nur rund ein Dreißigstel der Energieimporte.

1963

Habsburg und kein Ende: Die Rückkehr von Otto Habsburg-Lothringen, den Sohn des letzten österreichischen Kaisers, ist eines der beherrschenden innenpolitischen Themen der sechziger Jahre.

Regierung Gorbach II

Bundespräsidentenwahl: Schärf bestätigt

Habsburg-Debatte: SPÖ-FPÖ-Resolution gegen Rückkehr

Südtirol: Expertenkommission in Genf

Europabrücke bei Innsbruck eröffnet

- **Kernkraftwerk geplant**
  Die österreichische Studiengesellschaft für Atomenergie erteilt an die Siemens-Schuckert-Werke AG, Erlangen, einen Vorprojektauftrag über ein 15-MW-Kernkraftwerk der Druckwassertype.

- **„Strom-Pannen"**
  Für die Behebung eines Erdschlusses im 110-kV-Netz wurde in den Nachkriegsjahren eine Stunde und mehr gebraucht, nun kann ein solcher Fehler dank wirksamer Relaisausstattung in wenigen Minuten behoben werden. Hiezu tragen die heute möglichen Funkgespräche mit den Leitungstrupps besonders bei.

- **IAEO**
  Das neu adaptierte Grandhotel in Wien wird Amtssitz der Internationalen Atomenergieorganisation.

- **Südbahn**
  Die Südbahnstrecke Mürzzuschlag–Knittelfeld, das letzte Teilstück der Südbahn, wird elektrifiziert in Betrieb genommen.

- **Rohöl-Rekord**
  Die Tiefbohrung „Schönkirchen T4" (bei Gänserndorf, NÖ) fördert an Spitzentagen 326 t Rohöl.

- **Kaprun-Strom**
  Fertigstellung der Leitung Kaprun–Westtirol bzw. Westtirol–Vöhrinen (Ruhrgebiet), vorgesehen für 380 kV.

NEWS

Papst Johannes XXIII., der in seinem kurzen Pontifikat zahlreiche politische und kirchenhistorische Umwälzungen eingeleitet hat, stirbt in Rom. Durch sein heiteres und ungezwungenes Auftreten in der Öffentlichkeit erlangte er große Beliebtheit.

J. F. Kennedy ermordet, Lyndon B. Johnson neuer US-Präsident

Johannes XXIII. gestorben. Neuer Papst: Paul VI.

Erdbeben in Skopje (Jugoslawien), Dammbruch in Longarone (Italien)

BRD: Auf Adenauer folgt Erhard

Keniatta erster Premier Kenias

USA: Verstärkte Rassenkrawalle

Strom: Noch lange nicht für alle

„Die Leute konnten es am Anfang gar nicht fassen. Es war wie ein Wunder. Man brauchte nur den Schalter zu drehen, und alles war hell . . .“ So berichtet Frau Barbara Waß. Im Alter von zwölf Jahren zog sie mit ihrer Familie in den Wallingwinkl bei Abtenau:

Manche alten Leute trauten sich diesen Schalter gar nicht anrühren, denn sie meinten, da könnte nur der Teufel dahinterstecken. Viele Leute konnten sich unter Strom gar nichts vorstellen.

Als in Gaißau eine Leitung zu den höhergelegenen Bauern gebaut wurde, meinte eine Bäuerin entsetzt: „Na, jetzt teans deacht gar zu uns aufa a Masten setzen. Dös brauchns nit tuan, wei da rinnt der Strom nia net aufa.“

Ein Bauer, der noch über uns am Berg war, bekam den Strom erst 1982! In dem Haus waren damals elf Personen in der Familie.

Kein Strom hieß: keine Waschmaschine, kein E-Herd, kein Kühlschrank, kein Fernsehen, kein elektrisches Bügeleisen, kein Mixer, kein Staubsauber oder irgendein anderes Haushaltsgerät; natürlich auch keine Melkmaschine, kein Werkzeug, wie Bohrmaschine oder ähnliches, kein Elektromotor für Kreissäge oder andere Maschinen in der Landwirtschaft.

Für den Bauernhof hat der Strom eine richtige Revolution gebracht, weil in kurzer Zeit nun alle Maschinen und Geräte auf den Hof kamen, die an den anderen Orten im Lauf von Jahrzehnten eingezogen sind.

Durch das Radio wurde die Landbevölkerung erstmals mit der Hochsprache konfrontiert.

Vorher hörten die Kinder vor der Schule nur Mundart. Dort lernten sie Hochdeutsch fast wie eine Fremdsprache, und sie lernten es oft kaum richtig, denn außerhalb der Schule wurde es nirgends gesprochen. Durch das Radio kam nun Hochdeutsch ins Haus. Kinder und Erwachsene hörten es nun täglich und wurden damit vertraut.

Vielleicht ist gerade das ein Punkt, wo der elektrische Strom auch in kultureller Hinsicht besonders auf die Landbevölkerung großen Einfluß nahm.

(Viktoria Arnold: „Als das Licht kam“, Erinnerungen an die Elektrifizierung, Böhlau 1986)

Kassenfüller Winnetou

Zu einem gigantischen Erfolg wird die Karl-May-Verfilmung „Winnetou". Die deutsch-französisch-jugoslawische Koproduktion mit Lex Barker und „Langzeit-Winnetou" Pierre Brice wird nicht nur unter Jugendlichen zum Superrenner.

Oh, Christine!

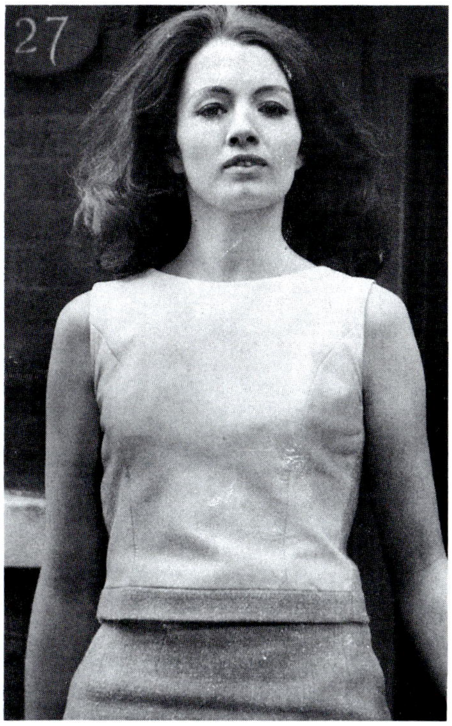

In England bringt das Callgirl Christine Keeler den Heeresminister zu Fall. Die Posträuber werden mit ihrem Coup zur Legende.

Wirbel um „Das Schweigen"

Ingmar Bergmans Film „Das Schweigen" erregt ungewöhnlich viel Aufsehen und fordert wegen der sexuellen Freizügigkeiten die Zensoren verschiedener Länder heraus. In Österreich läuft der Film stark gekürzt. „Das Schweigen" trägt weitgehend metaphorischen Charakter: Regisseur Ingmar Bergman geht es um die Auseinandersetzung mit einer Welt, in der Gott nicht mehr auffindbar ist und in der so auch zwischen den Menschen das Schweigen herrscht.

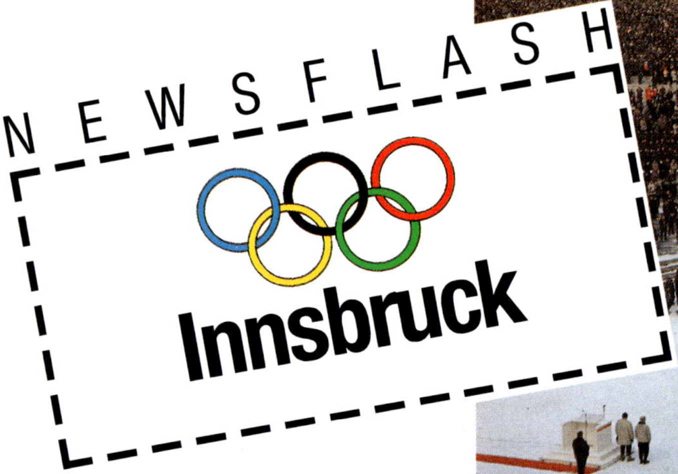

Eröffnungsfeier der IX. Olympischen Winterspiele am 29. Jänner 1964 im Berg-Isel-Stadion von Innsbruck vor mehr als 60 000 Zuschauern.

Verstärktes Wirtschaftswachstum

Stromverbrauch steigt stärker als Bruttoinlandsprodukt

Seit 1964 nimmt der Anteil des Stromverbrauchs stärker zu, als es dem Bruttoinlandsprodukt-Wachstum entspricht; der Gesamtenergieverbrauch bleibt demgegenüber stärker zurück.

Verstärktes Wachstum kennzeichnet die Entwicklung der österreichischen Wirtschaft. Die Industrieproduktion verzeichnet den stärksten Zuwachs seit dem Jahre 1960.

Die Stromerzeugung überschreitet in diesem Jahr (plus 7,3 Prozent) erstmals die 20-Milliarden-kWh-Grenze.

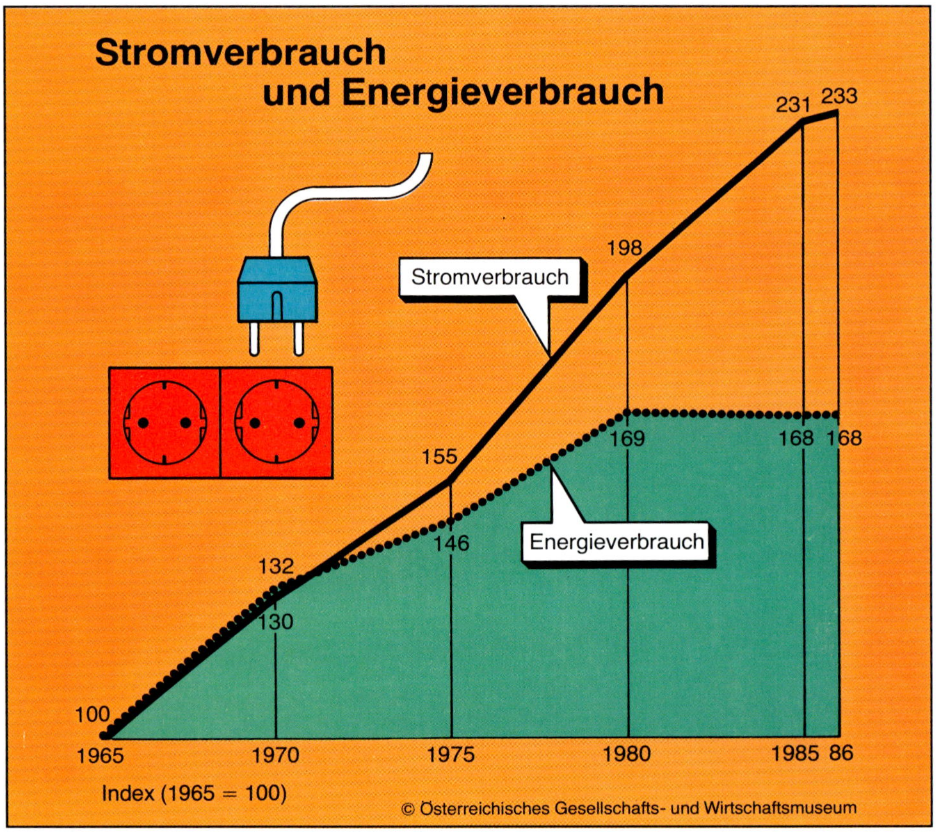

Wohlstand „elektrifiziert“

Die Graphik zeigt die jährliche Stromzuwachsrate mit steigendem Trend über der Wachstumsrate des BIP. Bis 1964 war eine parallele Entwicklung zu verzeichnen. Der zunehmende Wohlstand sowie die Preisentwicklung bei anderen Energiearten führten und führen zu einem überproportionalen Verbrauch an elektrischer Energie. Mit ihr werden andere Energieeinsatzarten substituiert.

Die SPÖ schließt Franz Olah aus der Partei aus. In Wien kommt es zu Solidaritäts-Kundgebungen für den ehemaligen Innenminister.

Gorbach-Rücktritt, Klaus Kanzler

Volksbegehren zur Rundfunkreform

SPÖ schließt Olah aus

Italien gegen EWG-Pläne Österreichs

Fussach-Affäre: Schiffstaufe mißglückt

Julius Raab verstorben

Mailänder Südtirolprozeß

Mehr Stromexporte

Die starke Steigerung der Gesamtstromerzeugung führt zu einer wesentlichen Erhöhung (fast 40 Prozent!) der Stromausfuhr.

Die Stromexporte gehen 1964 nach folgenden Ländern:

1. Bundesrepublik Deutschland	1 495 Millionen kWh
2. Jugoslawien	335 Millionen kWh
3. Schweiz	236 Millionen kWh
4. Tschechoslowakei	166 Millionen kWh
5. Italien	81 Millionen kWh

Heute, 1988, bestehen mit vielen europäischen Ländern über die Verbundwirtschaft des west- und osteuropäischen Hochspannungsnetzes stromwirtschaftliche Beziehungen, auch mit solchen, die nicht unmittelbar an Österreich grenzen.

● Ausbauprogramm

Das Ausbauprogramm des Verbundkonzerns bis 1970 erfordert einen Kapitalbedarf von rund 12 Milliarden Schilling. Unter Annahme, daß ein Drittel mit Eigenmitteln finanziert wird, bleibt für die nächsten fünf Jahre ein Fremdkapitalerfordernis von 8 Milliarden Schilling.

● Computerchips

Computer der „dritten Generation" arbeiten mit Chips oder integrierten Schaltkreisen: 10 000 Bauteile auf einem Viertel Quadratzentimeter.

● Aschach

Das in der Zeit von 1959 bis 1964 erbaute Donaukraftwerk Aschach gehört zu den größten Flußkraftwerken Mittel- und Westeuropas.

NEWS

Der amerikanische Negerführer Martin Luther King, der eine Politik des gewaltlosen Widerstandes gegen die Rassenschranken vertritt, erhält den Friedensnobelpreis.

Friedensnobelpreis für Martin Luther King

Vietnamkrise verschärft sich

Chruschtschow gestürzt, Kossygin und Breschnjew folgen

Zypernkrise: UNO-Truppen greifen in Streit Griechen – Türken ein

China zündet erste Atombombe

Olympia: Sturm auf TV-Geräte

Zwölf Tage lang ist Österreich sportlicher Mittelpunkt der Welt. Für viele Österreicher Grund genug, sich noch schnell ein TV-Gerät zu leisten, um „live" mit dabei zu sein, wenn Christl Haas und Egon Zimmermann Abfahrtsgold entgegenrasen und Josef „Pepi" Stiegler den Slalom gewinnt.

Küchenarbeit kinderleicht

Die Frau mit Pfiff und vollelektrifiziertem Haushalt wird zum Leitbild, die mit pflegeleichten Kunststoffen ausgestattete „Amerikanische Küche" zum Ideal einer zu Wohlstand gekommenen Nachkriegsgesellschaft. Es entsteht der Mythos von einer Küche ohne Köchin, in der inmitten von Wasch- und Rührmaschine, Staubsauger, Mixer und Fruchtpresse die von der Hausarbeit befreite Frau steht. An der traditionellen Rollenverteilung der Geschlechter ändert sich wenig. Partnerschaft und Arbeitsteilung bei der Bewältigung der Hausarbeit sollten heute mehr als bloße Schlagworte sein.

„Make Love Not War"

Bob Dylan

Der weltweite Protest gegen den Vietnamkrieg setzt ab der Mitte der sechziger Jahre ein. In Amerika findet er auch musikalischen Ausdruck. Bob Dylan und Joan Baez werden zu Symbolfiguren des Protestes.

Dylan beginnt mit Blues und Country-Folk. Bill Haley und Little Richard sind seine ersten Idole. 1964 begründet er den Folk-Rock. Seine Sozialkritik wird schärfer, sein antimilitaristisches Engagement heftiger.

1963 entstehen „Blowin' in the Wind", „Don't Think Twice, it's Allright" und „The Times They Are A-Changin'".

Dylan wird aber auch zur Symbolfigur der Aussteiger, die ein eigenes Leben unabhängig von der als korrupt verstandenen Gesellschaft führen wollen. In Kalifornien sammeln sich die Hippies, ihre Parole heißt „Flower Power". Man greift zu Haschisch, Heroin und LSD, um das „Bewußtsein zu erweitern". „Make Love Not War" ist wohl die bedeutendste Parole der Friedenskinder.

Die „Sexwelle"

Seit Mitte der Sechziger nehmen Nacktheit und Sexdiskussionen in der Öffentlichkeit immer stärker zu; man spricht von der „Sexwelle". Nach dem Wirbel um „Die Sünderin", „Kinsey-Report" und „Das Schweigen" erreicht sie 1968 mit dem deutschen Aufklärungspapst Oswald Kolle ihren Höhepunkt. Rudi Gernreich kreiert den „Oben ohne"-Badeanzug.

Durch die Diskussion um die neuentwickelte Anti-Baby-Pille erreicht das Thema „Sex" zusätzlich eine breite Öffentlichkeit.

Die Werbung hatte die verkaufsfördernde Wirkung des Sex schon früh entdeckt.

Die Cover-Bilder der Illustrierten werden immer frecher, in so mancher Zeitung setzt sich die tägliche Nackte langsam durch.

NEWSFLASH

White schwebt im All

Mit dem Start der Weltraumkapsel „Gemini IV" beginnen die USA ihr bisher größtes Weltraumexperiment. Als Höhepunkt verläßt Astronaut White die Raumkapsel und schwebt 20 Minuten frei im Weltraum.

Stop für Wasserkraft?

- Öl- und Gaspreis im Keller.
- Wirtschaftswachstum verlangsamt.
- Überkapazitäten in Stromproduktion?
- Kritik an Verbundkonzern wegen Festhaltens an Wasserkraft.

Vor allem die Landesgesellschaften setzen verstärkt auf öl- und gasbefeuerte Wärmekraftwerke. Im Gegensatz zum Verbundkonzern, der überwiegend Wasserkraftanlagen aus der Nachkriegszeit besitzt und das Schwergewicht auf den Ausbau der Wasserkraft legt. Das Festhalten des Verbundkonzerns am weiteren Wasserkraftwerksausbau führt in den sechziger Jahren zu harter Kritik seitens Politik, Wissenschaft und Presse, da der niedrige Öl- und Gaspreis den Bau von kalorischen Kraftwerken als wirtschaftlicher erscheinen läßt.

Verbund setzt weiter auf Wasserkraft

Der Ausbau der heimischen Wasserkräfte soll nach wie vor gefördert werden. Die Bevorzugung dieses sich immer wieder erneuernden Energieträgers ist aus vielerlei volkswirtschaftlichen Gründen gerechtfertigt. Wasserkraftwerke erzeugen Energie, die auch in Krisenzeiten, in denen die Einfuhr anderer Primärenergieträger gefährdet ist, zur Verfügung steht (s. dazu auch den Beitrag von Gen.-Dir. Franz Hintermayer).

Gas billigster Brennstoff

Die sowjetische Verwaltung entdeckte 1952 bei Zwerndorf an der March eine riesige Gaslagerstätte. Eine Gasleitung nach Wien wurde gebaut und das Erdgas aus Zwerndorf, aus Aderklaa (ein Vorkommen, das schon im Krieg entdeckt worden war) sowie aus kleineren Vorkommen südlich der Donau teilweise den Verbrauchern zugeführt.

Die im Jahre 1965 dem Verbraucher zugeführte Menge Erdgas entspricht annähernd etwa 1,5 Millionen Tonnen Steinkohle, das ist mehr als ein Drittel der österreichischen Kohleförderung.

Gas ist derzeit der konkurrenzlos billigste Brennstoff, in der Industrie verdrängt es zu einem guten Teil inländische Kohle vom Markt.

Die gesamten Erdgasvorräte in den bekannten Feldern beziffert man 1965 auf rund 30 Milliarden Kubikmeter.

Die Jahresförderung soll bis auf 1,2 Milliarden Kubikmeter gesteigert werden.

Demonstrationen gegen den Hochschullehrer Taras Borodajkewycz wegen dessen nationalsozialistischen Äußerungen. Bei Zusammenstößen mit rechtsextremen Studenten wird ein ehemaliger KZ-Häftling getötet.

EWG-Verhandlungen

Borodajkewycz-Demonstrationen

Bundespräsident Schärf verstorben, Nachfolger Jonas

1. Prozeß gegen Südtirol-Attentäter in Österreich

Leopold Figl verstorben

Enorme Hochwasserschäden

• Wien wird OPEC-Sitz

Ein Abkommen, das Wien zum Hauptquartier der OPEC, der Organisation erdölexportierender Länder, bestimmt, wird unterzeichnet. Zum zweiten Mal errichtet eine internationale Organisation ihren Sitz in Wien.

• Secam-Mehrheit

In Wien endet die internationale Farb-TV-Konferenz mit einem Mehrheitsbeschluß für das in Frankreich entwickelte Farb-TV-System.

• Kohle auf Halde

Ende 1965 lagern auf den Halden der Dampfkraftwerke des Verbundkonzerns (Voitsberg, St. Andrä und Zeltweg) rund 1,2 Millionen Tonnen heimischer Kohle, das entspricht annähernd dem Jahresbedarf.

• Elektrotechnikgesetz

Es regelt die Angelegenheiten der Sicherungsmaßnahmen, der Normierung und Typisierung auf dem Gebiet der Elektrotechnik. Der Gesetzgeber möchte dem Sicherheitsbedürfnis von Wirtschaft und Bevölkerung Rechnung tragen. Die wirtschaftliche Produktionsweise der Elektroindustrie soll gewährleistet sein.

• Bundesstatistikgesetz

Durch statistische Erhebungen gibt es genaue Daten über den Energieverbrauch der Österreicher. Auch über die Unfälle durch elektrischen Strom wird Statistik geführt.

NEWS

Nach dem Zwischenfall von Tonkin eröffnen die USA im Februar 1965 den Bombenkrieg gegen Nordvietnam. Damit setzt das US-Engagement zugunsten der proamerikanischen Regierung in Saigon verstärkt ein.

Napalmbomben auf Vietnam

Krieg Indien – Pakistan

Rhodesien ruft Unabhängigkeit aus

Friedensappell des Papstes vor UNO

Winston Churchill gestorben

Philippinen: Marcos Präsident

Prominenz in Kaprun: Generaldirektor Hintermayer mit dem thailändischen König Bhumibol und dem sowjetischen Ministerpräsident Nikita Chruschtschow.

Generaldirektor Dipl.-Ing. Franz Hintermayer

Natürlich Wasserkraft

Als er Mitte der sechziger Jahre energisch für die Fortsetzung des Wasserkraftausbaues eintrat, wurde er heftig kritisiert. Der ehemalige Verbund-Generaldirektor Franz Hintermayer hat wesentlich dazu beigetragen, daß die Stromversorgung heute gesichert ist.

Auf der ganzen Welt werden vor allem die heimischen Möglichkeiten der Energiegewinnung genutzt. Daher sollten beim Wiederaufbau der Elektrizitätswirtschaft nach dem Krieg in erster Linie die Energiequellen Wasserkraft und Braunkohle für die Stromerzeugung ausgebaut werden.

Mit der Wasserkraft verfügt Österreich über eine unerschöpfliche, billige und vor allem saubere Energiequelle. Das 2. Verstaatlichungsgesetz hat 1947 den organisatorischen Rahmen für den Kraftwerksausbau durch die Sondergesellschaften und die übergeordnete Koordination durch die Verbundgesellschaft festgelegt. Die Fertigstellung der Kraftwerke Kaprun und Ybbs-Persenbeug und der Beginn des folgenden großzügigen Ausbaus unserer Flußkraftwerke an Enns, Drau und Donau sowie der Speicherkraftwerke in den Alpen hatten somit den gesetzlichen Rahmen.

Diskussion um Energiepolitik

Nun trat Anfang der sechziger Jahre eine Entwicklung ein, die eine Diskussion um die Energiepolitik unseres Landes auslöste. Der Erdölpreis fiel rasant, Gas wurde zum konkurrenzlos billigsten Brennstoff. Während der Verbundkonzern damals am Ausbau der Flußkraftwerke und Speicherkraftwerke mit etwa 80 Prozent des gesamten Volumens beteiligt war, haben die Landesgesellschaften aufgrund der günstigen Brennstoffkosten in erster Linie Öl- und Gaskraftwerke ausgebaut.

Dies führte dazu, daß einerseits die Braunkohle des Konzerns auf immer größeren Halden liegen blieb und dort zu verrotten drohte und andererseits die geringer werdende Abnahme aus dem Netz die übergeordneten Aufgaben dieses Netzes wirtschaftlich in Frage stellte.

In langwierigen Verhandlungen, in denen die sehr unterschiedliche Situation der einzelnen Landesgesellschaften zu berücksichtigen war, wurden schließlich Koordinationsvertäge abgeschlossen.

Schon in den Fünfzigern aktuell: Größtmögliche Schonung von Naturlandschaften (EVN-Kamptalkraftwerk Ottenstein 1957)

Kostenloser Treibstoff Wasser

Das Festhalten des Verbundkonzerns am weiteren Wasserkraftwerksausbau stieß damals in der Öffentlichkeit – hier besonders von seiten der Medien – auf Kritik.

Es entspricht wohl den Tatsachen, daß der Kapitaleinsatz bei Dampfkraftwerken geringer ist. Dieses Argument wurde in den sechziger Jahren vor allem von den Landesgesellschaften ins Treffen geführt. Wenn man jedoch längerfristig denkt und plant, ist das Wasserkraftwerk mit seinem kostenlosen Treibstoff Wasser billiger.

Aus heutiger Sicht zeigt sich, daß die damalige Position des Verbundkonzerns richtig war. Als Vertreter Österreichs bei der Weltkraftkonferenz wurde mir in Tokyo 1966 außerdem bestätigt, daß jedes Land in erster Linie seine spezifischen Möglichkeiten der Energiegewinnung nutzen sollte.

Generaldirektor Hintermayer mit dem sowjetischen IAEO-Vertreter Molotow

Umweltschutz

Es muß hervorgehoben werden, daß schon damals beim Ausbau der Wasserkräfte der Umweltschutz eine bedeutende Rolle gespielt hat und große Summen dafür aufgewendet wurden. Bei jedem neuen Kraftwerk wurden beispielsweise die Vorschläge der Experten aus dem Landwirtschaftsministerium berücksichtigt. Die Gestaltung der Umwelt sowohl bei den Flußkraftwerken als auch bei den Speichern im Gebirge hat sich allgemein sehr positiv auf den Fremdenverkehr ausgewirkt. Die harmonische Einfügung in die Umgebung bedeutet keine Beeinträchtigung der Landschaft, wofür die fertiggestellten Werke einen eindrucksvollen Beweis liefern.

In diesem Sinne könnte man sich für die weitere Zukunft unserer Wirtschaft nur wünschen, daß unsere Wasserkräfte zum Wohle unseres Landes weiter ausgebaut werden.

E-Motor im Vormarsch

Der Elektromotor setzt sich in Österreich erst mit dem Wirtschaftsaufschwung der sechziger Jahre richtig durch: Vorher blieb seine Anwendung auf die Produktionsmetropole Wien beschränkt.

New York: Baby-Boom nach Stromausfall

10. November

Chaos in New York

- Stromausfall an US-Ostküste durch Kabelbruch
- Stundenlang Szenen wie nach einem Luftangriff
- Flugplätze tot, Verkehr stockt, Aufzüge stehen

KURIER, 10. November 1965

Exakt neun Monate später macht eine andere Folge des New Yorker „Blackouts" weltweit Schlagzeilen: ein Baby-Boom, der mit dem Mangel an Elektrizität ursächlich in Zusammenhang gebracht werden kann.

Die Beatles in Österreich

Anläßlich der Dreharbeiten zu ihrem Film „Help" schnallen sich die Beatles die Bretteln an die Beine und flitzen über schneebedeckte Hänge.

Die Vier aus Liverpool sorgten in der Pop-Geschichte für eine wahre Revolution. Als ihr Stern 1962 aufging, waren die Pilzköpfe schon nach kurzer Zeit am Ausbruch der „Beatlemania" schuld: Junge Leute auf der ganzen Welt verfielen ihrer Musik, die wie ein Bazillus ansteckte.

Paul McCartney (Baß), John Lennon (Gitarre), Ringo Starr (Schlagzeug) und George Harrison (Gitarre) sind mit ihren Top-Hits „Hey Jude", „Yesterday" und „All You Need Is Love" in der „ewigen Hitparade" vertreten.

„I'm The Greatest"

Er behauptet von sich stets, der Größte zu sein, und er ist es auch: Cassius Clay alias Muhammed Ali. Wenn er locker durch den Ring tänzelt („Flattern wie ein Schmetterling, stechen wie eine Biene"), ist dies fast ein ästhetisches Vergnügen.

Im Vorjahr hat er sich den Schwergewichtstitel von Sonny Liston geholt. Nun klopft „Großmaul" Clay noch mehr flotte Sprüche und kündigt vor den jeweiligen Kämpfen an, in welcher Runde er den Gegner in den Ringstaub schicken werde.

„Wembley-Toni" geboren

Kein Witz: Österreichs Fußballer schlagen England im Wembley-Stadion mit 3:2. Der Rapidler Anton Fritsch setzt den Briten zwei Gewalt-Fernschüsse in den Kasten: Der „Wembley-Toni" ist geboren!

N E W S F L A S H

Ende der Koalition

Die ÖVP erreicht bei den Nationalratswahlen die absolute Mehrheit und stellt nach gescheiterten Koalitionsverhandlungen eine Alleinregierung.

...en Wahl-Sonderdienst

KURIER

4. Ausgabe
Die endgültigen Ergebnisse mit Wahltabellen

OeVP erringt die Mehrheit
VP 85 (81), SP 74 (76), FP 6 (8)
FPÖ verliert, für Olah kein Grundmandat

Wien (Eigenbericht). Die österreichische Nationalratswahl 1966 hat der Österreichischen Volkspartei einen erheb·ichen Stimmengewinn und die absolute Mehrheit im Nationalrat gebracht. Die SPÖ hat jedoch Stimmen verloren und nur in einzelnen Wahlkreisen jene Ziffer erreicht und überschritten, die die früheren Stimmen der SPÖ und der KPÖ zusammen ergaben.

„Ihr Ziel ist dabei", sagte der ÖVP-Obmann, „eine konstruktive Zusammenarbeit und eine Verlebendigung der Demokratie." Die SPÖ aber werde, wie Klaus meinte, zu der Einsicht kommen müssen, daß eine Behinderung der Regierungsarbeit kein neues Vertrauen gebracht habe. Sie werde in ihrem eigenen Interesse das Verhältnis zwischen ihr und den Kommunisten zu klären haben.

Nach einem allgemeinen Dank an die Wähler betonte Dr. Klaus, daß diesmal Hunderttausende von Arbeitern und Angestellten – ebenso wie Gewerbetreibende, Bauern und Angehörige anderer Berufsschichten – der ÖVP das Vertrauen gegeben hätten. Die Volkspartei werde ...

KURIER, 7. März 1966

Katastrophenjahr

Hochwasserschutz durch Kraftwerke

Die enormen Schäden, die durch die Donauhochwässer von 1954, 1965 und 1966 entstanden sind, rücken die Maßnahmen des Hochwasserschutzes wieder in den Vordergrund. Durch das Katastrophenhochwasser 1965 wurden an den Anlagen der Schiffahrt und Elektrizitätswirtschaft Schäden im Ausmaß von 25,5 Millionen Schilling verursacht; 1966 sind es 5 Millionen.

Für die Wirtschaft ergeben sich durch die Hochwasserabwehrmaßnahmen im Zusammenhang mit dem Bau von Donaukraftwerken gewaltige Ersparnisse. Es ist nämlich eine Tatsache, daß Kraftwerksketten ein sicheres Bollwerk gegen die Hochfluten darstellen, wie sich dies eindrucksvoll anläßlich der Hochwässer der Jahre 1966/67 an der Drau zeigt.
Im Jahre 1988 stellte ein Internationales Symposium erneut fest: Kraftwerke schützen vor Hochwasser.

Weltkraftkonferenz

Wasserkraft nicht passé

Die Weltkraftkonferenz in Tokio steht im Zeichen der Konkurrenz der verschiedenen Energieträger. Besonders intensiv wird der Wasserkraftausbau behandelt.

Es wird darauf verwiesen, daß die Staaten trotz Verstärkung der internationalen Verflechtung im Energieaustausch auf ihre spezifischen Gegebenheiten Rücksicht nehmen müssen, daß Mehrzweckanlagen für die nationalen Wirtschaften von besonderer Bedeutung sind und daß im Zeitalter der Kernenergie die Bedeutung der Wasserkraft, insbesondere der Speicherkraftwerke, noch steigt.

Österreichs Stromerzeugung

Europa-Spitze

Vor 80 Jahren ging Österreichs erste Wasserkraftanlage in Betrieb. Durch die beiden Weltkriege konnte es natürlich zu keinem kontinuierlichen Ausbau der Wasserkräfte kommen.

Was aber in den beiden letzten Jahrzehnten geleistet wurde, ist enorm und spiegelt sich wohl am deutlichsten in der Kopfzahl unserer Stromerzeugung wider, derzufolge Österreich mit 3 267 kWh je Einwohner im Jahre 1966 über dem europäischen Durchschnitt liegt.

Die ÖVP-Alleinregierung unter Bundeskanzler Josef Klaus. Zum ersten Mal seit 1945 sind die Sozialdemokraten nicht mehr an der Regierung beteiligt.

Nationalratswahlen: ÖVP erhält „Absolute“

Bemühungen um EWG-Aufnahme in Brüssel

ORF-Gesetz leitet Rundfunkreform ein

Otto Habsburg erstmals in Österreich – Konflikt gelöst

Neuntes Pflichtschuljahr eingeführt

Nur mehr 420 „EVU“

Die Zahl der Elektrizitätsversorgungsunternehmen (EVU) ist von 3 000 im Jahre 1947 auf rund 420 im Jahre 1966 reduziert worden.

Das 2. Verstaatlichungsgesetz sah bekanntlich die Verstaatlichung aller EVU mit mehr als 100 000 kWh Jahreserzeugung vor.

- **Ausbauprogramm**
  Der Verbundkonzern bereitet sein drittes Ausbauprogramm für die Verbrauchsperiode 1966 bis 1970 vor.
- **Fernsprechtechnik**
  In der Fernsprechtechnik beginnt die Ablöse der klassischen Mechanik durch die Elektronik.
- **Atomkraft**
  Bei Rheinsberg nimmt das erste Atomkraftwerk der DDR den Betrieb auf.
- **Raumfahrt**
  Planmäßige weiche Landung der US-Mondsonde „Surveyor 1“ auf dem Erdtrabanten nach dreitägigem Flug.

NEWS

In China leitet Parteichef Mao Tse-tung die Große Proletarische Kulturrevolution ein. Die Reste der Bourgeoisie und des Feudalismus in Partei, Regierung und Armee sollen beseitigt werden.

BRD: Große Koalition mit Kiesinger
England: Labour-Triumph Wilsons
Kulturrevolution in China
Indien: Indira Gandhi Premier
NATO-Austritt Frankreichs

Der Staatsbesuch von Sowjetpräsident Podgorny ist auch wirtschaftlich ein Erfolg: Das Geschäft VÖEST-Rohre gegen Erdgas kommt ins Rollen.

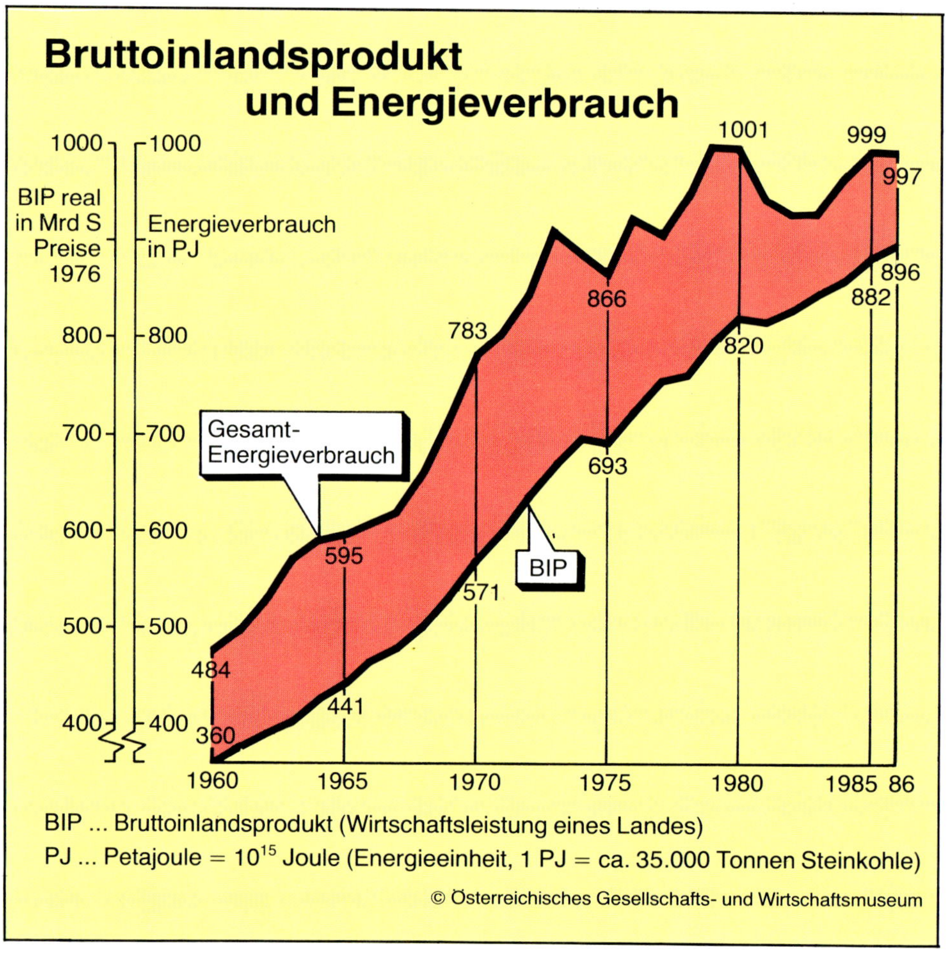

Wie eng der Energieverbrauch mit der Wirtschaftsleistung eines Landes verbunden ist, zeigt diese Gegenüberstellung: Der parallele Anstieg von Energieverbrauch und Bruttoinlandsprodukt wird vom Jahre 1973 bis zum Jahre 1983 gestoppt. Einerseits bewirkte die starke Erhöhung der Energiepreise einen Spar- und Rationalisierungseffekt, andererseits verursachte das Stagnieren des Wirtschaftswachstums keine weitere Steigerung. Seit 1983 steigen Bruttoinlandsprodukt und Energieverbrauch wieder gemeinsam, Strom wächst stärker, ersetzt andere Energieträger, wird zur „Energie zum Energiesparen".

Handke beschimpft das Publikum

Der Jungliterat Peter Handke wird durch den umstrittenen Erfolg seines Stückes „Publikumsbeschimpfung" bekannt.

Er hat lange Haare und provokante Ansichten („In Österreich gehen nur die alten Nazis ins Theater"). Mit seinem ersten Stück, der „Publikumsbeschimpfung", erregt er beträchtliches Aufsehen. In abgehackten, unter dem Einfluß des Beat rhythmisierten Sätzen werden systematisch Klischeevorstellungen und Sprachgewohnheiten aufgedeckt. Handke zerstört in diesem Stück, das in einer ausgiebigen Beschimpfung des Zuschauers gipfelt, bewußt jede Theatererwartung und macht das Publikum in provozierender Weise auf seine Konsumhaltung aufmerksam.

Mini-Mode

Mary Quant erfindet einen Mädchenrock, der weit über dem Knie endet...

Die Briten bleiben kühl wie immer, doch bald gerät der Rest von Europa in Aufruhr: Der Minirock löst eine internationale Modewelle aus.

Modebewußte Teenager riskieren eine Betragensnote in der Schule oder zumindest einen handfesten Krach mit den Eltern. Darüber hinaus gewinnt das Auftreten im Mini allgemeinen Bekenntnischarakter.

NEWSFLASH

Israel siegt im 6-Tage-Krieg

Im sogenannten „6-Tage-Krieg" fügen die Israelis den Arabern im Juni schwere Verluste zu. Sie besetzen Westjordanien, die Golan-Höhen, die Sinai-Halbinsel und die Altstadt von Jerusalem. Als Held wird Verteidigungsminister Moshe Dayan gefeiert (im Bild mit dem 1. Ministerpräsidenten des Staates Israel, David Ben Gurion).

„10-Jahres-Plan"

Die Stromversorgung sichern

Zwischen der Verbundgesellschaft und einzelnen Landesgesellschaften kommt es zum Abschluß von Koordinationsverträgen. Die wichtigsten Ziele dieser Vereinbarung sind:

- Erstellung eines gemeinsamen zehnjährigen Kraftwerksausbauprogramms.
- Gewährleistung einer ausreichenden, gesicherten und wirtschaftlichen Stromversorgung Österreichs.
- Bestmögliche Nutzung heimischer Wasserkraft und inländischer Braunkohle.
- Sicherung eines gedeihlichen Zusammenarbeitens der Hauptträger der österreichischen Elektrizitätsversorgung und deren wirtschaftlicher Existenz.

Das auf freiwilliger Basis abgeschlossene Übereinkommen über die Erstellung eines gemeinsamen zehnjährigen Ausbauprogramms wird später auch gesetzlich verankert.

Enquete unter Bundesminister Dr. Weiß

Atomenergie in Österreich

Im Ausland hat der zügige Ausbau von Kernkraftwerken bereits voll eingesetzt. Dies führt dazu, daß man sich nun auch in Österreich intensiv mit dieser neuen Energiegewinnungsmöglichkeit beschäftigt.

Ergebnis einer Enquete: Man sieht die Wirtschaftlichkeit der Stromerzeugung aus Kernenergie jener der Erzeugung aus allen anderen Energiequellen als überlegen an.

Insbesondere Verkehrsminister Dr. Weiß stellt sich hinter die Forderung nach Errichtung eines Atomkraftwerks in Österreich. Es bestehe, so führt er aus, die einmütige Auffassung, daß das erste Atom-E-Werk groß sein, also eine Leistung von 350 bis 400 Megawatt haben müsse. Ein solches Werk werde in der Lage sein, Strom um 20 Groschen pro Kilowattstunde abzugeben. Die Baukosten würden nicht höher als jene für ein Donaukraftwerk sein.

Schließlich wird – nach langwierigen Verhandlungen – die Errichtung von Kraftwerken als Gemeinschaftsanlage der Verbundgruppe und der Landesgesellschaften geplant.

● Ölembargo

Der Suezkanal wird als Folge des 6-Tage-Kriegs gesperrt. Die arabischen Länder beschließen einen Ölboykott gegen die USA, England und die BRD. Die arabische Konferenz von Khartum bringt die Wiederaufnahme der Öllieferungen an den Westen.

● Atom-U-Boot

Das erste französische Atom-U-Boot läuft vom Stapel.

Beim SPÖ-Bundesparteitag wird Dr. Bruno Kreisky mit großer Stimmenmehrheit zum neuen Parteivorsitzenden gewählt.

„Südtirolpaket" beschlossen

Kreisky SPÖ-Chef

Russen lehnen EWG-Pläne Österreichs neuerlich ab

Terror in Südtirol, Prozeß um Extremist Norbert Burger

ÖGB fordert 40-Stunden-Woche

Foratom-Kongreß, London

„Schneller Brüter" im Vormarsch

Uran ist, wie die fossilen Brennstoffe Kohle, Öl und Gas, auf dieser Erde nur begrenzt vorhanden. Eine Möglichkeit zur Streckung der Uranvorräte besteht im sogenannten „Schnellen Brüter", einem Kernkraftwerk, das aus einem Teil des Urans Plutonium erzeugt, das in neuen Reaktoren weitergespalten werden kann.

Ende der Sechziger wird in Europa intensiv daran gearbeitet, die schnellen Reaktoren im Rahmen eines Energieerzeugungsplanes ehest zu entwickeln. Deutschland, England und Frankreich wollen hiefür gewaltige Investitionen tätigen.

In Frankreich ist man der Ansicht, daß die schnellen Reaktoren in 10 bis 15 Jahren das billigste Reaktorsystem darstellen werden. Etwa um das Jahr 2000 werden die schnellen Reaktoren deshalb wichtig werden, weil der Weltvorrat an Uran seinem Ende zugehen wird.

NEWS

In Griechenland übernehmen Militärs die Macht. Nach dem Staatsstreich der rechtsgerichteten Obristen wird das Land von einer Militärjunta regiert. Im Bild Panzer vor dem Athener Regierungspalast.

Militärputsch in Griechenland

Israel besiegt im 6-Tage-Krieg arabische Nachbarn

Sowjet-Präsident Podgorny beim Papst

Bolivien: Ernesto „Che" Guevara ohne Urteil hingerichtet

Anti-Schah-Demonstration in Berlin: Student getötet

20 Jahre „Magna Charta“

Vor zwanzig Jahren wurde mit dem 2. Verstaatlichungsgesetz eine neue Organisationsform für die E-Wirtschaft geschaffen.

Wenn heute die 35 Großkraftwerke des Verbundkonzerns 12 Milliarden Kilowattstunden im Jahr erzeugen, wenn ein leistungsstarkes Höchstspannungsnetz von 3000 Kilometer Länge die Stromversorgung in Österreich sichert, wenn der Konzern heute ein Vermögen von rund 32 Milliarden Schilling aufweist, so kann man mit berechtigtem Stolz auf die Leistungen der letzten zwanzig Jahre zurückblicken.

Die Entwicklung im Konzern zeigt folgende beeindruckende Aufbauleistung:

1947	1579 GWh/a	100%
1957	4752 GWh/a	301%
1967	9891 GWh/a	626%

Die Kapitalseite der konsolidierten Bilanz des Verbundkonzerns setzt sich am 31. 12. 1966 aus:
7,9 Milliarden Schilling Eigenmitteln und
15,8 Milliarden Schilling Fremdmitteln zusammen.

Die Männer vom Leitungstrupp verrichten ihre Arbeit wie Akrobaten in schwindelerregenden Höhen. Mehrere hundert von ihnen sorgen rund um die Uhr und bei jedem Wetter dafür, daß wir von Stromstörungen kaum etwas bemerken.

Zunächst galten sie als langhaarige Schreihälse, als Ausdruck von Dekadenz der westlichen Kultur. Spätestens seit „Sergeant Pepper's Lonely Hearts Club Band" waren die Beatles salonfähig geworden, horchten auch die Vertreter der „ernsten" Musik auf. Die neue LP bringt unter anderem fernöstliche Musik und Klangzauberei, die sie als Könner ersten Ranges ausweisen.

Erste Herztransplantation

Es gelingt zum ersten Mal, das Leben eines todkranken Patienten durch eine Herzverpflanzung zu verlängern. Der Mann, dem die historische Operation glückt, ist der südafrikanische Chirurg Professor Christiaan Barnard. Es folgen erregte Diskussionen in aller Welt, da zahlreiche ethisch-religiöse Einwände erhoben werden.

NEWSFLASH

Die Jugend rebelliert

Paris, Rom, Berlin – die Studenten steigen auf die Barrikaden. Sie kritisieren das „Establishment", fordern mehr Demokratie und Mitbestimmung und protestieren gegen den Vietnamkrieg. Durch das Attentat auf Rudi Dutschke, einen Studentenführer, kommt es zu schweren Ausschreitungen in mehreren deutschen Städten.

Europa setzt auf Atomkraft

Wirtschaftshoch: Energie gefragt

Als ab Mitte 1968 ein Wirtschaftsaufschwung eintritt, ist nicht abzusehen, daß dies der Beginn des längsten und stärksten Konjunkturaufschwunges der Nachkriegszeit werden sollte.

Vorerst bereitet die Deckung des Energiebedarfs keine Schwierigkeiten. Brennstoffvorräte sind reichlich vorhanden, und 1968 nimmt die UdSSR die langfristig vereinbarten Erdgaslieferungen nach Österreich auf.

In Europa vollzieht sich in den sechziger Jahren der Eintritt in das Zeitalter der Kernenergienutzung. Die Schweiz, die an der Grenze der Nutzung ihrer Wasserkraft steht, geht zum Beispiel sofort, ebenso wie Frankreich, auf die Kernenergie als Ergänzungsenergie über.

Es ist daher verständlich, daß die damalige Bundesregierung, auf eindringlichen Wunsch von sieben Bundesländern, Anfang der siebziger Jahre für den Einstieg Österreichs in das Kernenergiezeitalter eintritt.

Umweltschutzaspekte gewinnen an Bedeutung

Die Energiepolitik der Wiederaufbauphase war bestrebt, die materielle Armut zu unterbinden und einen internationalen industriellen Standard zu erreichen. Der Grundsatz lautete: möglichst viel Energie zu möglichst niedrigen Preisen.

Diese energiepolitische Maxime zerbricht in den siebziger und achtziger Jahren. Als Folge der Eingriffe in das ökologische Gleichgewicht durch Großkraftwerke werden seitens breiter gesellschaftlicher Schichten vermehrt umweltschützerische Aspekte in die Kosten-Nutzen-Rechnung einbezogen.

Trotz der energiepolitischen Auseinandersetzungen nimmt der Stromverbrauch zu.

Elektrotechnische Industrie in Österreich

Nachwuchs geht ins Ausland

Technik-Hochschulprofessor Doktor Sequenz schlägt Alarm: Die Vernachlässigung bzw. zu geringe Förderung der Forschung führt dazu, daß der begabte technische Nachwuchs ins Ausland abwandert.

Auf dem Gebiet der Elektrotechnik nimmt man an, daß von den Ingenieuren, die seit 1950 die Hochschulen verlassen haben, etwa die Hälfte ausgewandert ist. Vor allem arbeiten österreichische Ingenieure in der westdeutschen Wirtschaft und in der Schweiz.

Keinesfalls, so betont Sequenz, seien hier die hohen Gehälter allein entscheidend.

Der Wiener Gemeinderat faßt einen Grundsatzbeschluß über den Bau einer U-Bahn, die in vielen Großstädten bereits zur umweltfreundlichen und zeitsparenden Alternative zum Auto geworden ist.

Regierung Klaus II, Withalm Vizekanzler

Wien: U-Bahn-Baubeschluß

ÖVP-Wirtschaftskonzept „Koren-Plan“

Viktor Müllner wegen Veruntreuung verurteilt

Mit 19 zur Wahl

● Stereo

Erstmals ertönt in Österreich im Radio (Ö 1) eine Stereosendung.

● Adria-Wien-Pipeline

Bundeskanzler Klaus macht den ersten Spatenstich für die Adria-Wien-Pipeline in Würmlach, Kärnten. Länge: 418 km.

● Kernkraftwerk

Gründung der Kernkraftwerk Planungsgesellschaft m.b.H. Ein baubeschlußfähiges Projekt für ein Kernkraftwerk der öffentlichen Elektrizitätsversorgung Österreichs soll erstellt werden.

● Otto Hahn

Der durch die Kernspaltung des Urans (Voraussetzung zur Gewinnung von Atomenergie) und die Entdeckung radioaktiver Elemente bekannte deutsche Kernphysiker Otto Hahn verstirbt in Göttingen.

● Grenzgänger Strom

Ein neues Bundesgesetz, das Starkstromwegegesetz, regelt das Verfahren der Bewilligung von überregionalen Starkstromleitungsanlagen. Für bloß regionale Leitungen werden von den Bundesländern gesetzliche Regelungen auf der Grundlage des Starkstromwegegrundsatzgesetzes 1968 im Wege von (Landes-)Starkstromwegegesetzen geschaffen.

● Strom für Nachbarn

Herstellung der Leitungsverbindung Wien-Südost – Ungarn. Ein Jahr später Obersielach – Jugoslawien.

NEWS

Die militärische Intervention von fünf Staaten des Warschauer Pakts in der ČSSR beendet den Kurs eines „Sozialismus mit menschlichem Antlitz“ („Prager Frühling“).

ČSSR: Panzer beenden „Prager Frühling“

Studentenunruhen in Rom, Warschau, Berlin, Paris

Generalstreik in Frankreich, de Gaulle eindrucksvoll bestätigt

Martin Luther King und Robert Kennedy ermordet

Nixon US-Präsident

Hungerkatastrophe in Biafra

Test: Was kann eine Kilowattstunde (kWh) . . .

Die Antwort, was so eine Kilowattstunde alles kann, ist fürwahr „elektrisierend"

5 Stunden fernsehen . . .

25 Stunden Leselampe . . .

70 Singles-Platten hören . . .

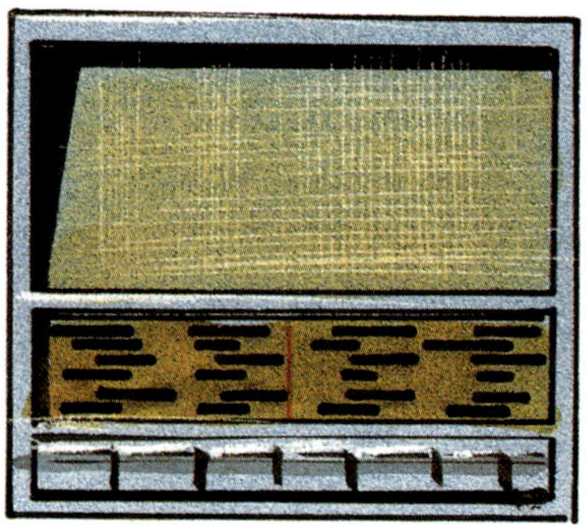

1 Woche Radio hören . . .

. . . oder 4 Jahre elektrisch rasieren!

Illustration: Erich Eibl

. . . und was kostet sie?

Von 1976 bis 1985 erhöhte sich das Einkommen der Österreicher im Durchschnitt um 70 %. Mit den Löhnen und Gehältern gingen aber auch die Preise hinauf – manche weniger, manche mehr. Überdurchschnittlich teurer wurden unter anderem Mieten und Betriebskosten (+ 94 %), Maschinensemmeln (+ 88 %), die KFZ-Steuer (+ 126 %) und Energie. So stieg der Preis für Heizöl leicht um 160 %, für Gas um 96 % und für Brennholz um 133 %.

Ausnahme: Strom. Mit einer Preissteigerung von 65 % war Strom 1985 in Relation zur Kaufkraft 5 % billiger als vor 10 Jahren. Das heißt: Sie müssen heute weniger lang arbeiten, um eine Kilowattstunde bezahlen zu können, als 1976.

Diese Entwicklung setzte sich fort: 1987 wurde zum Beispiel in Wien und Niederösterreich der Strompreis gesenkt.

Fünf Stunden TV für S 1,75 . . .

1985 bezahlte man durchschnittlich S 1,75 für eine Kilowattstunde Strom (inkl. 20 % MwSt.) – eine Energiemenge, mit der man drei Stunden lang bügeln, fünf Stunden lang fernsehen oder zwei Tage lang einen 150-l-Kühlschrank betreiben kann. Diesen günstigen Preis hat die E-Wirtschaft seit Jahren relativ stabil gehalten. Übrigens: zwei der letzten „Preiserhöhungen" seit 1980 waren in Wirklichkeit Steigerungen der gesetzlichen Mehrwertsteuer von 8 auf 13 und von 13 auf 20 %.

Die geringen Stromkosten in Österreich verdanken wir der heimischen Wasserkraft.

Zur Zeit nutzen wir 60 % dieser unerschöpflichen, konkurrenzlos billigen und völlig sauberen Energiequelle. Der Ausbau der restlichen 40 % gewährleistet auch in Zukunft akzeptable Strompreise.

„KONTAKT", die Zeitschrift des Verbundkonzerns, richtete sich zunächst als innerbetriebliche Information nur an die Mitarbeiter. Seit 1984 wird mit einer Auflage von 25 000 Exemplaren eine breite Öffentlichkeit (u. a. Lehrerschaft und Journalisten) angesprochen. Gratisexemplar anfordern:
Kontakt, Postfach 17 000, 1010 Wien

Hippie-Illusionen

In New York feiert das Musical „Hair" seine Weltpremiere. Es handelt von der Zerstörung der friedlichen Hippie-Illusionen durch den Vietnamkrieg und gibt das Lebensgefühl dieser Zeit sehr gut wieder. Das Musical wird in Europa begeistert aufgenommen und ist auch als Film erfolgreich.

Der Papst sagt nein zur Pille

Papst Paul verkündet die Enzyklika „Humanae Vitae", in der er jeder künstlichen Geburtenregelung eine klare Absage erteilt. Er löst damit in der katholischen Kirche und der gesamten Öffentlichkeit heftige Diskussionen aus.

NEWSFLASH

Der Mensch auf dem Mond

Millionen beobachten vor dem Fernseher, wie am 21. Juli der US-Astronaut Armstrong als erster Mensch den Mond betritt.

Koordiniertes Ausbauprogramm bis 1980

Engpässe vermeiden

Der enorme konjunkturelle Aufschwung der letzten beiden Jahre erfordert langfristige Planungen in der Energiewirtschaft. Der Verbundkonzern erstellt daher gemeinsam mit den Landesgesellschaften ein koordiniertes Ausbauprogramm für die Jahre 1970 bis 1980.

Es ist, bedingt durch den enormen Strombedarfszuwachs, das größte seit Bestehen des Verbundkonzerns. Das jährliche Investitionsvolumen beträgt 3,5 Milliarden Schilling.

Im Interesse des Energiekonsumenten soll ein kostenoptimales Ausbauprogramm verwirklicht werden. Schwerpunkte sind die Kernkraftwerke, die Speicherkraftwerke Malta und Mellach, die Donaustufen Ottensheim und Altenwörth sowie einige kalorische Kraftwerke.

In vielen Ländern der Erde wird für die folgenden Jahre eine Verknappung der elektrischen Energie vorausgesagt. In Österreich sollen Engpässe in der Stromversorgung durch langfristige Planungen vermieden werden.

Tödliche Stromunfälle

Purer Leichtsinn

Trotz intensiver Bemühungen um mehr Sicherheit in den letzten Jahrzehnten kommt es in Österreich noch immer bis zu rund 30 tödlichen Stromunfällen im Jahr. Häufigste Ursache: Schadhafte oder gepfuscht reparierte Elektrogeräte und gedankenloser Umgang mit Strom.

Eine Broschüre mit Tips für den sicheren Umgang mit Strom kann man anfordern: VEÖ, Brahmsplatz 3, 1040 Wien.

Schadhafte Elektrogeräte gehören in die Hände eines Fachmannes – sie sind keinesfalls ein Objekt für Hobbybastler.

Fast fünf Jahre sind seit seinem Sturz vergangen. Der ehemalige Innenminister und ÖGB-Präsident Franz Olah wird wegen gesetzwidrigem Umgang mit Gewerkschaftsgeldern zu einem Jahr Kerker verurteilt.

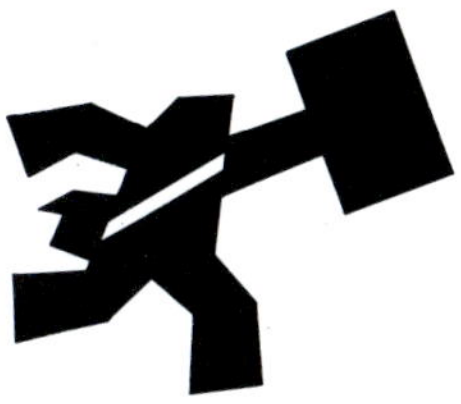

Olah-Prozeß

Mock Unterrichtsminister

Volksbegehren 40-Stunden-Woche

Fortschritte in Südtirolfrage

„Österreichring" in Zeltweg eröffnet

Farbfernsehen in Österreich

Bald Strom aus Kernenergie

Das erste österreichische Kernkraftwerk soll nun zügig verwirklicht werden.

Die von der Verbundgesellschaft und den Landesgesellschaften gemeinsam gegründete Kernkraftwerk-Planungsgesellschaft m.b.H. sendet eine Ausschreibung für eine nukleare Kraftwerksanlage aus. Die Größenordnung des geplanten Projekts beträgt 600 Megawatt (MW).

- **Pro-Kopf-Verbrauch**

Die Kopfquote des Verbrauches steigt in Österreich erstmals über 3000 Kilowattstunden.

- **Erholungsheim**

Das neue Erholungsheim der Verbundgesellschaft in Kaprun wird seiner Bestimmung übergeben.

- **E-Förderungsgesetz**

Das Elektrizitätsförderungsgesetz 1969 (BGBl. Nr. 19/1969) wird verabschiedet.

- **Concorde**

Das britisch-französische Überschall-Verkehrsflugzeug vom Typ „Concorde" absolviert seinen ersten Probeflug. In 16600 Meter Höhe kommt die Maschine auf max. 2300 km/h Reisegeschwindigkeit. Wegen der Lärmentwicklung stößt das Projekt auf heftigen Widerstand in der Öffentlichkeit.

NEWS

Nach Bekanntwerden des Massakers von US-Soldaten in dem südvietnamesischen Dorf My Lai kommt es zu weltweiten Protesten gegen den Vietnamkrieg. In Washington demonstrieren 250000 Personen.

China – UdSSR: Kämpfe am Ussuri

BRD: Brandt Bundeskanzler

USA: Erster Mensch auf dem Mond

Frankreich: De Gaulle tritt zurück

Vietnam: Weltweite Proteste nach My-Lai-Massaker

Libyen: Armee-Chef Gaddhafi nach Putsch an der Macht

Des Rätsels Lösung

Endlich ist klar, woher der Strom wirklich kommt! Die Fotografin Theresia Sturm entdeckt eine neue alternative Stromquelle und hat obendrein „Schwein“: Sie landet unter den Preisträgern bei einem Fotowettbewerb der E-Wirtschaft.

Erstmals Farbfernsehen in Österreich. Zum Start gibt's das traditionsreiche Neujahrskonzert der Wiener Philharmoniker. Obwohl die Farb-TV-Geräte ziemlich teuer sind, setzt ein beachtlicher Boom ein.

Easy Rider

Zwei junge Leute, Billy und Wyatt, fahren auf ihren Motorrädern von Los Angeles nach New Orleans. Ihre Fahrt ist eine Hymne auf die amerikanische Landschaft und auf das Erlebnis der Freiheit, auf den schwerelosen Zustand des „Unterwegs-Seins".

Dennis Hoppers Film „Easy Rider" ist jedoch nicht nur ein Film über romantischen Freiheitsdrang, sondern auch über die Gewalt in Amerika und über gesellschaftliche Vorurteile.

Woodstock

In Woodstock, 150 Kilometer von New York, findet das bisher gigantischste Rock-Spektakel der Geschichte statt. Ungefähr 500 000 junge Menschen kommen, um das „Festival um Liebe und Frieden" zu sehen.

In Summerhill ist die Teilnahme am Unterricht freiwillig, Hausübungen, Noten und Prüfungen gibt es nicht.

Der revolutionäre Pädagoge A.S. Neill erzählt in diesem Buch, das bald zum Bestseller gerät, die Geschichte der von ihm gegründeten Schule Summerhill. Freiheit, Menschlichkeit und Toleranz erhofft sich Neill von einer neuen Erziehung.

NEWSFLASH

Erste SPÖ-Regierung

Die Nationalratswahl endet mit einem klaren Sieg der SPÖ. Bruno Kreisky bildet sein erstes Kabinett, eine sozialistische Alleinregierung.

Ein turbulentes Jahrzehnt

Die Siebziger: Energieschocker

Wohl kein Ereignis ging den westlichen Industrieländern so nachhaltig unter die Haut wie die beiden Erdölschocks von 1973 und 1979.

Es beginnt damit, daß 1970 Heizöl knapp und teuer wird. Seit dem Nahostkrieg 1967 ist der Suezkanal gesperrt und die Trans-Arabien-Pipeline blokkiert. Den erdölexportierenden Staaten gelingt es, das Angebot knapp zu halten und bei rasch steigender Weltenergienachfrage ihre Verkaufspreise fühlbar anzuheben.

Erst allmählich setzt sich in den westlichen Industrieländern die Einsicht durch, daß es nach dem Ölschock im Herbst 1973 nie mehr eine Zeit billiger Rohstoffe geben wird.

Ende des Jahrzehnts spricht man nur mehr vom „geordneten Rückzug aus dem Öl".

Gemeinschaftskernkraftwerk Tullnerfeld gegründet

Grünes Licht für Zwentendorf

Am 10. Februar 1970 wird die für den Bau und den Betrieb des ersten österreichischen Kernkraftwerkes zuständige GEMEINSCHAFTSKERNKRAFTWERK TULLNERFELD GES. M. B. H. gegründet.

Die von Bund und Ländern getragene Gesellschaft wird beauftragt, bei Zwentendorf ein Kernkraftwerk zu bauen und 1974 ein zweites Projekt bei St. Pantaleon zu planen.

Das Stammkapital der neuen Gesellschaft beträgt 300 Millionen Schilling. Außer der Verbundgesellschaft sind noch sieben Landesgesellschaften beteiligt.

Die Kraftwerksleistung von 600 MW wird unter den Gesellschaftern nach einem Leistungsschlüssel, der sich aufgrund der gesellschaftlichen Beteiligung ergibt, aufgeteilt. Der Verbundgesellschaft wird daher eine Nettoleistung von 300 MW zur Verfügung stehen.

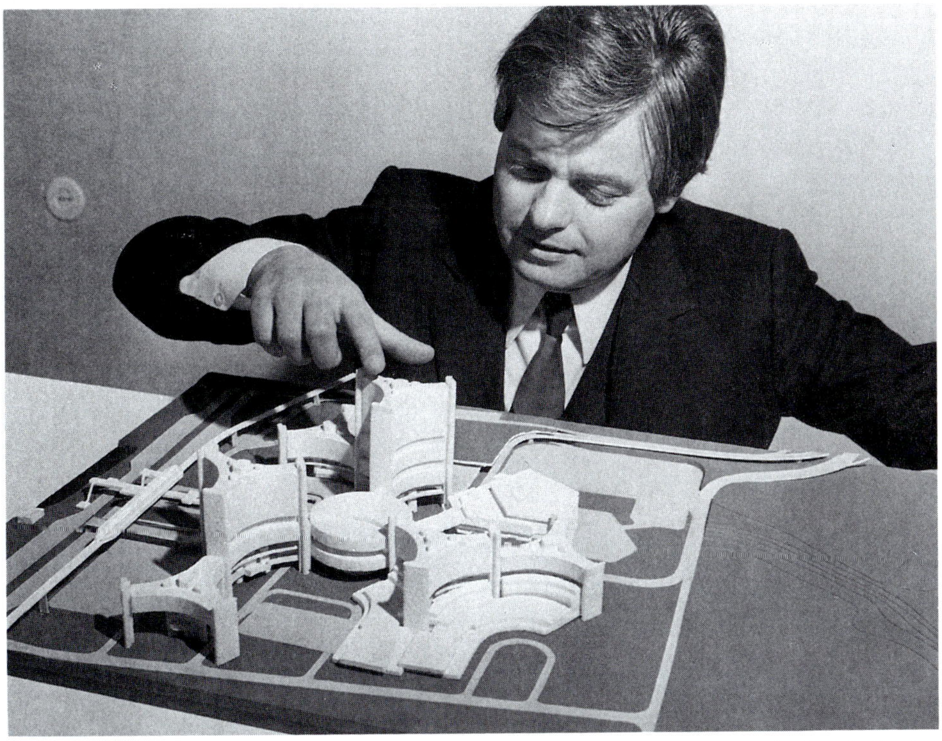

Der Baubeschluß, die UNO-City im Donaupark zu errichten, wird gefaßt. Im Bild Architekt Johann Staber mit einem Modell.

Nationalratswahlen: SPÖ-Alleinregierung

Inneres: Rösch, Unterricht: Gratz, Justiz: Broda, Finanzen: Androsch, Auswärtiges: Kirchschläger

SALT-Gespräche für Rüstungsbegrenzung

Wien: Slavik folgt Marek als neuer Bürgermeister

UNO-City-Bau beschlossen

● Fernsehen

Mit 1. 9. gibt es in Österreich ein 2. TV-Programm.

● Stromaustausch

Im Jahre 1970 beträgt der Stromaustausch zwischen den Mitgliedsstaaten der UCPTE 34000 GWh.

● Wasserkraft

Die Wasserkraft hat 1970 einen Anteil von 8,2 Prozent am gesamten Energieinlandverbrauch. Zehn Jahre später sind es rund 10 Prozent.

● „Riese“ E-Wirtschaft

Die österreichische Elektrizitätswirtschaft ist der größte Einzelinvestor im Lande. 1970 hat sie 4,6 Milliarden Schilling in neue Anlagen investiert.

● Naturgasimporte

Der Anteil der Erdölprodukte am gesamten Primärenergieeinsatz beträgt 50 Prozent. Ab 1970 kommen immer mehr auch Naturgasimporte zum Tragen.

● ÖMV

Der Ministerrat genehmigt die Fusionierung der ÖMV (Österreichische Mineralöl-Verwaltung) mit den ÖSW (Österreichische Stickstoffwerke).

NEWS

Mit der kommunistischen Tet-Offensive 1968 wurde das Ende des militärischen Engagements der USA in Vietnam eingeleitet. Dieses Bild ging um die Welt: Ein südvietnamesischer Offizier erschießt einen Vietcong.

Polen: Ära Gomulka nach Arbeiterstreik beendet, Gierek folgt

Chile: Sozialist Allende wird Staatsoberhaupt

USA weiten Vietnam-Krieg auf Kambodscha aus

Ägypten: Nasser tot, Sadat Staatsoberhaupt

Großbritannien: Labour-Wahlniederlage, Heath Premier

Nobelpreis für russischen Schriftsteller Solschenizyn

Energieimporte und ihre Kosten

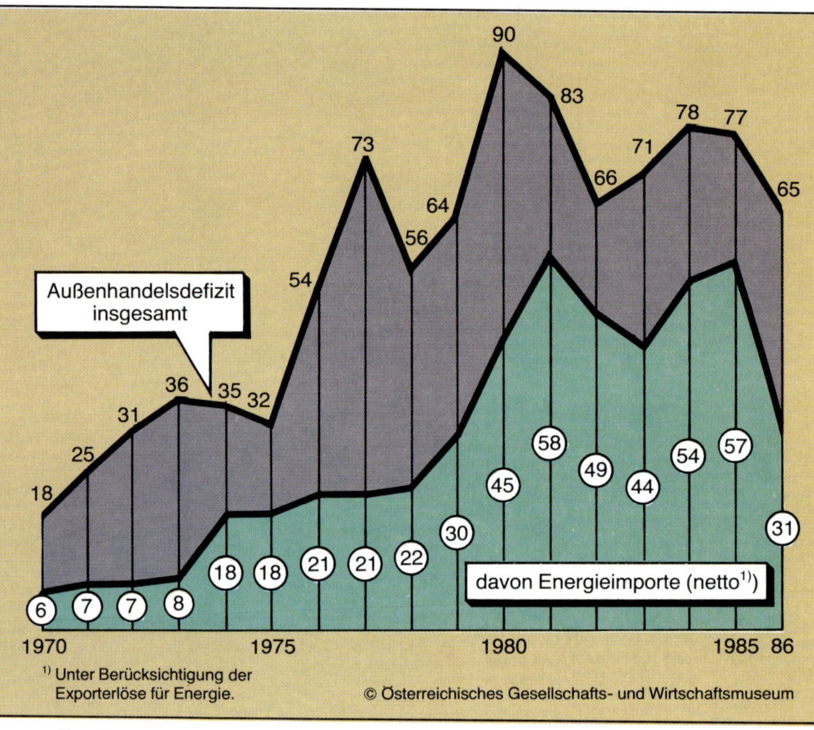

Die nicht im Inland erzeugte Energie muß importiert werden. Unser Verbrauch ist dadurch vom Ausland stark abhängig. Importbeschränkungen sind kaum zu befürchten, doch müssen wir die diktierten Weltmarktpreise akzeptieren und die Energieimporte mit hart erwirtschafteten Devisen bezahlen. Beispielsweise muß dafür der gesamte Devisenüberschuß des Fremdenverkehrs (1984: 46 Milliarden Schilling) aufgewendet werden.

Veränderung des Einsatzes von Energieträgern für den Weltenergieverbrauch

1970–1980 (nach „Esso" und „Yearbook of World Energy Statistics", UNO):

	1970		1980	
	Mill. t SKE	%	Mill. t SKE	%
Erdöl	3003	44,7	3862	43,8
Kohle	2272	33,8	2776	31,5
Erdgas	1293	19,2	1881	21,3
Kernenergie	10	0,1	75	0,9
Wasserkraft	145	2,2	217	2,5
insgesamt	6723	100,0	8811	100,0

KURIER, 14. November 1970

1962 erlosch Wiens letzte Gaslaterne. Aber bis 1970 lebte noch die 83jährige Hedwig Setele mit Gaslicht.

Weil Elternvereine protestierten

Licht-Urteil über „Wünsch dir was“

Die Sache mit dem Lichttest

Mit Dietmar Schönherrs Spielshow „Wünsch dir was“ landet der ORF einen Volltreffer und schreibt TV-Geschichte im deutschsprachigen Raum. Dieter Böttger, Show-Gewaltiger im ORF, berichtet hier über seine Erfindung, den Lichttest.

Die Sendung „Wünsch dir was“ wurde im Dezember 1969 zum ersten Mal und im Dezember 1972 nach 25 Folgen zum letzten Mal ausgestrahlt. Zur näheren Erinnerung: Bei „Wünsch dir was“ spielten jeweils drei Familien, je eine aus Deutschland, Österreich und der Schweiz, gegeneinander. Nach drei Runden schied die punkteschwächste Familie aus. Aus dem Land (Bundesland) oder der Stadt (bei Großstädten), aus der die Familie stammte, wurde dann der Lichttest durchgeführt. Meines Wissens war „Wünsch dir was“ die einzige Sendung, bei der ein Lichttest zur Anwendung gelangte. Auch in der BRD und der Schweiz gab es Lichttests bei Schönherrs Show.

„Wünsch dir was“ wurde 1972 eingestellt. Damit ist der Lichttest von der Bildfläche verschwunden. Offensichtlich hat sich keine andere Anstalt mehr über dieses technisch aufwendige Verfahren getraut. 1982 haben wir ein einmaliges „Wünsch dir was“-Remake produziert. Wir haben damals die Österreicher gebeten, das Licht bzw. die anderen Stromquellen nicht dazuzuschalten, wie es 1969–1972 üblich war, sondern Strom *weniger* zu verbrauchen. Der Unterschied war natürlich minimal.

Ich kann mir auch schwer vorstellen, daß die E-Wirtschaft in Österreich oder eine benachbarte Organisation einen solchen oder ähnlichen Aufwand heute bewerkstelligen würde. In Österreich war es z. B. notwendig, daß Kaprun immer mit Vollast fahren mußte, um bei allen Eventualitäten genügend Reserven zu haben.

Heute gibt es einige Alternativen, über die wir auch schon damals nachgedacht haben. In Großstädten mit einem zentralen Wasserversorgungsnetz läßt sich ein Wasserverbrauch durchaus messen. Bei beliebten Fernsehsendungen – so wissen es die Fachleute – steigt im Anschluß an das Programm der Wasserverbrauch enorm an.

Beide Testmöglichkeiten sind in der heutigen Zeit, die mit Energie- und Rohstoffverschwendung genug zu kämpfen hat, doch ziemlich umstritten. Moderne Alternativen, wie der „Ted“ in „Wetten, daß . . .“ oder unser Telefon-Informationssystem beim Wunschfilm für „Café Central“ sind sicher Wege dahin. In der „Wünsch dir was“-Nachfolgesendung „Tip“ haben wir gemeinsam mit einem großen Meinungsforschungsinstitut Blitzumfragen mit Computerhochrechnungen eingesetzt. Alle Systeme sind jedoch technisch anfällig und bei weitem nicht so spektakulär wie der Lichttest.

Dieter Böttger (Ressort Show/Große Unterhaltung).

Jochen Rindt tot

Die Nachricht erschüttert nicht nur Sportinteressierte: Jochen Rindt beim Training zum Großen Preis von Italien in Monza tödlich verunglückt. Der 28jährige Rennfahrer hat den Motorsport in Österreich wie kein anderer populär gemacht. Da er die Gesamtwertung der Formel-I-Weltmeisterschaft mit 45 Punkten anführt, gelingt es keinem seiner Konkurrenten, ihn in den noch ausstehenden WM-Läufen einzuholen.

N E W S F L A S H

Österreich:

„Insel der Seligen“

Im Rahmen seines Staatsbesuches in Italien wird Bundespräsident Franz Jonas von Papst Paul VI. in Audienz empfangen. Der Papst spricht von Österreich als „Insel der Seligen“.

Gesucht:

Neue Kraftwerke

●Öl teuer
●E-Wirtschaft revidiert Baupläne

Allmählich beginnt sich die in der zweiten Hälfte der sechziger Jahre beschlossene Kürzung des Kraftwerksausbauprogramms auszuwirken.

Die Elektrizitätswirtschaft revidiert zwar rasch ihre Baupläne, wegen der langen Bauzeit für Kraftwerke fehlt jedoch Anfang der siebziger Jahre die Produktionskapazität. Die nun bestehenden Schwierigkeiten der E-Wirtschaft sowie der Umstand, daß im Ausland der Bau von Kernkraftwerken bereits eingesetzt hat, führen nun dazu, daß man in Österreich deren baldige Errichtung für unvermeidlich hält. Man sieht die Wirtschaftlichkeit der Stromerzeugung aus Kernenergie jener der Erzeugung aus allen anderen Energiequellen als überlegen an.

Baubeschluß für Zwentendorf – 1976 soll Atomstrom fließen

Die Zukunft gehört der Kernenergie

Im Jahr 1971 werden in Westeuropa 19 Kernkraftwerke mit einer Gesamtleistung von rund 20 GWh in Auftrag gegeben; die großtechnische Anwendung der Kernenergie in Europa ist damit Gewißheit geworden.

Am 22. März wird von der Gesellschafterversammlung der GEMEINSCHAFTSKERNKRAFTWERK TULLNERFELD (GKT) der Baubeschluß für das Kernkraftwerk Zwentendorf gefaßt.

Die Anlage soll mit einem Siedewasserreaktor und einer elektrischen Nettoleistung von rund 700 MWh ausgerüstet sein. Mit der Errichtung wird die Bietgemeinschaft „Siemens Ges. m. b. H. – ELIN-Union AG – Kraftwerk Union AG“ beauftragt.

Das Jahr 1971 steht auch am Anfang der Kontroverse um die wirtschaftliche Nutzung der Kernenergie in der BRD. Die Atomkraftgegner formieren sich.

Schwierige Energiesituation

Die Wasserkraftwerke weisen in diesem Jahr infolge der extremsten Trockenheit seit 50 Jahren einen starken Produktionsausfall auf. Die Bewältigung der schwierigen Energiesituation des Jahres 1971 gelingt der Verbundgesellschaft durch den verstärkten Einsatz von Wärmekraftwerken, optimale Speicherbewirtschaftung, Erhöhung der Stromimporte und Reduzierung der Stromexporte.

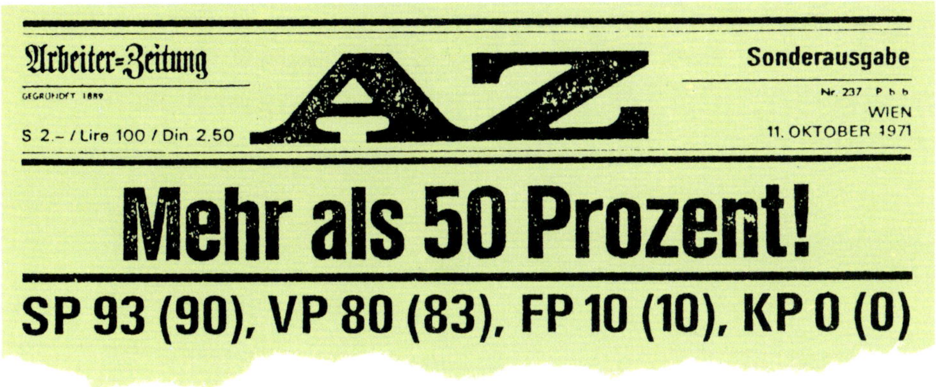
Arbeiter-Zeitung
GEGRÜNDET 1889
S 2.– / Lire 100 / Din 2.50
AZ
Sonderausgabe
Nr. 237 P b b
WIEN
11. OKTOBER 1971

Mehr als 50 Prozent!

SP 93 (90), VP 80 (83), FP 10 (10), KP 0 (0)

Bei der Nationalratswahl gewinnt die SPÖ drei Mandate hinzu und erringt die absolute Mehrheit.

Ein extremes Trockenjahr

Wir müssen erstmals mehr elektrische Energie importieren, als wir ausführen können. Durch die europaweite Zusammenarbeit in der UCPTE (s. 1951) können die Probleme ausgeglichen werden.

Ein leistungsstarker 220-kV-Leitungsring mit einer Gesamtlänge von rund 800 km stellt heute die Verbindung mit den südlichen Nachbarstaaten Jugoslawien und Italien dar. Mit diesen Ländern bildet Österreich im Rahmen der UCPTE die ‚Regionalgruppe „SUDEL". Bei extremer Trockenheit, bei Kälteperioden oder bei überraschenden Störungen hilft dieser Ringbetrieb, die Stromversorgung aufrechtzuerhalten.

- **Rationalisierung**

Die Rationalisierung hat neue Maßstäbe gesetzt: 1955 arbeiteten im Verbundkonzern auf dem Bausektor 1 660 Personen – für die Investitionen im Europaformat, die 1971 dreimal so hoch wie damals waren, genügten hingegen 1 100 Personen.

- **Energiebedarf**

Lebensstandard und Wirtschaftswachstum treiben zu immer größeren Leistungen; zu Leistungen, die Energie brauchen. Während der Verbrauch 1971 in Österreich 20 Milliarden Kilowattstunden beträgt, sind es 15 Jahre später bereits doppelt so viele.

- **Volkszählung**

Eine Volkszählung in Österreich ergibt 7 443 809 Einwohner, 5,2 Prozent mehr als bei der letzten Zählung 1951.

Grundwehrdienst sechs Monate

Große Bauerndemonstrationen

Jonas als Bundespräsident bestätigt, Waldheim unterliegt

Erstmals „Absolute" für SPÖ

Papst: „Österreich Insel der Seligen"

Waldheim neuer UNO-Generalsekretär

NEWS

Der deutsche Bundeskanzler Willy Brandt, der sich besonders um eine Entspannung im Verhältnis zur Sowjetunion und zu anderen Staaten des Ostblocks einschließlich der DDR bemüht, erhält den Friedensnobelpreis.

Uganda: Idi Amin putscht

Annäherung USA – China

Bangladesch unabhängig

Friedensnobelpreis für Brandt

China: Staatsstreich gescheitert

Berlin-Abkommen bringt Entspannung

DDR: Honecker folgt Ulbricht

UNO-Ausschluß Taiwans

Strom aus Wärmekraft

Österreich deckt seinen Strombedarf zu rund 70 Prozent aus heimischer Wasserkraft. Im Winter, wenn die Flüsse weniger Wasser führen, gibt's Probleme.

Wärmekraftwerke und Stromimporte gleichen das „Strom-Loch" im Winter wieder aus. Die Österreichische Draukraftwerke AG (ÖDK) ist im Jahre 1971 der größte Stromproduzent Österreichs. Die Kraftwerke dieser Gesellschaft erzeugen rund 17 Prozent des Inlandbedarfes. Mit 2478 GWh steuern die Wärmekraftwerke Voitsberg I und II, St. Andrä I und II sowie Zeltweg rund zwei Drittel dieser Rekorderzeugung bei.

Assuandamm

Im Jänner wird der Assuanstaudamm in Ägypten durch die Staatspräsidenten Anwar as-Sadat und Nikolai Podgorny offiziell eingeweiht. Die UdSSR hat ein Drittel der gigantischen Baukosten finanziert. Mit dem 3,5 km langen Hochdamm ist ein Großkraftwerk verbunden.

Die Bauarbeiten (Bild) gestalteten sich äußerst schwierig. Durch den Stau des neuen Sees waren die Felsentempel von Abu Simbel (u. a. vier Kolossalstatuen von 20 m Höhe) gefährdet. Sie wurden auf Betreiben der UNESCO mit internationaler Hilfe stückweise aus dem Felsen herausgeschnitten und an gesicherter Stelle wieder zusammengesetzt.

Da Hofa

„Schau, do liegt a Leich im Rinnsäu, 's Bluad rinnt in Kanäu ...!"

Das war nun wirklich etwas ganz Neues in der stagnierenden Musikszene und zugleich der Start der erstaunlichen Karriere des Wolfgang Ambros, der später zur „Nummer eins vom Wienerwald" aufrückte.

Der Erfolg der „Love Story"

Nach Sexrevolution, Flower Power, Studentenrevolten und Love-Ins wird eine einfache Liebesgeschichte ein Welterfolg.

Erich Segals Roman „Love Story" wird ein Bestseller, der wenig später auch als Film erfolgreich ist.

Die Liebesgeschichte zwischen Oliver und Jennifer dokumentiert einen Trend, der aus Amerika kommt und der sich in Europa rasch fortsetzt.

„Eine Generation", so schreibt Hans Sahl in der „Welt", „die vorgab, an nichts mehr zu glauben, erkennt plötzlich, daß sie die Möglichkeiten ihrer Selbstdarstellung erschöpft hat. An die Stelle von Massenaktionen ist der persönliche Kontakt getreten ... Es scheint, daß sich auch in den Beziehungen der Geschlechter zueinander der Stil geändert hat. Man will nicht mehr Sex ohne Liebe."

Prof. Horst Knapp

Insel der Seligen – waren wir das jemals?

Was „ist dran“ an den vielzitierten Papst-Worten Anfang der siebziger Jahre? Ein ziemlich nostalgischer Rückblick des bekannten Wirtschaftspublizisten Prof. Horst Knapp

Von John Steinbeck stammt der Ausspruch: „Das Merkwürdigste an der Zukunft ist wohl die Vorstellung, daß man unsere Zeit später die gute alte Zeit nennen wird."

Gar so merkwürdig werden diese Vorstellung mittlerweile weder die um ihren Arbeitsplatz bangenden VOESTler noch junge Menschen hinsichtlich ihrer Aussicht auf eine ausreichende Altersvorsorge finden.

Nach dem Fahrverbot wird eine holländische Autobahn zum Spielplatz. Der Ölpreisschock 1973 rüttelt die westlichen Industrienationen auf und hat auch für Österreich vielfältige Konsequenzen.

Aber ganz sicher haben am 16. November 1971 die meisten Österreicher den Kopf geschüttelt über die Meldung, daß Papst Paul VI. Österreich eine „Insel der Seligen" genannt habe: Hatte es nicht erst zehn Tage vorher Bundeskanzler Kreisky als wichtigste Aufgabe der neugebildeten Regierung bezeichnet, aus diesem Land endlich einen Wohlfahrtsstaat für alle Österreicher zu machen?

Aus der Distanz von fast zwei Jahrzehnten müssen wir neidvoll feststellen, daß der Papst recht hatte: zu Beginn der siebziger Jahre war Österreich wirklich eine Insel der Seligen gewesen.

Dies allerdings inmitten einer Welt, die anno 1970 noch nicht ahnte, was ihr unmittelbar bevorstand, nämlich 1971 mit dem Zusammenbruch des Systems der festen Wechselkurse der Beginn einer Ära von ständigen Turbulenzen auf den Devisenmärkten, 1973 der (erste) Ölpreisschock und 1974/75 das Ende des – in der gesamten Wirtschaftsgeschichte einzigartigen – „Wohlstandsschubes" in Generationslänge: von 1950 bis 1975 wuchs in den europäischen OECD-Ländern das Sozialprodukt pro Kopf um 124 Prozent; vorher hatten die Menschen auf einen ebensogroßen Anstieg ihres Lebensstandards nicht 25, sondern 90 Jahre warten müssen . . .

In dieser insgesamt noch heilen (allerdings nur „ersten") Welt war jedoch in Österreich die wirtschaftliche Welt besonders heil: 1970 erreichte die reale Wachstumsrate 7,1 Prozent (heuer bangen wir um ein einprozentiges Wachstum!), und das waren um volle zwei Prozentpunkte mehr als im Durchschnitt von OECD-Europa. Die Inflationsrate war zwar bereits auf 4,4 Prozent gestiegen, doch im Durchschnitt aller Industriestaaten hatte sie 5,6 Prozent erreicht. Und auch mit einer Arbeitslosenrate von noch immer 2,4 Prozent – bis 1974 sank

Arbeitsmarkt

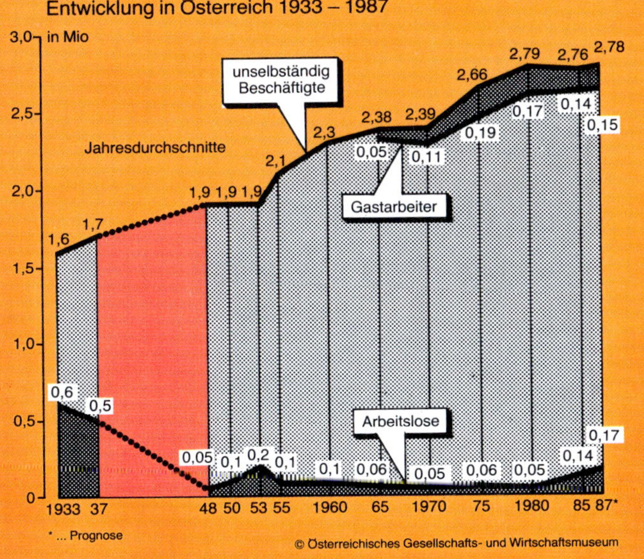

Der hohe Beschäftigungsstand und die im internationalen Vergleich niedrige Arbeitslosigkeit sind das Ergebnis einer erfolgreichen Arbeitsmarktpolitik.

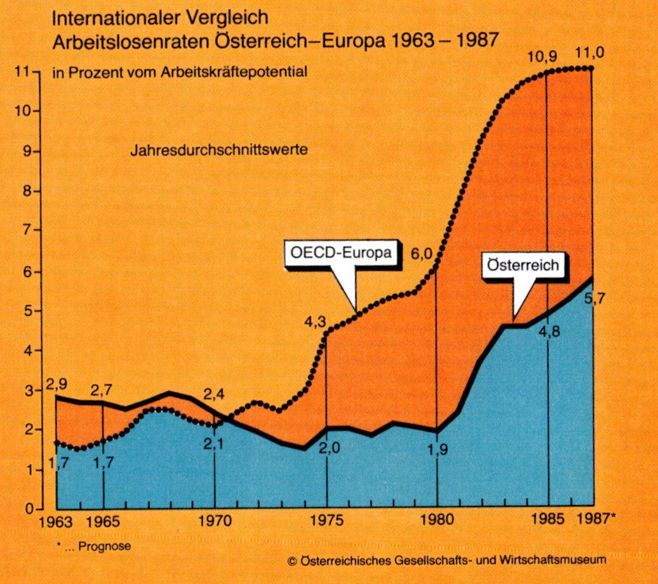

Besonders in den siebziger Jahren kommt dies zum Ausdruck: Während die westlichen Industriestaaten fast 20 Millionen Arbeitslose zählen, herrscht in Österreich praktisch Vollbeschäftigung.

sie auf 1,5 Prozent – lag Österreich im Mittelfeld der europäischen Industriestaaten.

Ausgeglichen war nicht bloß die Zahlungsbilanz, sondern praktisch das Budget (Nettodefizit 2,2 Milliarden Schilling = 0,6 Prozent des BIP). Dementsprechend gering war die Staatsschuld: zu Jahresbeginn 1970 bloß 43,6 Milliarden, so daß deren Verzinsung nur knapp ein Zwanzigstel der Steuereinnahmen erforderte.

Wenn man an die drastischen Maßnahmen denkt, die jetzt notwendig waren, um 1988 das Nettodefizit auf 70 Milliarden Schilling zu begrenzen, weil die Zinsen für die mittlerweile auf 700 Milliarden angewachsene Staatsschuld heuer bereits mehr als ein Fünftel aller Steuereinnahmen verschlingen werden, dann ist Österreich heute bestimmt nicht mehr jene Insel der Seligen, die es zu Beginn der siebziger Jahre war.

Aber eben nicht nur zu Beginn, sondern auch noch in der zweiten Hälfte der siebziger Jahre, als sich Österreich verzweifelt – und lange auch mit Erfolg – bemühte, inmitten einer keineswegs mehr heilen Welt eine Insel der Seligen zu bleiben.

Abzuschirmen versuchte sich Österreich vor der weltwirtschaftlichen Brandung auf dreierlei Weise:

Erstens mit einem beachtlichen Mut zum Schuldenmachen. Dies jedoch nicht nur nach dem ersten Ölpreisschock, als Österreich mit seinen hohen staatlichen Defizitausgaben zum Ausgleich des Kaufkraftabflusses in die OPEC-Länder international noch keine Ausnahme darstellte, sondern auch nach dem zweiten Ölpreisschock, und da tanzte Österreich schon auffällig aus der Reihe.

Die Folge: Das Ende der Vollbeschäftigung (weniger als 3 Prozent Arbeitslose) konnte in Österreich bis 1982 hinausgezögert werden – in der BRD endete die Vollbeschäftigung schon 1974 –, aber bis Ende 1986 wuchs bei uns die Staatsschuld auf 43 Prozent (in Deutschland nur auf 21 Prozent) des Sozialprodukts, und das Nettodefizit stieg auf 5,1 Prozent, so daß wir die schmerzhafte Budgetkonsolidierung noch vor uns haben, wogegen die BRD – Nettodefizit 1986 nur noch 1,2 Prozent des BIP – bereits wieder Gas geben kann.

Zum großen Teil noch vor uns haben wir aber auch zweitens das Gesundschrumpfen im Bereich der verstaatlichten Industrie, die der Arbeitsplatzerhaltung zuliebe immer größere Verluste eingefahren hatte. Was sich jetzt dort abspielt, ist aber nur ein schmerzhafter Nachholprozeß, hatten doch die Verstaatlichten im Zeitraum 1973 bis 1982, als die Privatindustrie 16,1 Prozent ihrer Belegschaft abbaute, noch 4,0 Prozent neue Leute aufgenommen.

Mittlerweile abgetragen wurde bloß die dritte Hypothek, die in den Rezessionsjahren 1975, 1978 und 1981 aufgenommen worden war: nachfragestärkende Reallohnsteigerungen (7,2 Prozent), die über den Produktivitätszuwachs (0,7 Prozent) weit hinausgingen, ohne daß die Betriebe auf diese Gewinnschmälerung mit massiven Freisetzungen reagiert hätten. Ausgeglichen wurden diese Kostenschübe jedoch mit einer sehr zurückhaltenden Lohnpolitik in Jahren mit besserer Konjunktur.

Daher war per Saldo 1986 das Pro-Kopf-Einkommen je Arbeitnehmer zwar real um 21,0 Prozent höher als 1974, aber da im gleichen Zeitraum die gesamtwirtschaftliche Produktivität um 28,4 Prozent gestiegen ist, hat zumindest die internationale Wettbewerbsfähigkeit Österreichs nicht darunter gelitten, daß wir so lange wie irgend möglich Papst Paul VI. nicht Lügen strafen wollten . . .

N E W S F L A S H

München:

Blutiges Olympia

Während der Olympischen Sommerspiele in München fallen elf israelische Sportler einem Terroranschlag palästinensischer Freischärler zum Opfer.

Club of Rome

Die begrenzte Erde

In seinem Bericht „Die Grenzen des Wachstums" warnt der Club of Rome vor den katastrophalen Folgen der rücksichtslosen Ausbeutung der natürlichen Ressourcen sowie der Umweltbelastung.

Meadows pessimistische Prognose: Durch Verknappung der Rohstoffe wird es relativ rasch zum Zusammenbruch der industriellen Produktion kommen. Der Club-Computer errechnet eine Wachstumskatastrophe durch Umweltverschmutzung mit einem Absinken der Bevölkerungszahl auf einen Wert unter den des Jahres 1900.

Die begrenzten Rohstoffvorräte, die begrenzte Aufnahmefähigkeit der Umwelt für Schadstoffe erfordert ein sofortiges Umdenken. Unter anderem wird die Nutzung der Sonnenenergie und anderer regenerativer Naturkräfte als Energiequelle empfohlen. Nur das „weltweite Gleichgewicht" (u.a. durch freiwillige Wachstumsbeschränkung) kann die Menschheit retten.

Mit diesem Buch sollen die politischen Entscheidungsträger in aller Welt aufgerüttelt werden. Unkontrolliertes Wachstum hat die Menschheit in die Krise geführt. Sie steht an den Grenzen ihrer Existenzmöglichkeiten.

Alle reden vom Umweltschutz

Das Bewußtsein für den Umweltschutz hat deutlich zugenommen. Es findet seinen Ausdruck in verstärkten Protestaktionen gegen die Errichtung von Kraftwerken. In einigen Ländern Europas hat dies bereits zu beträchtlichen Verzögerungen bei den Bewilligungsverfahren geführt.

Es stellt sich daher die Frage, welche Primärenergiearten in Österreich zur künftigen Deckung des Strombedarfes herangezogen werden können.

Dazu Verbund-Generaldirektor Hintermayer: „Es muß mit aller Deutlichkeit festgestellt werden, daß die verstärkte Anwendung der elektrischen Energie an Stelle von anderen umweltbelastenden Energieträgern die einzige praktische Möglichkeit darstellt, in einer expandierenden Wirtschaft die Umweltverschmutzung durch Energieumwandlung so gering wie möglich zu halten."

Mit dem Ortstafelgesetz will die Regierung – endlich und rasch – bloß den Staatsvertrag erfüllen. Aber „Nationale“ setzen zum Sturm gegen die zweisprachigen Ortstafeln in Kärnten an.

Zwentendorf

Bauauftrag an Siemens

Am 15. Februar 1972 beginnen planmäßig die Bauarbeiten am Kraftwerksblock mit dem Aushub der Baugrube.
Die Wahl des Standortes Zwentendorf wurde im Hinblick auf Bevölkerungsverteilung, Kühlwasserentnahmeverhältnisse, Meteorologie, Geologie, Straßenanschluß und Einbindung in die 220-kV-Leitung Ybbsfeld–Bisamberg als günstigste Lösung getroffen.

Mit der schlüsselfertigen Errichtung und Inbetriebnahme des Gemeinschaftskernkraftwerks Tullnerfeld ist SIEMENS AG ÖSTERREICH durch den Vertrag vom Juni 1972 beauftragt.

- **Ölreserven**

Die Ölreserven der Erde werden auf 90,3 Milliarden Tonnen geschätzt (ca. 60 Prozent in Vorderasien). Der jährliche Verbrauch beträgt 2,5 Milliarden Tonnen.

- **Inlandverbrauch**

Der Inlandverbrauch in Österreich erhöht sich von 2 656 GWh im Jahre 1947 auf 20 634 GWh im Jahre 1972, also auf das rund Achtfache.

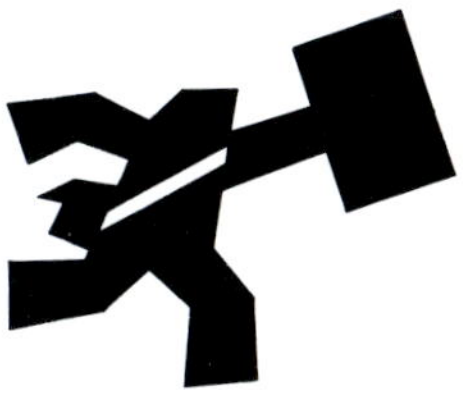

42-Stunden-Woche eingeführt

Wirbel um Kärntner Ortstafelgesetz

EWG-Verträge unterzeichnet, Österreich im Markt der 300 Millionen

Anti-Nixon-Demo in Salzburg

Schulbücher gratis, Schülerfreifahrten

Diplomatische Beziehungen Österreich – DDR

NEWS

Der Besuch Präsident Nixons bei Mao Tse-tung, von Sonderberater Henry Kissinger vorbereitet, wird allgemein der „Gipfel des Jahrhunderts“ genannt. Ein Jahr später ist „Super-Henry“ in Paris bei den Waffenstillstandsverhandlungen im Vietnamkrieg erfolgreich und wird Außenminister der USA.

BRD: Terroranschlag auf olympisches Dorf

Nixon bei Mao

Nordvietnam im US-Bombenhagel

Sadat fordert: Sowjets raus!

Blutiger Terror in Nordirland

Vertrag über Rüstungsbegrenzung (SALT I)

BRD: Baader-Meinhof-Terror

Plötzlich gehen die Lichter aus...

Gute Mienen zum dunklen Spiel machte man in Wiens Kaffeehäusern und Restaurants. Viele fanden den Kerzenschein sogar ausgesprochen stimmungsvoll.

Verglichen mit den großen Blackouts von New York und Paris waren es bei uns harmlose Blinzler, als die Lichter ausgingen.

9. Jänner 1979

Totales Blackout um 22.06 Uhr – erst gegen Mitternacht wird es hell.

Glück im Unglück: Einige Stunden früher hätte der totale Zusammenbruch der Stromversorgung von Wien und seinen Randgebieten wohl ein ähnliches Chaos ausgelöst, wie es Großstädte in den USA und in Frankreich schon erlebt haben.

In den Spitälern, am Flughafen Schwechat, im Tunnel der „U1" und in einigen Hochhäusern springen die Notstromaggregate an. Straßenbahnen und Stadtbahn stehen still, die Autofahrer müssen sich auf ungeregelten Kreuzungen zurechtfinden. Alarm gibt es bei Polizei und Feuerwehr: Bei 20 Einsätzen muß die Feuerwehr sechs Menschen aus steckengebliebenen Liften befreien. In den Polizeikommissariaten spielen die Alarmanlagen von Bankinstituten und Juwelenläden verrückt. Die Staatsoper beendet ihren Ballettabend im Dunkeln.

Die Ursache des Stromausfalles: Bedingt durch einen hohen Frequenzanstieg kommt es zur Schutzabschaltung sämtlicher Kraftwerksgeneratoren in den Kraftwerken Simmering und Donaustadt. In der Folge werden die Verbindungsleitungen zur Verbundgesellschaft überlastet und schalten sich automatisch ab. Um 0.18 Uhr kann die Stromversorgung der Stadt Wien wieder normalisiert werden.

12. Mai 1982

Wien, Burgenland und NÖ betroffen: Totaler Stromausfall bringt verlängerte Mittagspause. Die Wiener reagieren gelassen. Wer Mittagspause hat, leistet sich einen Spaziergang, setzt sich in einen Park oder Schanigarten. Das befürchtete Verkehrschaos bleibt aus. Die Störung dauert von 12.02 Uhr bis – je nach Bezirk – 12.30 bzw. 13 Uhr. Betroffen ist ganz Wien, das gesamte Burgenland und weite Teile Niederösterreichs. Ursache: Ein Totalausfall der 220-kV-Schaltanlage im Umspannwerk Bisamberg der Verbundgesellschaft infolge einer Fehlauslösung der automatischen Schutzeinrichtungen. Dadurch wurde die gesamte Energielieferung der Verbundgesellschaft in das Wiener Versorgungsnetz völlig unterbrochen. Heute kann Wien von zwei Seiten her über das Höchstspannungsnetz versorgt werden.

Karli, schau oba!

Am 31. Jänner 1972 sperrt das IOC Karl Schranz von der Teilnahme an den Winterspielen in Sapporo (Japan) aus: Die ausgiebige Berichterstattung der Medien hat Folgen: 87000 Menschen säumen den Weg von Karl Schranz vom Flughafen Schwechat über den Ring zum Bundeskanzleramt. IOC-Präsident Avery Brundage wird über Nacht zum Staatsfeind Nummer eins.

Schach total

Nicht nur mit den schwarzen und weißen Elfenbeinfiguren, sondern mit allen Finessen und Tricks psychologischer Kriegsführung kämpfen Boris Spasski und Bobby Fisher in Reykjavík um den Sieg. Zum ersten Mal seit 71 Jahren bricht ein Amerikaner die Vorherrschaft der Russen.

Grinswelle aus den USA erreicht Österreich

Wer mit „Smiley“ lächelt, liegt richtig im Trend: T-Shirts und Buttons mit Smiley finden reißenden Absatz.

NEWSFLASH

Ölscheichs drehen Benzinhahn zu

Menschen sterben im Nahostkrieg – während die westliche Welt gebannt auf den Ölpreis starrt. An einem Sonntag im Dezember gehen 150 Millionen Europäer zu Fuß.

Fahrverbot nach Lieferboykott

Ölschock Nummer eins

Der Nahostkonflikt führt zum Jom-Kippur-Krieg. Ägypten und Syrien greifen Israel an, werden nach Anfangserfolgen jedoch zurückgeschlagen. Nun verhängen sieben arabische Ölländer einen Lieferboykott gegen die USA und die Niederlande wegen deren israelfreundlicher Haltung.

Die westlichen Abnehmerländer reagieren auf den Ölschock mit Fahrverboten und Tempobegrenzungen. Als erstes Land verhängen die Niederlande am 4. November ein Fahrverbot, die BRD folgt am 25. November. Was Österreich betrifft, entscheiden zwar die Araber, daß sie uns als „befreundetes, neutrales Land" weiter mit Erdöl beliefern werden. Das hindert aber Libyen nicht daran, den Preis für den Freundschaftsdienst drastisch zu erhöhen. Einige Tage ist Benzin knapp – dann klappt alles.

Das dicke Ende sollte bei uns erst im nächsten Jahr folgen.

Tankstellen geben nur noch „tröpferlweise" ab

Die Benzinkrise ist da
Laßt das Auto stehen!

KURIER, 13. Oktober 1973
Mit dem ersten Erdölpreisschock 1973/74 werden die Energieversorgungsprobleme zu Schwerpunkten der Politik und des öffentlichen Bewußtseins.

Die Zeit des billigen Erdöls ist vorbei

„Erpresser im Sand bedrohen den Westen." So und ähnlich lauten die Schlagzeilen der Zeitungen. Erdöl ist zu einer Waffe bei politischen Auseinandersetzungen geworden.

Neben der Reduzierung der Fördermenge durch die arabischen OPEC-Staaten werden die Abnehmerländer auch durch Preiserhöhungen betroffen: Am 16. Oktober wird der Preis für ein Barrel (159 Liter) um 70 Prozent erhöht, am 24. Dezember erhöhen die arabischen Förderländer – mit Ausnahme des Irak – den Preis noch einmal, diesmal um mehr als das Doppelte.

Zwei arabische Terroristen setzen durch Geiselnahme die Schließung des Durchgangslagers Schönau, das für jüdische Auswanderer aus der Sowjetunion bestimmt war, durch. Das Bild zeigt die Verhandlungen mit den Terroristen auf dem Flughafen Wien-Schwechat.

Mehrwertsteuer eingeführt

Nobelpreis für Konrad Lorenz

Palästinenserterror: Regierung gibt nach

Stahlfusion beschlossen

Sternwartepark: Slavik geht, Gratz Bürgermeister

Fristenlösung beschlossen

- **Rohölpreis**
  Der Preis je Tonne Rohöl stieg von 1973 bis 1980 von 1,90 US-Dollar auf 34 bis 38 US-Dollar.
- **Hoher Importanteil**
  Österreich verzeichnet eine hohe direkte Auslandsabhängigkeit mit knapp 17 Prozent Importanteil.
- **Kein Kraftwerk**
  Ein Speicherkraftwerk in Molln (OÖ) wird durch Umweltschützer verhindert.
- **Gesetz**
  Zuständiges Ressort für die Bundesangelegenheiten des Elektrizitätswesens ist das Bundesministerium für Handel, Gewerbe und Industrie gemäß dem Bundesministeriengesetz 1973; auf der Länderebene sind es die Landesregierungen.

Super 7 Schilling?

Erst im Dezember wird das arabische Ölembargo gelockert, nachdem der Rohölpreis verdoppelt wurde. Die OPEC-Staaten haben somit ihre Einnahmen von 14,3 Milliarden Dollar im Jahr 1972 auf 90,5 Milliarden im Jahr 1974 gesteigert.

In Österreich (Super: S 4,50) wird plötzlich vom „7-Schilling-Horrorpreis" gesprochen. Der Wunsch der Ölfirmen nach einem Preis über 7 Schilling wird jedoch erst 1976 Wirklichkeit.

Infolge der Energiekrise geraten auch die Automobilfabrikanten und ihre Zulieferfirmen in Absatzschwierigkeiten.

NEWS

Mitglieder des American Indian Movement besetzen den Ort Wounded Knee im Reservat der Oglala Sioux und fordern eine Reform der indianischen Stammesregierung.

Nahostkrieg: Ölembargo der OPEC-Länder

US-Indianer kämpfen um Bürgerrechte

Paris: US-Rückzug aus Vietnam vereinbart

Helsinki: Konferenz über Sicherheit und Zusammenarbeit in Europa (KSZE)

Chile: Militärputsch, Allende tot

USA: Watergate-Affäre

„Kein Benzin, kein Öl, bedaure!“

Bilder einer Krise: Im Herbst 1973 wird auch den Österreichern schlagartig bewußt, welch besonderer Saft Benzin eigentlich ist.

Die meisten Tankstellen geben nur noch 20 Liter Treibstoff ab, einzelne sogar nur mehr 10. Auch Heizöl wird knapp, vor den Zapfsäulen bilden sich Warteschlangen.

Neues Symbol der Verbundgruppe

Der Kreis ist das Sinnbild der wirtschaftlichen Einheit der Verbundgesellschaft und der Sondergesellschaften. Die innerhalb des Kreises aufstrebenden, sich überschneidenden Kurven stellen die drei Phasen des Drehstromsystems dar.

Die spinnen, die Römer!

Die römischen Legionäre haben nichts mehr zu lachen. Asterix, der Gallier, bereitet vielen Lesern ein intellektuelles und visuelles Vergnügen. Von diesem 1959 in Frankreich geborenen Comic-Helden nahm niemand an, daß er einst die ganze Welt erobern würde. Anfang der Siebziger wird Asterix in Österreich „entdeckt".

Durch den Star Marlon Brando und durch „gewagte" Sexszenen wird Bernardo Bertoluccis „Letzter Tango von Paris" zu einem internationalen Kassenerfolg. Der Film delektiert sich an den Reizen des Dekadenten und porträtiert Brando als mythologisierten Übermenschen.

NEWSFLASH

Watergate: Nixon tritt ab

Präsident Nixon stürzt über die Watergate-Affäre. Während des Wahlkampfes 1972 kam es zu einem Einbruch in das Hauptquartier der Demokratischen Partei, der vom Weißen Haus gedeckt worden war.

Autofreier Tag und Höchstgeschwindigkeit

Das „Pickerl“ ist da!

Am 14. Jänner tritt die Verordnung des Handelsministeriums über einen autofreien Tag in der Woche in Kraft.

Danach muß jeder Kfz-Besitzer nach freier Wahl einen Tag in der Woche auf das Autofahren verzichten. Durch ein „Pickerl“ ist dieser Tag an der Windschutzscheibe anzuzeigen und im Zulassungsschein einzutragen.

Auch von einem Tempo-Limit auf den Autobahnen verspricht man sich Energieeinsparungen: Ab 1. März gilt eine Höchstgeschwindigkeit von 120 km/h.

Sofort nach Bekanntwerden der neuen Verordnung setzt ein Run auf Sonderfahrgenehmigungen ein. Fast 200 000 Autobesitzer – jedes achte Fahrzeug – erhält ein „Sonderpickerl“.

DO

Kohle - wieder aktuell

Öl wird knapp. Plötzlich spricht alles von der Kohle. Man setzt nun auch verstärkt auf Erdgas und die Kernenergie.

„Die Araber werden sich noch wundern, wie sie auf ihrem Öl sitzenbleiben.“ tz, München

Atomkraft: Ersatz für das Öl der Araber?

So fragt „Der Spiegel“ und berichtet über Entwicklungsstand und Zukunftschancen der Kernenergie.

Der Ölschock beflügelt den Ideenreichtum mancher Tankstellenbesitzer: Außer Benzin, das noch vorhanden ist, bieten sie auch Fahrräder zum Kauf an.

Autofreier Tag

Zivildienstgesetz

Bundespräsident Jonas verstorben, Nachfolger Kirchschläger

Kreisky-Nahost-Mission

ORF-Reform: Oberhammer Generalintendant

Wien: Bauring-Skandal

L'Express

- **„Wirtschafts-Oscar"**
  Österreich erhält den von der Zeitschrift „Financial Times" jährlich vergebenen „Wirtschafts-Oscar" für die „besten allgemeinen Ergebnisse".

- **2. Kernkraftwerk**
  Gründung der Gemeinschaftskernkraftwerk Stein Ges.m.b.H. – St. Pantaleon Erla (GKS) zur eventuellen Errichtung eines zweiten Kernkraftwerkes.

- **UNO-Rohstoffkonferenz**
  Die Entwicklungsländer fordern vor der UNO-Rohstoffkonferenz Verstaatlichung der Rohstoffe und gezielte Maßnahmen zur Überbrückung der Kluft zwischen arm und reich.

NEWS

Vor der UNO-Vollversammlung plädiert PLO-Chef Arafat für einen demokratischen Staat Palästina mit Christen, Juden und Moslems.

Nixons Rücktritt, Gerald Ford wird US-Präsident

PLO-Chef Arafat vor UNO

Brandt tritt zurück – Schmidt Kanzler

Schriftsteller Solschenizyn aus UdSSR ausgewiesen

Griechenland wieder Demokratie

Indien zündet A-Bombe

Die Energieversorgung Österreichs

(Aus: Unterrichtsbeispiele zur Politischen Bildung 1979)

Österreich muß einen Großteil seiner Energie aus anderen Ländern einführen. Die Länder mit großen Erdöl-, Erdgas- und Kohlevorkommen einerseits, die multinationalen Konzerne andererseits bestimmen den Marktpreis für diese wichtigen Rohstoffe. Die Entscheidungen der OPEC-Staaten haben für die Weltwirtschaft größte Bedeutung. Ölpreiserhöhungen können unmittelbare Auswirkungen sowohl auf das Währungssystem als auch auf die Preisstabilität in vielen Ländern zur Folge haben.

Von 1972 bis 1977 stieg der Importaufwand der österreichischen Volkswirtschaft für diese Energieträger von 8,6 Mrd. S auf 24,2 Mrd. S.

ERDÖL	KOHLE	GAS	Strom
16,8 Mrd. S	4,3 Mrd. S	2,6 Mrd. S	0,5 Mrd. S

Haupteinfuhrländer

ERDÖL	KOHLE	GAS	Strom
UdSSR Irak Libyen Algerien Saudi-Arabien	Polen CSSR UdSSR BRD DDR	UdSSR	BRD Ungarn Schweiz Jugoslawien Rumänien Polen, CSSR

Energiesparen ist daher für jeden Staatsbürger eine Notwendigkeit!

Aufgaben für die Zukunft:

- Ausbau der geplanten Wasserkraftwerke,
- vermehrter Einsatz von Alternativ-Energiequellen wie z. B. Energiegewinnung aus Biogas, Einsatz von Sonnen- und Windenergie.

Eine Forderung für eine besser abgesicherte Energiezukunft ist das Bemühen beim Einsparen von Energie. So ergab eine Studie des Instituts für Energiewirtschaft der Technischen Universität Wien im Sommer 1985, daß 50 Prozent der Energiekosten im Haushaltssektor einsparbar wären. Bundesweit könnten laut diesem Ergebnis mehr als 15 Milliarden Schilling Energiekosten allein in den Haushalten eingespart werden.

Der weitaus größte Teil des Einsparungspotentials ergibt sich jedoch auf dem Sektor Raumheizung. Hier betreffen die Einsparungen die Energieträger Öl, Gas, Kohle, Holz, am allerwenigsten Strom, weil nur acht von hundert österreichischen Haushalten mit Stromheizung ausgerüstet sind. Ähnlich ist die Lage im Sektor „Verkehr". Broschüre anfordern bei: VEÖ, Brahmsplatz 3, 1040 Wien.

Mick Superstar

Mick Jagger, Lead-Sänger der „Rolling Stones", rockt nun schon zehn Jahre über die Bühne. Die Beatles gibt es schon lang nicht mehr. Die Stones – härteste Rock-Band der Welt – rücken zur unangefochtenen Nummer eins auf.

Die Frauen machen mobil

Der Grundsatz der Gleichberechtigung der Geschlechter führt – langsam, aber doch – zu mehr Einfluß der Frauen auf allen Ebenen der Gesellschaft. Immer mehr Frauen erlangen Zugang zu Bildung und Berufsausübung, wobei sie – oft in bisherigen „Männerdomänen" – hochqualifizierte Arbeit leisten. Eine Demontage des hergebrachten Rollenverständnisses von Mann und Frau, ein weitgehender Abbau von Vorurteilen und Klischees ist die Folge.

Das Schlagwort „Emanzipation" wird in den Siebzigern zum Ereignis.

Immer weniger Frauen wollen sich mit ihrer herkömmlichen Rolle innerhalb der Familie zufriedengeben, für Kinder und Küche zuständig sein und auf die Karriere verzichten.

Bald spricht man vom „neuen Weiblichkeitswahn" der Feministinnen. Die kämpferische Alice Schwarzer macht mit ihrem Buch vom „Kleinen Unterschied" Furore. 1977 erscheint die von ihr herausgegebene Frauenzeitschrift „Emma" („Für Frauen von Frauen").

N E W S F L A S H

Überfall auf OPEC

Bei einem Anschlag auf den Sitz der OPEC in Wien bringen fünf Terroristen elf OPEC-Minister in ihre Gewalt. Drei Menschen werden getötet. Im Bild der Abflug der Terroristen (unter ihnen „Carlos") mit ihren Geiseln vom Flughafen Schwechat.

Nach dem Schock

Neue Energien gesucht

Die Zeit der billigen Rohstoffe ist nach dem Herbst 1973 endgültig vorbei. Die westlichen Industrieländer stehen noch immer unter dem Eindruck des Ölschocks.

Die Furcht vor einem weiteren Anstieg der Rohölpreise und vor längerfristigen Versorgungsengpässen führt zu einem Überdenken der Energiesituation.

Erstmals heißt die Parole (verstärkt nach dem 2. Erdölpreisschock) „Weg vom Öl!" Andere Energiequellen sollen forciert, der Erdölanteil eingeschränkt werden. Neben Kohle und Erdgas setzt man verstärkt auf Kernenergie. Den Energieverbrauch in privaten Haushalten will man durch Appelle zum Energiesparen und durch Förderung wärmedämmender Maßnahmen reduzieren.

Der Benzinverbrauch soll durch Tempobegrenzungen und Entwicklung alternativer Antriebsstoffe (Autogas) gedrosselt werden.

Stromlieferungsvertrag

Energie aus Polen

Einer der wichtigsten ausländischen Stromlieferanten Österreichs ist Polen. 1975 kommt es zum Abschluß eines Stromlieferungsvertrages zwischen Österreich und Polen, der ab 1983 den Import von polnischer elektrischer Energie im Ausmaß von jährlich 1 600 GWh mit einer Maximalleistung von 400 MW über einen Zeitraum von 16 Jahren vorsieht.

Der Polenstrom kommt über das tschechoslowakische Hochspannungsnetz nach Österreich und wird vom Umspannwerk Dürnrohr aus verteilt. Der Preis ist verhältnismäßig günstig.

Elektrizitätswirtschaftsgesetz

Strom „legal"

Die verfassungskonforme Regelung des Elektrizitätswirtschaftsrechtes läßt bis 1975 auf sich warten, denn bis dahin gilt weitgehend deutsches Recht weiter bzw. sind vereinzelt alte österreichische Rechtsnormen in einzelnen Bundesländern wieder in Kraft gesetzt worden.

Das neue Gesetz regelt die künftige Gestaltung der Elektrizitätswirtschaft.

Unter anderem werden der Gebietsschutz, die Betriebspflicht, die Anschluß- und Versorgungspflicht, der Zwang zur Gleichbehandlung und die Tarifaufsicht gesetzlich geregelt.

Die Nationalratswahl ergibt abermals eine absolute Mehrheit für die SPÖ. Der bekannte Künstler und Cartoonist Manfred Deix glaubt die Ursachen des Wahlverhaltens von Herrn und Frau Österreicher zu kennen.

Gipfel Ford – Sadat in Salzburg

Terroranschlag auf Wiener OPEC-Sitz

40-Stunden-Woche eingeführt

VP-Obmann Schleinzer tödlich verunglückt, Nachfolger Taus

Nationalratswahlen: Wieder SPÖ-„Absolute“

● Ölverbrauch sinkt!

Bei der Ölintensität zeigte Österreich im Vergleich zur OECD von 1960 bis 1973 einen deutlichen Aufholbedarf; der spezifische Verbrauch von Öl ging nach 1973 vergleichsweise rapid zurück. Erst 1980 erreichte die OECD bei der Ölintensität österreichische Werte.

● Größtes AKW

Das größte Kernkraftwerk der Erde mit einer Leistung von 1,2 Millionen Kilowatt geht in Biblis bei Darmstadt in Betrieb.

● Kraftwerke im Weltraum?

Ein Experiment läßt hoffen, daß einmal Sonnenenergie von Erdsatelliten zur Erde gesandt, also Kraftwerke im Weltraum errichtet werden können: In den USA gelingt es, mit Hilfe von Mikrowellen einen Gleichstrom von 30 Kilowatt drahtlos zu übertragen.

● Rekordinvestitionen

Die Verbundgesellschaft verzeichnet 1975 mit 6 241,4 Millionen Schilling einen neuen Rekordinvestitionsaufwand. Der Investitionsaufwand in neue Projekte hat sich innerhalb von zehn Jahren verfünffacht.

● „Rasmussen-Report“

Der amerikanische Professor Rasmussen legt eine Studie über die Reaktorsicherheit vor, die auf Wahrscheinlichkeitsberechnungen (1 Katastrophe pro 1 Million Jahre) beruht.

NEWS

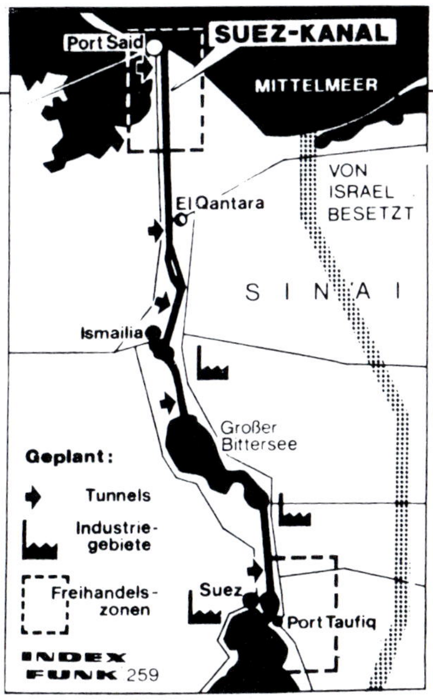

Nach achtjähriger Blockade wird der Suezkanal von den Ägyptern wieder freigegeben. Seit dem „6-Tage-Krieg“ zwischen Israel und den arabischen Staaten war er durch versenkte Schiffe blockiert.

Vietkong in Saigon – Vietnamkrieg beendet

Spanien: Diktator Franco tot

Bürgerkrieg im Libanon

Helsinki: KSZE-Schlußakte

Wettrüsten NATO – Warschauer Pakt hält an

US-Präsident Ford in Peking

Suezkanal wieder offen

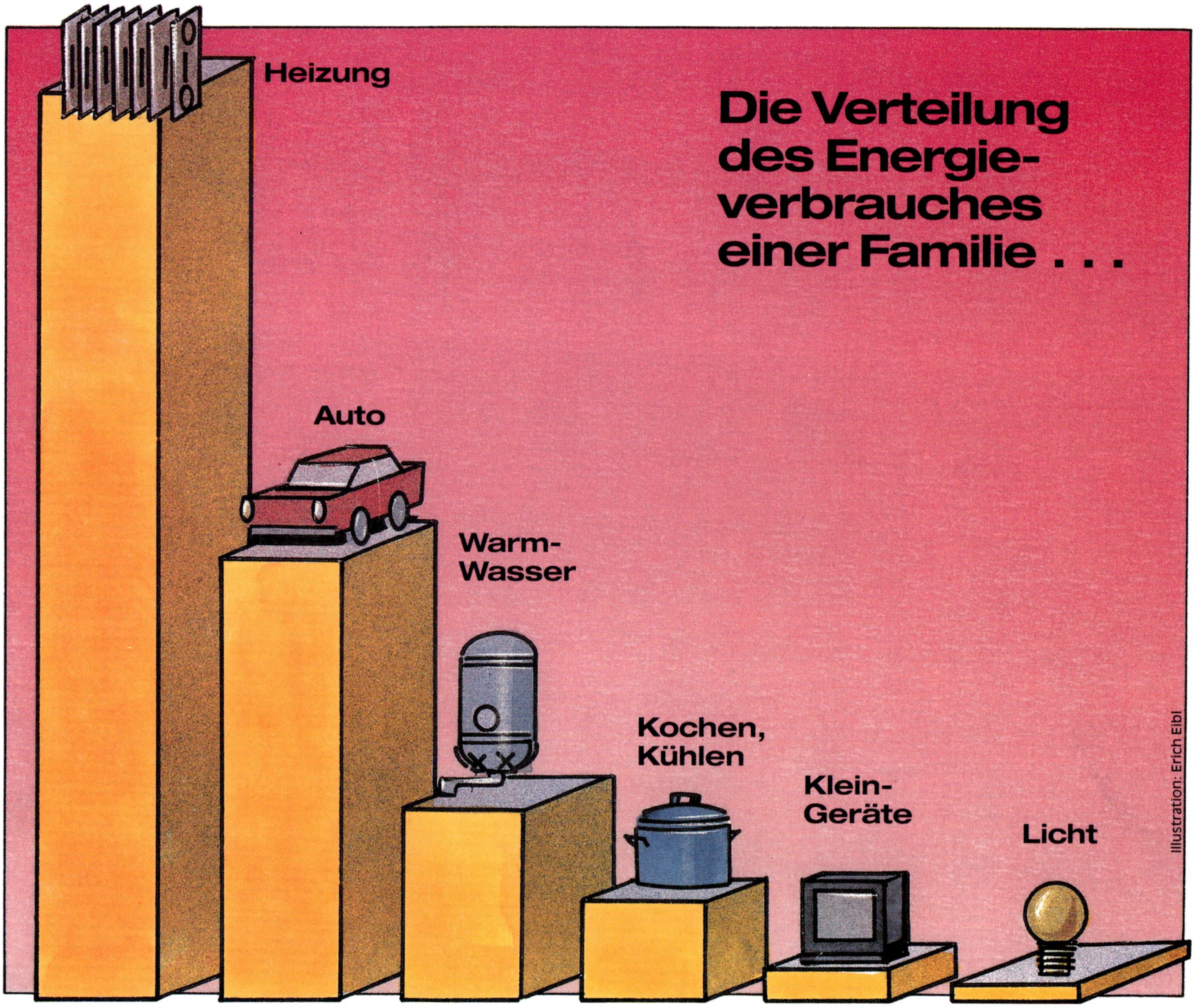

Gewußt?

Ein Amerikaner verbraucht täglich doppelt soviel Energie wie ein Europäer. Wir verbrauchen wiederum 250mal soviel Energie wie ein Mensch in Äthiopien.

(Stand 1988)

Haushalte: Enormer Verbrauchszuwachs

Den stärksten Verbrauchszuwachs seit 1945 haben die Haushalte zu verzeichnen. Der Privatstromverbrauch in den Haushalten beträgt 1988 etwa ein Viertel des Gesamtbedarfs.

Die Renaissance der Kohle nach dem Erdölschock findet auch in der österreichischen Energiepolitik ihren Niederschlag. Die notwendigen Importe (im Bild Kohleförderung in Polen) belasten die Leistungsbilanz unseres Landes.

Mampf!

Regie-Wunderknabe Steven Spielberg gelingt mit dem „Weißen Hai" ein internationaler Kassenfüller. Horror- und Katastrophenfilme haben Konjunktur. Das Publikum delektiert sich am schaurigen Grusel der blutrünstigen Verstümmelungsorgie. Der Salzwasser-Thriller erhält vier Fortsetzungen.

Hoch hinaus

Erstmals ließ er aufhorchen, als er gemeinsam mit Peter Habeler den Mount Everest ohne Sauerstoffgeräte bezwang. Reinhold Messner, Extrem- und Medienalpinist aus Brixen, schafft später alle 14 Achttausender im Alleingang.

NEWSFLASH

Reichsbrücke eingestürzt

Am 1. August stürzt in den frühen Morgenstunden die Wiener Reichsbrücke ein. Ein Pkw-Lenker kommt ums Leben. Während der Hauptverkehrszeit wäre es zu einer Katastrophe gekommen.

Verbrauchszuwächse

Mehr Strom trotz Rezession

1976 gibt es einen hohen Bedarfszuwachs, obwohl sich die allgemeine Rezession deutlich bemerkbar macht.

Überhaupt zeigte sich in den letzten Jahren, daß die elektrische Energie von der gesamtwirtschaftlichen Rezession weniger stark betroffen war. Verbrauchszuwächse machten weiterhin zusätzliche Produktionskapazitäten notwendig.

Zwischen 1973 und 1984 lag der durchschnittliche jährliche Erzeugungszuwachs mit 2,8 Prozent pro Jahr aber deutlich unter vorangegangenen Zuwachsraten.

Nach Berechnungen der Internationalen Energieagentur in Paris wurden zwischen 1974 und 1977 im Durchschnitt 7 bis 8 Prozent Energie pro Jahr eingespart. Energiesparen wird Mode.

Energielenkungsgesetz

Der Krise wirksam begegnen

Am 1. Juli treten das Erdölbevorratungsgesetz sowie das Energielenkungsgesetz in Kraft. Damit beginnt der Ausbau von Krisenlagern für Erdöl.

Das Energielenkungsgesetz sichert die Möglichkeit, zentrale Lenkungsmaßnahmen für Energieträger und elektrische Energie nach gesamtwirtschaftlichen Gesichtspunkten mittels öffentlichrechtlicher Vollzugsakte durchzuführen.

Damit wird den Bedürfnissen der Bevölkerung und der Wirtschaft Österreichs nach möglichst gesicherter und gerecht verteilter elektrischer Energie auch in Krisenzeiten bestmöglich Rechnung getragen.

Rechtspolitisch gesehen können die Lenkungsmaßnahmen tiefwirkende Eingriffe in das wirtschaftliche Geschehen – auch des einzelnen – darstellen.

Zweck der Lenkungsmaßnahmen ist die Abwendung einer unmittelbar drohenden bzw. die Behebung einer bereits eingetretenen Störung, deren Ausmaß und Intensität die Energieversorgung Österreichs gefährdet.

Wiens „Arena“ in St. Marx: Junge Menschen in Gemeinschaft mit Angehörigen der alternativen Kulturszene ergreifen die Initiative, besetzen abbruchreife Schlachthallen und wollen einen neuen Lebens- und Kulturstil vorexerzieren. Nach langen, ergebnislosen Verhandlungen bereiten die Bagger dem Experiment ein Ende.

Wien: Reichsbrücke eingestürzt

Norditalien: Erdbeben in Friaul – Österreich hilft

Kreisky will PLO anerkennen

Busek Wiener VP-Obmann

Wien: Gespräche über Minderheitenrechte

Größter Stromausfall Europas

Ein simpler Waldbrand, der bei einem Umspannwerk in der Nähe Frankfurts wütet, legt am 14. April 1976 die Stromversorgung fast ganz Österreichs, Bayerns und weiterer deutscher Bundesländer lahm. Es ist die größte Stromstörung in Österreich seit dem Krieg. In Wien herrscht auf den Kreuzungen durch Ampelausfälle ein Wirrwarr aus Blech; Tausende stecken in stehengebliebenen Straßenbahnen, sogar die Wasserversorgung ist betroffen. In ganz Österreich stehen viele Züge still. Erst nach eineinhalb Stunden flackern überall wieder die Lichter auf.

● Ölpreis

Elf OPEC-Mitglieder beschließen eine Erhöhung des Ölpreises um 10 Prozent, Saudi-Arabien und die Vereinigten Arabischen Emirate um 5 Prozent.

● Preisgesetz

Gemäß dem Preisgesetz 1976 (in ununterbrochener Folge seit 1945) unterliegen Energielieferungen jeder Art, also auch der elektrischen Energie, und damit im Zusammenhang stehende Nebenleistungen der behördlichen Preisfestsetzung. Diese hat das Ziel, den „volkswirtschaftlich gerechtfertigten Preis“ zu verwirklichen.

NEWS

Der Demokrat Jimmy Carter wird zum neuen US-Präsidenten gewählt.

Mao Tse-tung gestorben

Carter US-Präsident

Portugal: Regierung Soares

Uganda: Idi Amin Präsident

Israelis befreien Geiseln in Entebbe

Italien: Giftgaskatastrophe in Seveso

Südafrika: Unruhen in Soweto

USA 200 Jahre unabhängig

Zum Beispiel Altenwörth

Erzeugt im Jahr 1,9 Milliarden Kilowattstunden . . .

. . . und erspart 500 000 Tonnen Ölimporte Heizöl schwer.

Fraaanz!

Ganz Österreich hält den Atem an, als Franz Klammer bei den Olympischen Winterspielen in einem packenden Finish Abfahrtsgold erkämpft. Downhill-Franz triumphiert nicht nur 1976 in Innsbruck, er ist mit 24 Weltcupsiegen der Abfahrtskönig der siebziger Jahre.

Niki Nationale

Mit drei Weltmeistertiteln in der Formel I (1975, 1977 und 1984) sorgt GP-Pilot Niki Lauda dafür, daß Austria in der Welt ein bißchen weniger mit Australia verwechselt wird. Laut einer Gallup-Umfrage zählt er sogar neben Ronald Reagan, dem Papst und Muhammed Ali zu den vier bekanntesten Männern der Welt.

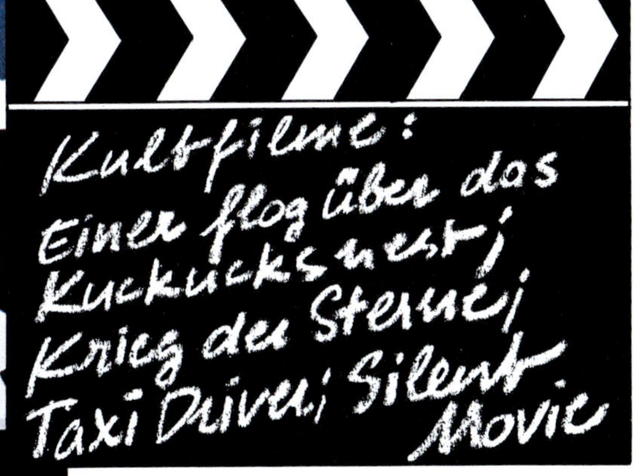

NEWSFLASH

Mogadischu: Geiseln befreit!

Aus einem nach dem afrikanischen Mogadischu entführten Lufthansa-Jet befreit eine deutsche Spezialeinheit 86 Geiseln. Drei der Entführer kommen ums Leben. Ziel der Kidnapper war der Austausch der Flugpassagiere gegen elf deutsche und zwei türkische Häftlinge.

30 Jahre Verbund

Stromversorgung gesichert

Durch den planmäßigen Ausbau unserer Wasserkräfte, der gezielt durch konventionelle Wärmekraftwerke ergänzt wurde, erreichte die gesamte Erzeugung des Verbundkonzerns im abgelaufenen Jahr mehr als 17 Milliarden kWh.

Das Leitungsnetz wurde forciert ausgebaut. Das Anlagevermögen der Verbundgesellschaft und Sondergesellschaften repräsentiert heute einen Wert von rund 66 Milliarden Schilling.

Rationalisierung, gezielter Personaleinsatz und der Arbeitswille aller haben es ermöglicht, daß der Verbundkonzern in der Vergangenheit diese Leistungen erbringen konnte und die Stromversorgung entsprechend dem gesetzlichen Auftrag sichergestellt war.

Energie aus der Sonne

Neun Mitgliedsstaaten der IEA (Internationale Energie Agentur), unter anderen auch Österreich, unterzeichnen ein Abkommen, das in der Nähe von Almeria (Südspanien) zwei Versuchskraftwerke vorsieht. Die Gesamtkosten belaufen sich auf etwa 650 Millionen Schilling.

Es handelt sich um zwei Solaranlagen unterschiedlicher Bauart und unterschiedlicher Wirkungsweise. Die Leistung ist allerdings bescheiden. Beide Anlagen erbringen zusammen 1 000 kW, was, auf österreichische Verhältnisse umgelegt, Strom für ca. 200 Haushalte bedeuten würde. Beide Kraftwerke in Almeria sind allerdings nicht für kommerzielle Zwecke gedacht, es sind Versuchsanlagen.

Illustration: Erich Eibl

Die Munitionsaffäre führt zum Sturz von Verteidigungsminister Karl Lütgendorf. Die größte Regierungsumbildung seit fast zehn Jahren ist die Folge.

Munitionsaffäre: Lütgendorf tritt zurück

Große Regierungsumbildung: Lanc (Innen), Rösch (Verteidigung)

Neue Verordnung über zweisprachige Ortstafeln

Volksanwälte gewählt

Palmers-Entführung

Arbeitslosenrate: 1 Prozent

- **Schnelle Brüter**
  Der amerikanische Präsident Carter läßt die „Schnellen Brüter" aus Sicherheitsgründen stoppen.

- **Kohle vor Kernkraft**
  Das Energieprogramm der BRD gibt der Kohle Vorrang vor der Kernkraft.

- **Rekordbeschäftigung**
  Während ganz Europa mit der Arbeitslosigkeit kämpft, erreicht Österreich im Sommer den höchsten Beschäftigtenstand mit 2771461 Arbeitnehmern – die Arbeitslosenrate beträgt ein Prozent.

Die Diskussion um die Inbetriebnahme des Atomkraftwerkes in Zwentendorf setzt voll ein. Die „Kronen-Zeitung" startet eine Serie über die Gefahren der Kernenergie.

NEWS

Die internationale Menschenrechtsorganisation amnesty international (ai) erhält den Friedensnobelpreis. Auch in Österreich betreuen zahlreiche ai-Gruppen politische Gefangene auf der ganzen Welt.

ai

ČSSR: Bürgerrechtsbewegung „Charta 77"

Israel: Begin Ministerpräsident

Terror schockt die BRD: Industriellenchef Schleyer ermordet

Geiselbefreiung in Mogadischu

Sadat in Israel

Krieg Äthiopien – Somalia

Die Nacht des Terrors

Während eines 24stündigen Stromausfalls kommt es in New York am 13. Juli zu Plünderungen und Übergriffen.

Wehe, wenn die Lichter ausgehen. Dann versinkt die 10-Millionen-Stadt im Chaos („Light towers" von David Cou, USA).

Tausende Menschen waren in den Liftkabinen eingesperrt und in den U-Bahn-Schächten gefangen. Plünderer zogen durch die Straßen und schleppten fort, was zu erbeuten war. Heckenschützen zielten auf Polizisten und Feuerwehrmänner. Ganze Stadtteile wurden vom Mob terrorisiert. Stolz schoben Plünderer ihre Beute an einem Kamerateam vorbei und winkten. Juweliere wurden ausgeplündert; die elektronischen Warnanlagen gaben den Alarm nicht weiter, weil sie tot waren. Selbst fabrikneue Autos wurden aus den Verkaufslokalen gerollt. Geschäfte brannten lichterloh, binnen wenigen Stunden registrierte die Feuerwehr 2 732 Einsätze. Der Notstand mußte ausgerufen werden, es war wie im Krieg. Ursache: In einer drückend heißen Julinacht war in New York die Stromversorgung zusammengebrochen. Die soziale Eruption kam unerwartet und schockartig. Solange das Licht leuchtete, ging das Leben seinen gewohnten Gang. Im plötzlich eingetretenen Dunkel brach das Chaos aus. Als das Licht wieder brannte, kehrte die Ordnung zurück.

(Peter Müller: „Energie", Europaverlag, Wien/München/Zürich 1978)

Kraftwerksgruppe Malta

Die Kraftwerksgruppe Malta ist eines der größten Speicherkraftwerke Europas. Ihre Bedeutung für den österreichischen Verbundbetrieb liegt in der Bereitstellung rasch einsetzbarer Spitzenenergie vor allem während der Wintermonate, in der Reservehaltung bei Ausfall größerer thermischer Kraftwerke und darüber hinaus in der Beteiligung an der Netzregelung. Zwischen 1976 und 1978 werden die Maschinensätze der Reihe nach in Betrieb genommen.

Elvis tot!

„Mit Elvis Presley verliert unser Land einen Teil von sich selbst. Er war einmalig und ist unersetzbar", erklärt Präsident Carter, als der „King" im Alter von 42 Jahren stirbt. Für viele, denen Presleys Musik die erste musikalische Auflehnung gegen die Welt der Erwachsenen bedeutet hat, stirbt auch ein Teil ihrer Jugend.
Elvis Presleys Grab in Memphis wird zur Pilgerstätte – in den USA setzt eine Wallfahrt ein.

FINAL
DAILY NEWS
ELVIS PRESLEY DIES AT 42
Singer Suffers Heart Attack
Berkowitz Pleads Innocent; Plans Insanity Defense
Elvis: Idol of Millions
NEW YORK POST
METRO
MILLIONS MOURN PRESLEY
EXCLUSIVE
New book tells of his decline in a drug nightmare

Millionen kennen die BILD-Zeitung.
Von außen.
Einer hat sie jetzt von innen kennengelernt.

Wallraff was here

Der Einschleichkünstler und Enthüllungsjournalist Günter Wallraff schlägt wieder einmal zu. Diesmal ist die „Bild"-Zeitung sein Opfer. Ohne Schnurrbart, Brille und mit kurzen Haaren wird er als Hans Esser bei „Bild" als freier Mitarbeiter aufgenommen. Über seine Erlebnisse bei „Bild" Hannover veröffentlicht er den Erfahrungsbericht „Der Aufmacher – Der Mann, der bei ‚Bild' Hans Esser war" und enttarnt die Praktiken des Boulevardjournalismus.

NEWSFLASH

„Nein, danke!“

Das umstrittene Kernkraftwerk Zwentendorf wird nicht in Betrieb gehen. Bei der Volksabstimmung vom 5. November 1978 spricht sich eine Mehrheit gegen die Nutzung der Kernenergie aus.

Volksabstimmung

Mehrheit gegen Zwentendorf

Die Österreicher erteilen der Kernenergie eine Absage. Bei einer Volksabstimmung entscheiden sich 50,47 Prozent gegen die Inbetriebnahme des Kernkraftwerks Zwentendorf in Niederösterreich.

Die Beteiligung an dieser Abstimmung beträgt 64,1 Prozent.

Das Kernkraftwerk der GKT wird zum politischen Dauerthema des Jahres 1978. Atomkraftgegner weisen auf die Gefahren und auf die Frage der Atommüllbeseitigung hin.

Das Bundesgesetz trägt dem Ergebnis dieser Volksabstimmung Rechnung und verbietet die Nutzung der Kernenergie zur Stromversorgung in Österreich.

Damit wird die Inbetriebnahme des Kernkraftwerkes Tullnerfeld, die ursprünglich für Ende 1976 geplant war, untersagt.

Heißer Herbst

Die Fronten sind total verhärtet. Emotionsfreie Informationen über Vor- und Nachteile der Atomkraft sind in diesem „heißen" Herbst Seltenheit. Die Befürworter glauben, auf seiten der Gegner den Fanatismus von Glaubensfragen zu erkennen, sprechen von Agitation statt Argumentation und von geschürter Katastrophenhysterie. Die zumeist jugendlichen AKW-Aktivisten kämpfen mit Herz, beklagen die Starrheit und Uneinsichtigkeit der „Etablierten", die den volkswirtschaftlichen Standpunkt zur Maxime ihres Denkens machen.

Unbestritten bleibt, daß die atomare Zukunft immer mehr Menschen Angst macht. Atomkraftwerke sind sicher, sauber, wirtschaftlich – überall an unseren Grenzen sind Atomkraftwerke in Betrieb oder in Bau, sagen die Befürworter. Die Gegner sprechen von einer unsicheren Technologie, die der Mensch nicht beherrscht, von einer Belastung der Menschheit für Tausende von Jahren.

Nach ihrem Sieg betrachten die AKW-Gegner den Atommeiler im Tullnerfeld, per Atomsperrgesetz in den Dornröschenschlaf geschickt, als „sicherstes Kernkraftwerk der Welt".

Zwentendorf ist mit Sicherheit auch das teuerste.

Bundeskanzler Kreisky „im Clinch" mit AKW-Gegnern. Der Kanzler, der die Atomfrage mit seiner Person verbindet, erwägt nach der sensationellen Nein-Mehrheit seinen Rücktritt. Schließlich kann er froh sein, daß es ein Jahr später anläßlich der Nationalratswahlen keinen Atom-Wahlkampf gibt.

Kreisky in der DDR

Wien: Erstes U-Bahn-Teilstück in Betrieb

Volksabstimmung: „Nein" zu Zwentendorf

Lkw-Steuer: Grenzblockade

Arlberg-Straßentunnel eröffnet

ORF: Bacher neuer Generalintendant

AZ Tagblatt für Österreich

Nach knappem Ergebnis: SPÖ respektiert Volksentscheid

Mit 50,47 zu 49,53 Prozent gegen Betrieb Zwentendorfs

Kreisky: Kein Grund für vorzeitige Wahlen

Kabel-TV

Die erste Kabel-TV-Anlage wird in Wien in Betrieb genommen.

U-Bahn

In Wien steht ein U-Bahn-Doppeltriebwagen mit Drehstromausrüstung im fahrplanmäßigen Einsatz. Der Prototyp beschleunigt in 20 Sekunden auf 80 km/h.

Ölpest

Der Großtanker „Amoco Cadiz" verursacht vor der bretonischen Küste die bisher schwerste Ölpest.

Fohnsdorf „aus"

Nach 360 Jahren wird das Braunkohlebergwerk Fohnsdorf (Steiermark) geschlossen.

„Laser-LP"

Schallplatten, deren „Rillen" von einem Laserstrahl abgetastet werden, ermöglichen eine weitere Steigerung der Wiedergabequalität.

NEWS

Das Jahr der drei Päpste. Nach dem Tod von Papst Paul VI. wird der italienische Kardinal Luciani (Johannes Paul I.) zum Nachfolger gewählt, der jedoch wenig später stirbt. Der polnische Kardinal Karol Wojtyla tritt als Johannes Paul II. sein Amt an.

Italien: Christdemokrat Aldo Moro ermordet

Papst aus dem Osten: Johannes Paul II.

Guayana: Sekten-Massenselbstmord

Camp David: Sondervertrag Sadat – Begin

Krieg Vietnam – Kambodscha

Industrie: Stromabnehmer Nr. 1

Rationalisierung und qualitative Verbesserung des Produktionsprozesses erfordern den vermehrten Einsatz von Strom. Der notwendige Strukturwandel der österreichischen Industrie ist ohne ausreichende und preiswerte Versorgung mit Elektrizität nicht denkbar. Die entstehende Informationsgesellschaft mit der wachsenden Anwendung von Elektronik ist ohne vermehrten Strombedarf nicht existenzfähig.

Neue Wege zur Messung der Wärmedurchlässigkeit: Thermographie

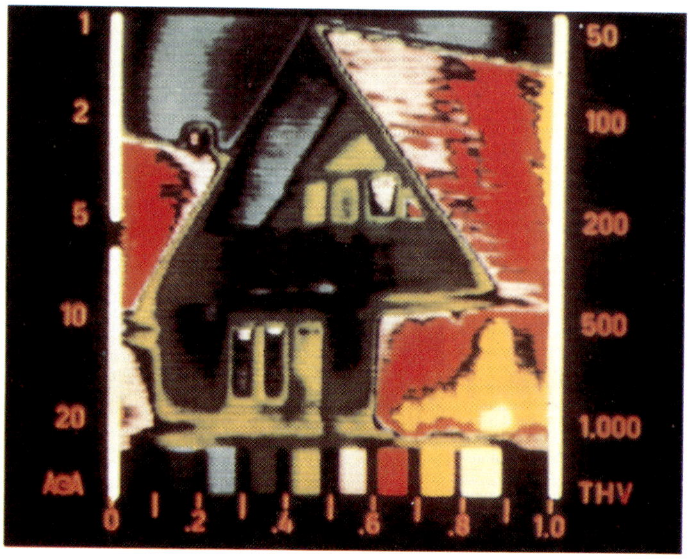

An den hellen Flächen kann die verstärkte Wärmeabstrahlung abgelesen werden.

In Westeuropa grassiert das Diskofieber. Der Film „Nur Samstag Nacht" macht John Travolta zum neuen Star. Lichteffekte sind ein wesentlicher Teil der Faszination, die von den neuen Tanzpalästen (im Bild die St. Pöltner „Fabrik") ausgeht. Synchron mit der Musik geschaltete Light- und Lasershows gehören untrennbar zur modernen Disko.

Krankl macht uns alle „narrisch"

„I wear narrisch!" tönt es über den Atlantik. Bei der Fußballweltmeisterschaft in Argentinien schlägt Österreich die BRD mit 3:2. Hans Krankl gelingen zwei Traumtore, die ihm den Weg zu einer internationalen Karriere öffnen.

N E W S F L A S H

Umsturz im Iran

Der Schah verläßt das Land, der iranische Schiitenführer Ajatollah Khomeini kehrt nach 15jährigem Exil in den Iran zurück und verkündet zwei Tage später die Bildung eines Revolutionsrates.

Blutiger Kampf um Benzin

● Kommt in Österreich „Pickerl" wieder?

● Treibstoff rationiert, Tumulte in Kalifornien

● Frankreich überlegt, Heizöl zu rationieren

KURIER, 10. Mai 1979

Sprunghafte Ölpreiserhöhung

Zweiter Erdölpreisschock

Die westliche Welt verspürt den Umsturz im Iran vor allem auf dem Energiesektor.

Das Erdöl wird wieder einmal knapp.

Besonders die USA werden durch die Irankrise geschockt: Die Ölreserven des Landes neigen sich dem Ende zu, Treibstoff wird rationiert.

Wie düster die Energiesituation ist, zeigt die geopolitische Verteilung der Reserven an fossilen Brennstoffen. OECD-Westeuropa ist arm dran und muß deshalb einen großen Teil der Energie importieren.

Diese notwendigen Importe verteuern sich teilweise dramatisch.

In Österreich will man sogar das „Pickerl" wieder an die Windschutzscheiben kleben.

Düstere Energiesituation

Die geopolitische Verteilung der Reserven an fossilen Brennstoffen zeigt folgendes Bild:

	Kohle	Erdöl Prozent	Erdgas
OECD	46	8	16
davon: Westeuropa	12	3	5
Staatshandelsländer	31	14	36
OPEC	0	69	40
Sonstige	23	9	8
	100	100	100

Quelle: Weltenergiekonferenz 1980.

Jimmy Carter und Leonid Breschnew unterzeichnen in Wien das SALT-II-Abkommen über die Begrenzung der strategischen Offensivwaffen.

Nationalratswahlen: Wieder SPÖ-„Absolute“

Mock neuer ÖVP-Chef

SALT II unterzeichnet

PLO-Chef Arafat in Wien

UNO-City übergeben

Energieförderungsgesetz fordert Planung und Koordination für ein Jahrzehnt im voraus

Das Energieförderungsgesetz aus dem Jahre 1979 verpflichtet die österreichische Elektrizitätswirtschaft, jeweils bis zum 30. September eines laufenden Jahres dem zuständigen Bundesministerium einen aktualisierten Ausbauplan für das bevorstehende Jahrzehnt vorzulegen.

Das „Koordinierte Kraftwerksausbauprogramm“ der Verbundgruppe und der Gruppe der Landesgesellschaften soll die Stromversorgung für die achtziger Jahre sichern. Es stützt sich auf detaillierte Untersuchungen über die arbeits- und leistungsmäßige Deckung jenes Strombedarfs, der im Versorgungsbereich der Verbundgruppe und der Landesgesellschaften zu erwarten ist.

Dabei kommt der Verbundgesellschaft die wesentliche Verantwortung für eine permanente und preisgünstige Stromversorgung zu sowie die Funktion einer Drehscheibe innerhalb der Elektrizitätsversorgungsunternehmen.

Der Verbund muß jederzeit die erforderlichen Reserven bereitstellen können.

NEWS

Die Konservative Margaret Thatcher wird als erste Frau in der britischen Geschichte Premierministerin.

Umsturz im Iran

Der Papst in Polen

SALT II: Ost-West-Gipfel in Wien

Großbritannien: Margaret Thatcher Premier

Nicaragua: Diktator Somoza gestürzt

USA: Reaktorunfall in Harrisburg

Afghanistan: Einmarsch der Sowjets

US-Reaktorunfall

Harrisburg-Schock

Im Kernkraftwerk Three Mile Island bei Harrisburg ereignet sich das bisher schwerste Reaktorunglück in der Geschichte der Atomindustrie in den USA. Eine folgenschwere Katastrophe kann gerade noch verhindert werden, 200 000 Bewohner fliehen vor dem außer Kontrolle geratenen Reaktor.

Weltweit mehren sich nun die warnenden Stimmen vor den Risiken der Kernkraftwerke.

Energie! ... aber wo und wie? FAZ

Edison mußte 6 000 Materialien testen und 1 600 Versuche machen, um einen dauerhaften Glühfaden herzustellen.

Die Glühbirne ist 100 Jahre alt

Am Morgen des 21. Oktober 1879 ging der Welt ein Licht auf. Im Labor des Amerikaners Thomas Alva Edison brannte die erste brauchbare Glühbirne. Die Erfindung verwandelte Metropolen in „Lichterstädte" und erhellte die Arbeitsplätze der Industrienationen.

Seit Oktober 1979 leiten Generaldirektor Dr. Walter Fremuth und Generaldirektor-Stv. Dkfm. Hannes Zach (links) gemeinsam die Geschicke der Verbundgesellschaft.

Wieder Annemarie!

Sie gilt als „beste Schirennläuferin aller Zeiten". Nachdem Annemarie Moser-Pröll 1971 bis 1975 en suite den Gesamt-Weltcup gewonnen hat, schlägt „Annamirl" 1979 neuerlich zu und holt sich wieder die begehrte Trophäe.

63 Siege in Weltcup-Rennen und Olympia-Gold in der Abfahrt von Lake Placid 1980 sind die herausragenden Leistungen ihrer einzigartigen Karriere.

„Holocaust" bewegt die Österreicher

Der Film wird zum Tagesgespräch, die TV-Konsumenten werden aufgeschreckt: Die amerikanische Fernsehserie „Holocaust" behandelt die Verbrechen der Nationalsozialisten an den Juden Europas und löst die verschiedenartigsten Reaktionen aus. Unbestritten bleibt, daß sich erstmals eine breite Öffentlichkeit mit diesem düsteren Kapitel der jüngsten Zeitgeschichte auseinandersetzt.

Er war der Autor des „Schüler Gerber"

In Wien stirbt der bekannte Schriftsteller, Kritiker und Übersetzer Friedrich Torberg. Mit seinem ersten Roman wurde er 1930 als literarische Entdeckung gefeiert: „Der Schüler Gerber" sollte auch heute noch auf der Leseliste jedes Schülers und angehenden Lehrers stehen.

NEWSFLASH

Ronald Reagan US-Präsident

Die Amerikaner wählen den Republikaner Ronald Reagan zum 40. Präsidenten der USA. Ehefrau Nancy avanciert zur „First Lady".

Zwentendorf-Nein

Wieder Kohle!

Der zweite Erdölschock und das generelle Verbot der Nutzung von Kernenergie hat im Stromerzeugungsbereich das Schwergewicht wieder vermehrt auf die Wasserkraft verlagert.

Im kalorischen Bereich hat die Kohle als Primärenergieträger wieder eine vorrangige Stelle eingenommen.

Nach einem Grundsatzbeschluß der österreichischen E-Wirtschaft vom Mai 1979 wird der Wasserkraftausbau bis zum kapazitätsmäßigen Optimum forciert und andererseits auf die Karte Kohle gesetzt. Die Errichtung weiterer Öl- und Gaskraftwerke soll vermieden werden.

1970 lag der Kohleanteil im Gesamtenergieverbrauch Österreichs bei 28,2 Prozent, im Jahre 1979 waren es 18,9 Prozent; im Jahre davor aber bloß 17,2 Prozent.

Anhand dieser Zahlen sieht man, daß die Energiepolitik in Österreich tatsächlich ihren Niederschlag gefunden und einem Rückbesinnen auf die Kohle Platz gemacht hat.

Wasserkraft

Verstärkter Ausbau

Das koordinierte Kraftwerksausbauprogramm vom September 1980, mit dessen Realisierung die Sicherheit der Stromversorgung Österreichs im Zeitraum bis 1990 erreicht werden soll, sieht auf dem Wasserkraftsektor die Inbetriebnahme einer Reihe von großen und mittelgroßen Anlagen (Ausbau der Donau, Drau, Salzach, Mur, Traun, des Inn usw., Errichtung von Speicherkraftwerken), aber auch die Realisierung einer Anzahl von Kleinwasserkraftwerken vor.

Kohleimporte für kalorische Kraftwerke

Um ein koordiniertes Vorgehen bei der Beschaffung von Kesselkohle für die österreichische E-Wirtschaft zu ermöglichen, wird 1980 die „Austro Kohle Kontor Ges.m.b.H." gegründet.

Bezugsmöglichkeiten für Kesselkohle ergeben sich in den vier wichtigen Förderländern Australien, Kanada, Südafrika und den USA.

1980 wird auch die Errichtung des Wärmekraftwerkes Dürnrohr (NÖ) beschlossen.

Höchstspannungsnetz

Von 220 kV auf 380 kV

Seit 1980 wird das Höchstspannungsnetz von 220 kV auf 380 kV aufgerüstet, um für die nächsten 30 bis 40 Jahre den Anforderungen des internationalen Stromverbundes entsprechen zu können.

Die Erfüllung der zukünftigen Aufgaben setzt ein einheitliches, überregionales Höchstspannungsnetz voraus, das allein von der Verbundgesellschaft errichtet und betrieben wird. Es handelt sich sozusagen um eine gesamtösterreichische Stromsammelschiene, die die Versorgungssicherheit erhöht und Energie spart.

Bundespräsident Dr. Rudolf Kirchschläger wird bei den Präsidentschaftswahlen mit 79,9 Prozent der abgegebenen Stimmen eindrucksvoll im Amt bestätigt.

Vizekanzler Androsch zurückgetreten

DDR-Chef Honecker in Wien

Steger neuer FPÖ-Chef

PLO-Vertretung in Wien

Kirchschläger bestätigt

Kokoschka gestorben

Riese „Donaukraft“

Mit einer Jahreserzeugung von fast zehn Milliarden Kilowattstunden deckt der „Donau-Strom“ mehr als ein Viertel des Inlandverbrauches ab. Somit werden rund 8,2 Milliarden Schilling an Devisen eingespart, die ansonsten für den Ölimport zum Betrieb kalorischer Kraftwerke aufgewendet werden müßten. Die „Donaukraft“ ist Österreichs Energie-Bodenschatz „weißes Gold“. Aus der Firmenbezeichnung „DOKW“ wird Ende der 80er Jahre „Donaukraft“. Von Inbetriebnahme des ersten Werkes 1957 bis Ende 1987 hat diese Verbund-Tochtergesellschaft mehr als 167 Milliarden Kilowattstunden „Strom aus dem Strom“ erzeugt.

- **Chip**
  Auf einem Chip werden eine viertel Million Bauteile untergebracht.

- **Elektroauto**
  Nach der Studie „Chancen für das Elektrofahrzeug?“, die 1980 vorgelegt wird, erwartet man ab 1990 eine beachtliche Zunahme der Elektroautos für den Stadtverkehr.

- **Öffentlichkeitsarbeit**
  Zur effizienteren Betreuung der E-Wirtschaft in der Werbung wird die „CONSENS Gesellschaft für Kommunikationswesen Ges.m.b.H.“ gegründet.

- **Volksbegehren**
  Das Eintragungsverfahren für das Volksbegehren über die Aufhebung des Atomsperrgesetzes ergibt 422 000 Unterschriften.

NEWS

Der Arbeiterführer Lech Walesa übernimmt die Führung der Gewerkschaft „Solidarität“ in Polen.

Polen: Gewerkschaft „Solidarität“

Ringen um US-Geiseln im Iran

BRD: Partei „Die Grünen“ konstituiert

Jugoslawien: Tod Titos

Rhodesien-Wahlen: Staat Simbabwe gegründet

Ronald Reagan US-Präsident

Iran – Irak: Beginn des Golfkrieges

Ein Chip, durch ein Raster-Elektronen-Mikroskop gesehen. Die Aufnahme zeigt einzelne Schaltelemente (Transistoren) eines IBM-Speicherchips im Maßstab 1 : 2000. Dabei sind die Aluminium-Leiterzüge als schmale Streifen von silbergrauer Farbe gut erkennbar.

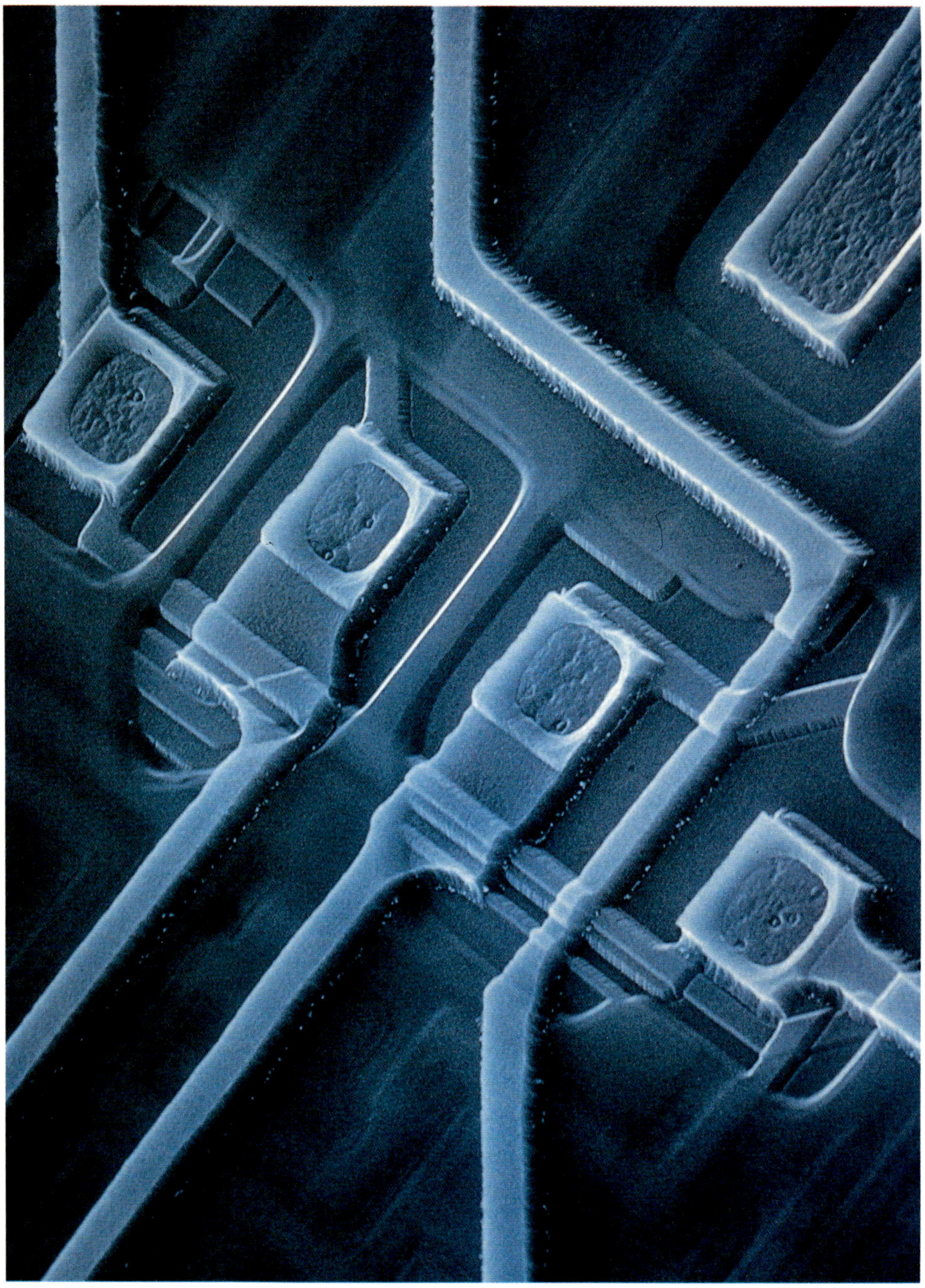

Der Computer revolutioniert Büro und Verwaltung: „Rasterfahndung“, „Wordstar“, „Textverarbeitung“ und „Basic“ sind die Worte der Epoche.

21. 1.: Der ORF beginnt mit den „Teletext“-Ausstrahlungen, der erste Versuch dieser Art auf dem europäischen Kontinent.

Satelliten-Erdfunkstelle Aflenz

Österreichs „Ohr zum Weltraum“

Die einzige Satelliten-Erdfunkstelle Österreichs wird in Aflenz eröffnet. Der Durchmesser der Parabolantenne beträgt 32 Meter. Ungefähr 170 interkontinentale Telefongespräche sind via Satellit gleichzeitig möglich.

Lennon tot!

Give Peace a Chance

John Lennon, 40, artikulierte einst das Gefühl einer Epoche.

Seine Hymne lautete: „Give Peace a Chance" – am 7. Dezember stirbt er durch die Kugeln eines geistesgestörten Attentäters.

Hoffnungen auf eine Wiedervereinigung des Quartetts „The Beatles" sind damit endgültig beendet.

Würfel-Manie

Der Ungar Ernö Rubik bringt mit seinem „Zauberwürfel" selbst die geduldigsten Mitmenschen zur Verzweiflung. Dabei kommt es bei diesem sechsfarbigen Ding nur auf den „richtigen Dreh" an . . .

Altmeister des Grauens verstorben

Mit „Psycho" setzte Alfred Hitchcock einst neue Maßstäbe. Der Mord unter der Dusche, eine Montage aus rund 100 Kameraeinstellungen, machte Filmgeschichte. Die vielen Epigonen Hitchcocks haben dem Altmeister des Grauens nie das Wasser reichen können. Kein Zweifel, seine Leichen waren die besten und werden es wohl immer bleiben.

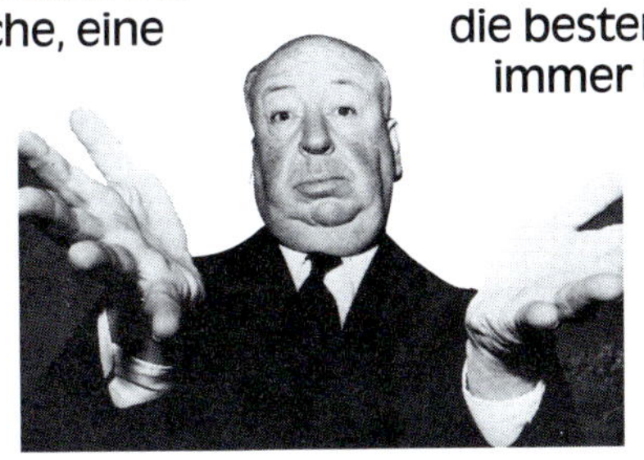

NEWSFLASH

Blutiger Terror in Wien

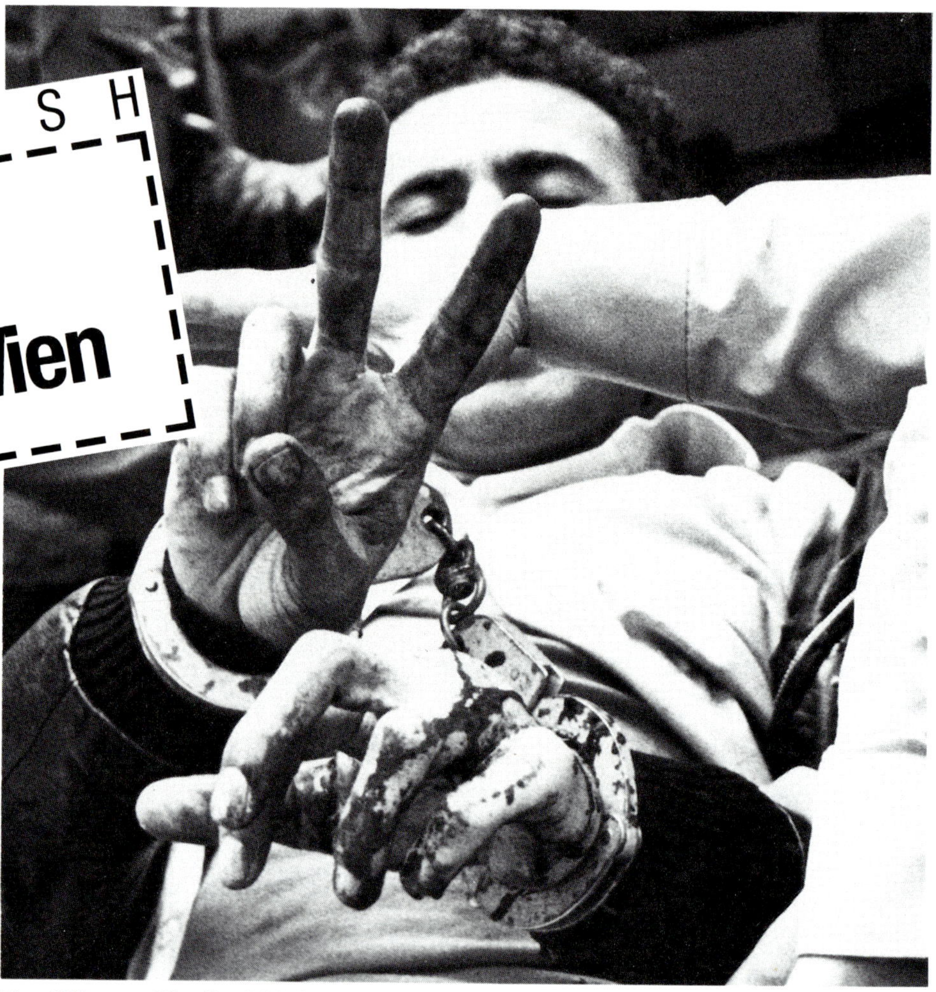

Der Wiener Stadtrat Heinz Nittel wird im Auftrag einer palästinensischen Splittergruppe ermordet. Dieselbe Gruppe verübt auch einen Anschlag auf eine Wiener Synagoge (Bild). Die Täter werden gefaßt.

Kernenergie und Kohle

Weg vom Öl!

„Geordneter Rückzug aus dem Öl" ist das zentrale Thema der Energiewirtschaft in den westeuropäischen Industrieländern.

Die Internationale Energieagentur in Paris sieht es als wesentliches Ziel an, den Ölverbrauch zu reduzieren und an Stelle dessen insbesondere Kernenergie und Kohle (soweit verfügbar auch Gas) einzusetzen.

Österreich, Italien, Japan, die USA, die BRD, Frankreich, Schweden, Finnland und viele andere Länder haben ihre Ölabhängigkeit schon im vergangenen Jahrzehnt stark vermindert.

Wenn man aber nicht Kernenergie oder eigene Bodenschätze (z.B. Kohle in der BRD) nutzen kann oder will, wenn man das vorhandene Potential an Wasserkraft nicht weiter ausbaut – wie soll man den ständig steigenden Stromverbrauch (1981: 4,4 Prozent) dann decken?

Ein Draht Wien – Kilimandscharo

Eine Leitung von Wien auf den höchsten Berg Afrikas? Der Verbund macht's mit 6000 km Leitung möglich.

Die von der Verbundgesellschaft betriebenen Systemlängen der Leitungen erreichen diese beachtliche Länge.

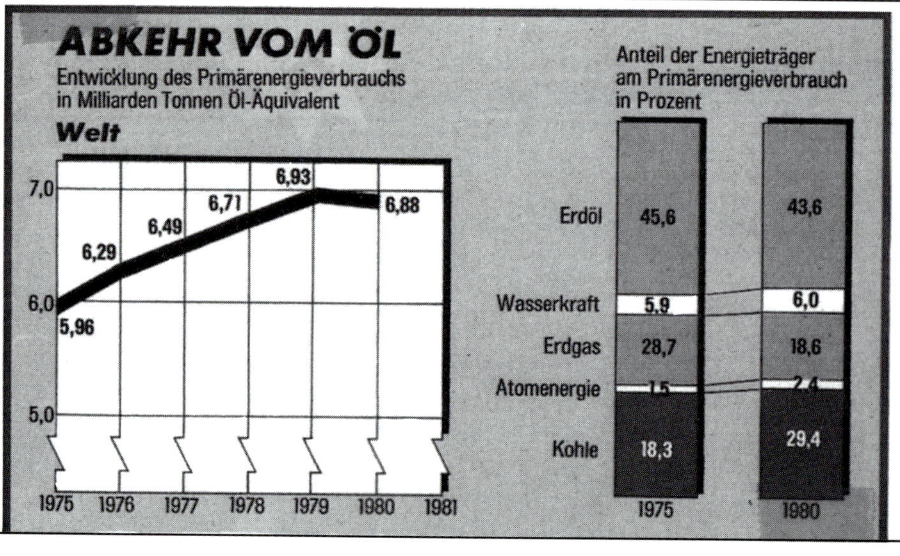

„SPIEGEL"-Graphik

Im Wiener Justizpalast beginnt der „AKH-Prozeß", der größte Prozeß der Zweiten Republik. Das Nachrichtenmagazin „profil" hat die Affäre um das Wiener Allgemeine Krankenhaus schon Jahre zuvor ins Rollen gebracht. „Aufdecker" Alfred Worm und ein Tonband machen Geschichte.

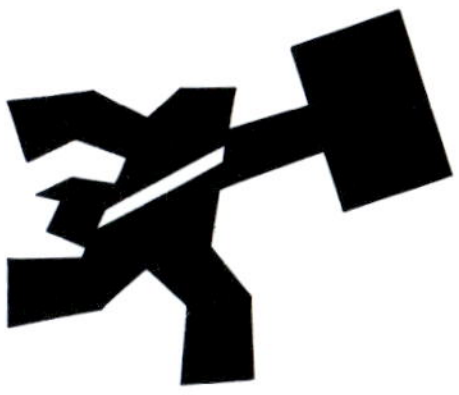

Sinowatz Vizekanzler

Stadtrat Nittel ermordet

Affäre um Wiener PLO-Vertreter

Terroranschlag auf Wiener Synagoge

AKH-Prozeß beginnt

E-Wirtschaft und Umweltschutz

Die E-Wirtschaft steht an der Spitze im Kampf gegen das Waldsterben. Durch den Einbau wirksamer Filter und die Verwendung umweltfreundlicher Brennstoffe gelingt es, die Schadstoffemissionen ihrer Kraftwerke drastisch zu senken.

- **Sonnenenergie**

Das erste solarthermische Kraftwerk der Welt in Sizilien liefert Strom.

- **Windkraftanlage**

Auf dem Dachstein wird ein Windkollektor in Betrieb genommen.

- **Teure Importe**

Öl, Gas und Kohle müssen teuer importiert werden (Devisenabfluß 1981: 62,4 Milliarden Schilling!). Heimische Braunkohle reicht nur noch ein paar Jahrzehnte. Unsere eigenen Öl- und Gasvorräte sind ebenfalls relativ bescheiden. 1981 muß der Energiebedarf bereits zu 67,2 Prozent durch Importe gedeckt werden.

- **Wärmepumpen**

Derzeit sind in Österreich etwa 8 000 Wärmepumpen in Betrieb, ein großer Teil davon nur für Warmwasseraufbereitung.

NEWS

Das Waldsterben, verursacht durch die Luftverschmutzung (Stickoxide und Schwefeldioxid), wird bedrohlich. Umweltschützer warnen vor den katastrophalen Folgen.

Polen: Kriegsrecht verhängt

Frankreich: Sozialisten Mitterrands siegen

USA: Attentat auf Reagan

El Salvador: Bürgerkrieg

Schüsse auf den Papst

Spanien: Militärputsch gegen Demokratie

Ägypten: Sadat ermordet

Revolution in der Medizin

Die Röntgengeräte arbeiten mit immer geringerer Strahlenbelastung und sind weitgehend spezialisiert: Mammographien ermöglichen Früherkennung von Brustkrebs, Computertomographien die Darstellung farbiger Querschnitte durch den Körper. Der Kernspintomograph, der die Reaktion der Wasserstoffatome im Körper auf ein Magnetfeld aufzeichnet, ist eine – im Gegensatz zum Röntgen – wahrscheinlich gänzlich unschädliche Diagnosemethode.

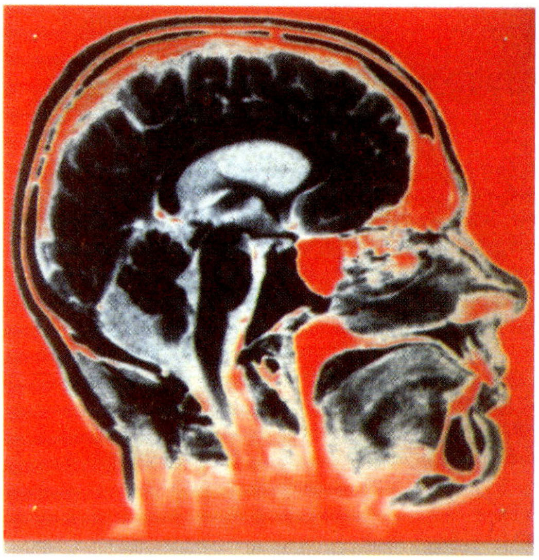

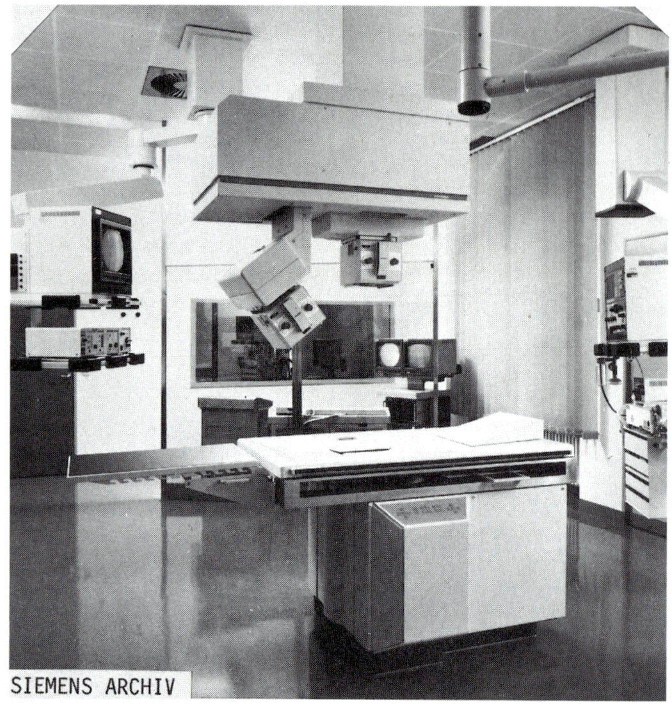

Eine Operation wird überflüssig: Der Nierenstein wird mittels Röntgen geortet und durch Stoßwellenbehandlung zertrümmert.

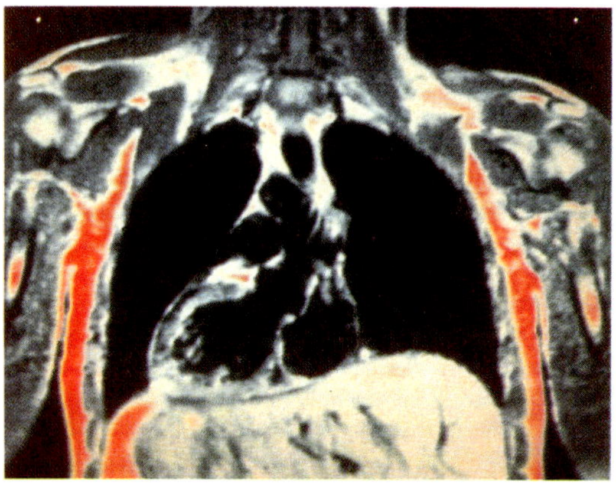

Tomogramm des menschlichen Schädels (oben). Durch die Einwirkung hoher statischer Magnetfelder werden die Wasserstoffatome des Körpers zu bilderzeugenden Signalen angeregt.

TAG DER OFFENEN TÜR

Gemma Strom schau'n!

Wie kommt der Strom in die Steckdose? Seit 1979, dem Jahr, in dem der erste Informationstag der Elektrizitätswirtschaft abgehalten wurde, sind dieser Frage mehr als eine Million Besucher nachgegangen und haben sich ein Bild von den Leistungen und Problemen der Stromerzeugung gemacht.

Die Bedeutung dieser Veranstaltung für die E-Wirtschaft gibt vielleicht folgender Zeitungskommentar am besten wieder:

„Wo sich Kraftwerksarbeiter und kritische Bürger in aller Öffentlichkeit begegnen, sind Mißverständnisse alsbald ausgeräumt, weichen Vorwürfe gegenseitigem Respekt."

Heuer: „stromige" Werbe-Präsente

„Gemma Strom schau'n"*

Friedensbewegung gegen Kriegskatastrophe

Die Bereitschaft der Bürger, gegen die Verschärfung der Kriegsgefahr zu protestieren, nimmt zu. Begriffe wie „atomarer Erstschlag", „Aufrüstung" und „Nachrüstung" machen den Menschen Angst; die Friedensbewegung gewinnt weltweit an Stärke. Politiker im Westen sprechen von „nützlichen Idioten", Politiker im Osten von „westlich Unterwanderten".

Öliger Salat

Dallas-Fiesling J.R. intrigiert nun auch in Österreich. Die Nation ergötzt sich an seinen Bosheiten und wird vom Dallas-Fieber gepackt. Bald erhält der US-Hit Konkurrenz: „Dynasty, der Denver-Clan".

NEWSFLASH

70 000 für den Frieden

Der Friedensmarsch in Wien ist die größte Demonstration, die seit 1945 in Österreich stattfindet. Etwa 70 000 Menschen demonstrieren am 15. Mai gegen Gewalt und für den Frieden: eine Manifestation des Unbehagens.

Strom unverzichtbar

Hohe Lebensqualität in Österreich

In der Weltrangliste der Lebensqualität nimmt Österreich nach Dänemark und Norwegen Rang 3 ein. Auf den weiteren Plätzen folgen Schweden, Neuseeland und Australien.

Die BRD steht an 11. Stelle, die USA auf Rang 41 und die UdSSR auf Platz 42.

Die Kriterien dieser Untersuchung sind u.a.: Lebensstandard, Kultur, Volksbildung, Wirtschaftswachstum, Inflationsrate.

Während uns die US-Universität Pennsylvania mit dieser Weltrangliste beglückt, wird in Österreich im Rahmen einer breitangelegten IMAS-Untersuchung nach „Unverzichtbarem" gefragt. Unangefochten an erster Stelle und damit österreichischer Meister für Unverzichtbares wurde der elektrische Strom.

Strom aus der Sonne

Auf einer internationalen Konferenz in Stresa (Italien) diskutieren Energiefachleute über die Möglichkeiten der Nutzung der Sonnenenergie. Japanische Fachleute kündigen schon für die nächste Zukunft verbesserte Fotozellen an. Diese könnten statt der bislang 6 bis 8 Prozent bis zu 25 Prozent der eingestrahlten Sonnenenergie in Strom umwandeln.

Österreich gehört in puncto Sonnenenergie zu den führenden Ländern. Allein 1982 wurden rund 1 500 Solaranlagen im ganzen Bundesgebiet neu installiert. 1988 wurde auf dem Loser bei Altaussee Europas größtes alpines Solarkraftwerk von Verbund und OKA gebaut.

Gründung der Osttiroler Kraftwerke Ges.m.b.H.

Diese jüngste Sondergesellschaft des Verbundkonzerns geht aus der Umwandlung der früheren „Studiengesellschaft Osttirol" hervor.

Aus der Studiengesellschaft wurde eine Errichtungsgesellschaft für das Speicherkraftwerk Kals – Matrei (Dorfertal).

„Man soll mit Gaddhafi reden und ihn nicht isolieren", meint Bundeskanzler Kreisky zum umstrittenen Staatsbesuch des libyschen Revolutionsführers, bei dem vor allem Wirtschaftsgespräche im Mittelpunkt stehen.

Neues Mietengesetz

Exkaiserin Zita in Österreich

Bundesrat auf 65 Mitglieder erweitert

Gaddhafi in Wien

Lipizzaner als Geschenk für Reagan

Volksbegehren gegen Konferenzzentrum

Energietauschvertrag mit der UdSSR

Zur Sicherung der Stromversorgung Österreichs schließt die Verbundgesellschaft einen Energietauschvertrag mit der Sowjetunion ab, der ab 1985 den Austausch von jährlich 300 MW über einen Zeitraum von 20 Jahren vorsieht. Beide Partner profitieren von jahreszeitlich verschiedenen Bedarfs- und Aufbringungsstrukturen.

● Melk

Das Donaukraftwerk Melk geht mit einer Leistung von 187 MW in Betrieb. Es kostete rund 5,8 Milliarden Schilling. Mit seinem Arbeitsvermögen wird es einen Strombedarfszuwachs decken, wie er 1980 auftrat. Der Donau-Altarm wird zum Paradies für Wassersportler.

● 35 Jahre Verbund

Seit 1947 hat sich die Stromerzeugung Österreichs verzehnfacht.
Der Verbrauch der Haushalte liegt bei mehr als dem 20fachen von damals.

● Energiekrise

Das Energielenkungsgesetz 1982 soll besonders in Krisenzeiten für gesicherte und gerecht verteilte elektrische Energie sorgen.

● Erdgas

In der Steiermark wird erstmals Erdgas gefunden.

● Investitionen

Mit 9,6 Milliarden Schilling erreichen die Investitionen des Verbundkonzerns im Jahre 1982 einen neuen Rekord.

NEWS

Argentinische Soldaten landen auf den 1833 von Großbritannien in Besitz genommenen Falkland-Inseln. Die Engländer erobern die Inselgruppe im Südatlantik zurück.

Israel besetzt Südlibanon und zwingt PLO zum Abzug

Polen: „Solidarität" verboten

BRD: Kohl Bundeskanzler

UdSSR: Ära Breschnew nach 18 Jahren beendet

Großbritannien: Falklandkrieg

Spanien: Sozialist Gonzales Präsident

Wasserkraftwerke und die Ökologie der Stauräume

Verbund für Umweltschutz

Natur und Technik als notwendige Gegensätze? Eine der großen Aufgaben der E-Wirtschaft ist der Umweltschutz in den Stauräumen der Kraftwerke. Das Institut für angewandte „Öko-Ethologie" in Staning an der Enns soll hier wertvolle Forschungsarbeit leisten.

Forschung in der Öko-ethologischen Station Staning.

Um den Umweltschutzbemühungen des Verbundkonzerns eine wissenschaftliche Basis zu geben, gründen Verbundgesellschaft und Ennskraftwerke gemeinsam mit der Forschungsgemeinschaft Wilhelminenberg unter der Leitung von Professor König das Institut für angewandte Öko-Ethologie. Wissenschaftler erforschen hier die Fauna und Flora des Stauraumes und erarbeiten Grundlagen zur ökologischen Gestaltung neuer Kraftwerksanlagen. Das Institut wird am 29. April 1982 durch Bundespräsident Kirchschläger eröffnet.

Fünf Jahre später wird im Ennskraftwerk Staning ein Informationszentrum eingerichtet, das die Verflechtungen zwischen Energie und Umwelt deutlich machen soll.

Stauräume – Anziehungspunkte für Kormorane.

Die österreichische E-Wirtschaft investierte in den letzten Jahren täglich 12 Millionen Schilling in Umweltschutzmaßnahmen. Bis 1990 sind für Umweltschutzinvestitionen rund 30 Milliarden Schilling vorgesehen.

E.T. rührt das Publikum

Nancy Reagan hat geweint, Lady Di bekam feuchte Augen: Steven Spielbergs Geniestreich „E.T." wird schnell zum erfolgreichsten Film aller Zeiten. Das moderne Märchen vom niedlichen Monster aus dem All rührt jung und alt.

Betrifft: Suchtgift

Mit zwölf nahm sie Haschisch, mit dreizehn Heroin. Sie wurde süchtig, ging morgens zur Schule und nachmittags mit ihren ebenfalls heroinabhängigen Freunden auf den Kinderstrich am Bahnhof Zoo, um das Geld für die Droge zu beschaffen.

Das Schicksal der Christiane F. schockt die Öffentlichkeit auch als Film mit seinem drastischen Realismus.

NEWSFLASH

Der Papst in Wien

Papst Johannes Paul II. trifft am 10. September 1983 zu einem viertägigen Besuch in Österreich ein. Das Oberhaupt der katholischen Kirche wird von der Bevölkerung begeistert empfangen. Besonders eindrucksvoll gestaltet sich das Treffen mit der Jugend im Wiener Stadion.

10 Jahre „Ölschock“

● **Energieverbrauch so hoch wie 1973**

Obwohl die Wirtschaftsleistung, das Bruttoinlandsprodukt (BIP), um gut ein Viertel höher lag als 1973.

● **Strombedarf 33 Prozent höher!**

Elektrizität hat also andere Energieträger, vor allem Öl, ersetzt.

Energie und Wirtschaft

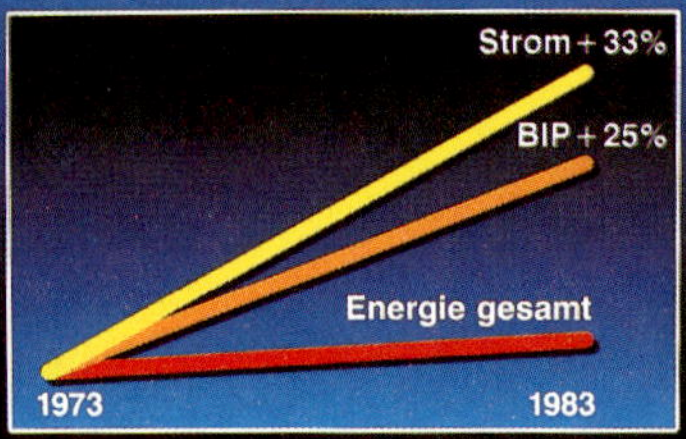

West-Ost-Stromverbund

Stromdrehscheibe Dürnrohr

● Beginn der Stromlieferungen aus Polen

Zentrale „Stromdrehscheibe“, die die beiden großen europäischen Verbundnetze von je mehr als 150 000 Megawatt Leistung durch Zwischenschalten eines Gleichstromkreises verbinden soll, wird die Gleichstromkurzkupplungsanlage auf dem Gelände des Umspannwerkes Dürnrohr (NÖ) der Verbundgesellschaft sein.

Sie ist die Voraussetzung für den Stromaustausch mit der Sowjetunion, da das westeuropäische und das osteuropäische Netz unterschiedliche Frequenzen aufweisen.

Diese Anlage, die im September eröffnet wird, ist auch die erste direkte Verbindung zwischen dem österreichischen und dem tschechoslowakischen Netz. Ab 1983 werden über diese Übertragungseinrichtungen jährlich 1,6 Milliarden Kilowattstunden Strom aus Polen importiert.

Strom aus Wärmekraft

Und das im Sommer!

Die Stromproduktion der Wasserkraftwerke hängt stark von klimatischen Bedingungen ab. Für die Erzeugungsschwankungen ist der August 1983 ein gutes Beispiel. In der ersten Hälfte gab es feuchtes Wetter und gute Wasserführung der Flüsse. Der Rest des Monats war heiß und trocken. Daher war nur eine geringe Stromerzeugung aus Wasserkraftwerken möglich. Es mußten Wärmekraftwerke in einem Ausmaß eingesetzt werden wie normalerweise nur im Winter.

Die SPÖ-Wahlniederlage bei den Nationalratswahlen beendet die Ära Kreisky. Neuer Bundeskanzler wird Fred Sinowatz, der mit der FPÖ eine Koalitionsregierung bildet.

Nationalratswahlen: Kreisky-Rücktritt nach SP-Verlusten, „Grüne" gescheitert

Koalitionskabinett Sinowatz – Steger

Papst Johannes Paul II. in Wien

Helene von Damm US-Botschafterin

Höchste Arbeitslosenrate seit 1953

● Hainburg

Das Projekt Donaukraftwerk Hainburg wird zum „bevorzugten Wasserbau" erklärt.

● 380 000 Volt

Im April wird die erste innerösterreichische Freileitung mit der Systemebene 380 kV von Dürnrohr nach Ernsthofen in Betrieb genommen.

● Voitsberg III

Das Braunkohlekraftwerk Voitsberg III der „Österreichischen Draukraftwerke" geht planmäßig in Betrieb. Der alte Kraftwerksblock Voitsberg I wird stillgelegt.

● Verbund

Die Verbundgesellschaft beschäftigt zum Stichtag 31. Dezember 1983 insgesamt 1 129 Angestellte.

NEWS

Die Bundestagswahlen bestätigen die Koalition aus CDU/CSU und FDP unter Bundeskanzler Helmut Kohl. Den Grünen gelingt erstmals der Einzug in den Bundestag.

- Argentinien wird Demokratie
- Kohl und Thatcher bestätigt
- PLO: Meuterei gegen Arafat
- Friedensnobelpreis für Walesa
- Israel: Ende der Ära Begin
- Sowjets schießen koreanischen Jumbo-Jet ab
- US-Invasion auf Grenada

Ein Schritt zu mehr stromwirtschaftlicher Kooperation zwischen West und Ost

Die Hochspannungs-Gleichstromkurzkupplung in Dürnrohr ist die erste Anlage dieser Art in Mitteleuropa. Sie ist gleichzeitig die erste derartige Anlage, die für einen West-Ost-Stromverbund zum Einsatz gelangt. Die Kosten für diese Kupplung betragen einschließlich der Leitungsverbindung rund 1,2 Milliarden Schilling. Die Inbetriebnahme am 1. September 1983 ist damit ein Meilenstein auf dem Weg in eine neue Ära des Stromtransportes: Österreich als Stromdrehscheibe zwischen West und Ost.

Illustration: Erich Eibl

Die Katzen kommen!

Das Musical „Cats“ von Andrew Lloyd Webber wird seit der deutschsprachigen Erstaufführung am 24. September 1983 im Theater an der Wien ständig gespielt und ist das erfolgreichste Bühnenstück der Nachkriegszeit.

NEWSFLASH

Krieg Iran – Irak eskaliert

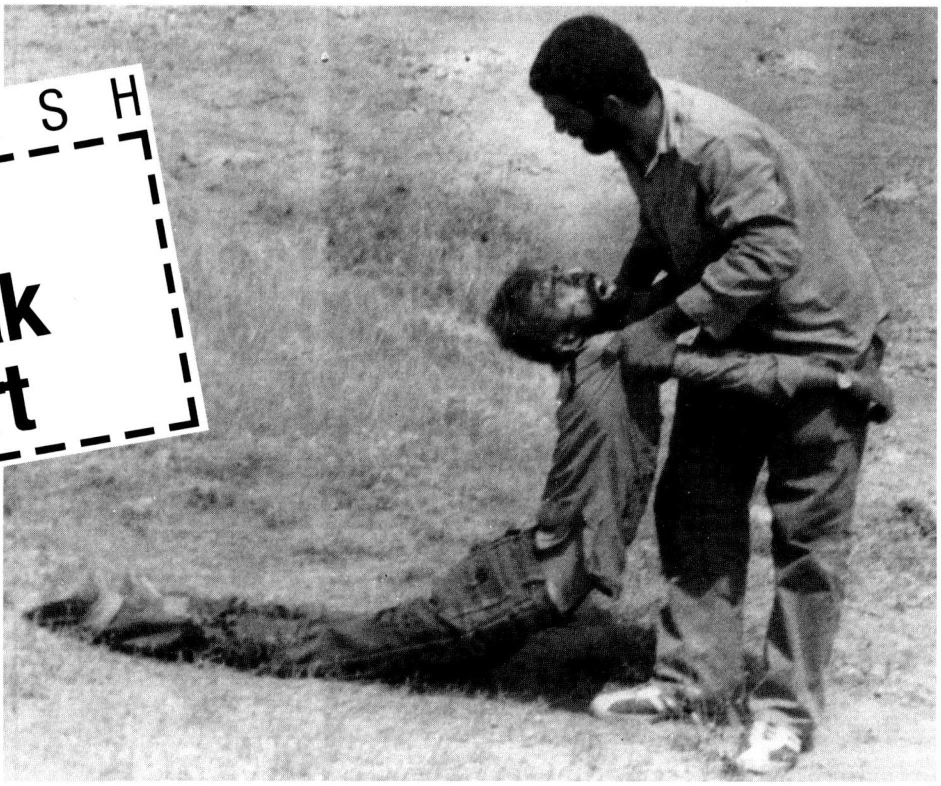

Der Iran eröffnet im Golfkrieg eine Großoffensive gegen den Irak. In dem seit über drei Jahren andauernden Krieg werden nun auch chemische Waffen eingesetzt.

Strombedarf weiter steigend

Teure Energie-Importe

1984 erreicht der Importanteil an der gesamten Stromaufbringung fast 20 Prozent. Für Energie-Importe gibt Österreich 1984 rund 59,2 Milliarden Schilling aus. Das sind 77 Prozent (!) des gesamten österreichischen Außenhandelsdefizits; im folgenden Jahr sind es sogar 64,1 Milliarden Schilling.

Der Strombedarf steigt 1984 und 1985 um rund 4,5 Prozent. Dies entspricht dem Jahresarbeitsvermögen eines der größeren Donaukraftwerke.

Gerade der Winter 1984/85 mit seiner strengen Kälte und der schlechten Wasserführung hat gezeigt, daß die Stromversorgung nur durch große Importe, unter anderem aus Bayern (Zuschaltung eines 400-Megawatt-Ölkraftwerkes) und der Schweiz, aufrechterhalten werden kann.

Strenger Winter 1984/85: Die Nachbarn aus Bayern und der Schweiz helfen mit Notimporten.

Wirklich genug Strom?

Wir haben genug Strom, wir brauchen keine neuen Kraftwerke – so hört man es oft. 1984 kam allerdings jede fünfte in das Netz der Verbundgesellschaft eingespeiste Kilowattstunde aus dem Ausland. Trotz der Inbetriebnahme des Donaukraftwerkes Greifenstein war die Erzeugung aus der Wasserkraft durch das unter dem langjährigen Mittelwert liegende Wasserdargebot niedriger als im Jahr zuvor. Der verstärkte Einsatz von kalorischen Kraftwerken und die rasante Zunahme von Importen wurde notwendig.

Pulverfaß Hainburg – Naturschützer verhindern, daß bei Stopfenreuth Auwald für das neue Donaukraftwerk geschlägert wird. Am 19. Dezember 1984 kommt es zu Zusammenstößen zwischen Exekutive und Aubesetzern.

50. Todestag von Viktor Kaplan

Seine Turbine läuft heute in nahezu allen Laufkraftwerken unseres Landes, an Donau, Drau, Enns, Steyr, Salzach, Traun und Inn. Diese Kraftwerke bilden das Rückgrat der gesamten österreichischen Stromversorgung.

Die Erfindung des bedeutenden Österreichers Viktor Kaplan (1876–1934) stellt für die Energiewirtschaft eine der wichtigsten Entwicklungen dar. Kaplan-Turbinen eignen sich besonders für Flüsse, bei denen große Wassermengen bei geringem Gefälle zur Verfügung stehen, und gewinnen bei der weltweiten Nutzung der Wasserkraft zunehmend an Bedeutung.

Viktor Kaplan hat uns mit seiner Turbine ein Werkzeug in die Hand gegeben, mit dessen Hilfe wir saubere Energie erzeugen können.

Lkw-Brennerblockade wegen Zollschikanen führt zu Verkehrschaos

Regierung Sinowatz II: Vranitzky Finanzminister

Zilk Wiener Bürgermeister

Salcher-Anzeige gegen Androsch wegen Villenfinanzierung

Konflikt um Hainburg

Waldsterben bedrohlich

● „Donauschiene“

Nach 18 Monate Bauzeit wird die 380 000-Volt-Leitung zwischen Dürnrohr und dem Umspannwerk Wien-Südost in Betrieb genommen.

NEWS

US-Präsident Ronald Reagan wird mit großer Mehrheit wiedergewählt. Nun will er den Dialog mit der Sowjetunion aufnehmen.

Polen: Krise nach Priestermord verschärft sich

Iran – Irak: Ölfelder werden Angriffsziele

Indien: Giftgas-Katastrophe in Bhopal

Indira Gandhi ermordet

Blutige Unruhen in Marokko und Tunesien

UdSSR: Andropow tot, Nachfolger Tschernenko

Konflikt USA – Nicaragua

Strom und Grün als gute Nachbarn

Das Donaukraftwerk Greifenstein ist ein Beispiel für das geglückte Nebeneinander von Natur und Technik; ebenso mehrere kleine Kraftwerke an der Salzach und der Enns.

Die „Lebensader" der Greifensteiner Au ist 42 Kilometer lang und zieht sich in vielen Windungen durchs Gelände: Der „Gießgang" versorgt das Augebiet bei Tulln mit Wasser. Dieses Biotop, das durch Eintiefung der Donau vom Austrocknen akut bedroht war, ist heute Tummelplatz von Fischen, Kröten, Enten, Kormoranen und Bibern.

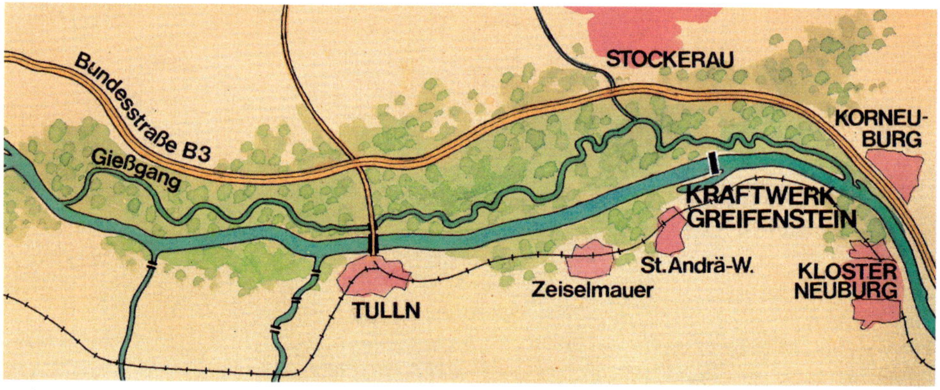

Sauberer Strom aus dem Strom: Ökotechnik am Beispiel der Staustufe Greifenstein.

„Lebensader" Gießgang: Durch Anhebung des Wasserspiegels entstand innerhalb weniger Monate eine hohe Luftfeuchtigkeit mit üppiger Vegetation. Der Stau belebt die Au!

Tierparadies Greifensteiner Au: Kormoranteich

Neben dem Eisvogel (Bild) gibt es hier auch Zwergtaucher, Teichhühner und den selten gewordenen Schwarzstorch.

Hamlet pur

Oskar Werner, Idol einer ganzen Generation von Theaterbesuchern, stirbt im Alter von 62 Jahren. Berühmt war insbesondere seine Darstellung des Hamlet. Als Filmschauspieler machte Werner eine internationale Karriere.

Mach's noch einmal Woody!

Keiner hat die eigenen Neurosen so brillant und erfolgreich vermarktet wie er. Der amerikanische Filmkomiker und Regisseur Woody Allen ist der wohl intellektuellste Blödler seines Faches.

Kater Garfield erobert die Herzen

Mag. Gerhard Heilingbrunner

Betrifft: Hainburg

Mag. Gerhard Heilingbrunner war Umweltreferent der Österreichischen Hochschülerschaft, 1984 Sprecher des Konrad-Lorenz-Volksbegehrens. Später Umweltberater von Minister Dr. Marilies Flemming, Sprecher des Kuratoriums „Rettet den Wald".

„Für die Zukunft ein Hoffnungsschimmer!"

Seit Zwentendorf haben viele Menschen – über alle Parteigrenzen hinweg – begriffen, daß Engagement in Umweltfragen sinnvoll ist. Bei Zwentendorf war es die Angst breiter Bevölkerungsgruppen vor einer unsicheren Technologie, die der Mensch nicht beherrscht. Zu Hainburg kam dann ein vermehrtes Naturverständnis. Nämlich das Bewußtsein, daß naturbelassene Gebiete erhalten bleiben müssen, der Schönheitsbegriff. Der Mensch darf ganz einfach nicht, so wurde vielen klar, in alle natürlichen Lebenskreisläufe eingreifen.

Zu Hainburg '84 kam aber auch noch ein grundsätzliches demokratisches Problem. Man hat erkennen müssen, wie von der offiziellen Politik unter dem Deckmantel der Demokratie Verfahren durchgezogen, Gesetze gebrochen werden. Zum Beispiel, was die Auswahl und Interpretation von Gutachten durch einen Landesrat in Zusammenhang mit einem Landschaftsschutzgebiet betrifft. Viele waren empört über die „Lüge des allgemeinen Systems".

Immer mehr fordern Weihnachts-Frieden in Hainburger Au

Dienstag, 18. Dez. 1984 / Nr. 8824, S 5,–

Neue Kronen Zeitung

UNABHÄNGIG

Wien 19, Muthgasse 2, Telefon 36 01-0

SPORT

Marc Girardelli deklassierte alle

Luxemburgs Lustenauer war im Super-G von Madonna einsame Klasse.

Andi Felder, ein Springerwunder

Nach 4 Siegen im Weltcup wird Andi Felder in den USA als „Springerwunder" bezeichnet.

Kronen Service Zeitung

Eine versöhnliche Geste des guten Willens

Die von mancher Seite befürchtete harte Auseinandersetzung in der Hainburger Au blieb am Montag aus. Es wurden zwar 40 Bäume gefällt, aber dann war mit den Rodungsarbeiten im Naturparadies vorläufig Schluß, da sich die Umweltschützer energisch dagegen stellten. Als versöhnliche Geste des guten Willens fertigte ein Arbeiter aus den gefällten Bäumen Brennholz für die Au-Besetzer an.

Foto: Otto Wiesinger

Nach dem Engagement gegen den Atommeiler im Tullnerfeld steigt die „Krone" für die Erhaltung der Hainburger Aulandschaft auf die Barrikaden.

Ich muß bekennen, daß wir damals von den Ereignissen regelrecht überrollt wurden. Niemand hat geglaubt, daß es zu einer so großen Protestbewegung kommen würde. Am Höhepunkt der Auseinandersetzungen waren damals Tag und Nacht mehr als 3000 Leute bei etlichen Minusgraden in der Au. Beeindruckend war die breite Solidarität mit der Bevölkerung. Wir konnten oft die vielen Lebensmittelspenden gar nicht anbringen. In Wien haben 40000 für unsere Sache, die Erhaltung der Rest-Natur, demonstriert, in Innsbruck und Graz wurden Komitees gegründet.

Man hat versucht, uns zu diffamieren. Doch die Öffentlichkeit hat sehr bald erkannt, daß hier keine Chaoten am Werk sind. Niemand wollte diesem Staat Schaden zufügen, wir haben uns bloß gegen eine bestimmte Vorgangsweise gewehrt. Wir waren im Rahmen des Konrad-Lorenz-Volksbegehrens auch stets bemüht, streng überparteilich zu sein. Natürlich haben wir auch versucht, Vertreter des politischen Systems zu mobilisieren. Insgesamt hat hier der bürgerliche Flügel überwogen: Hainburg '84 kann man als „bürgerliche Revolution" bezeichnen.

Seite 6 — LOKALES — Dienstag, 18. Dezember 1984 | Dienstag, 18. Dezember 1984 — LOKALES — Seite 7

Die Demonstranten stellten sich Rodungen in den Weg!

In dem Gewirr der Montag früh in der Au gefällten Bäume lagen Naturschützer, Polizisten, Gendarmen und Arbeiter dicht zusammen

Naturschützer riskierten für die Bäume sogar ihre Köpfe. Daraufhin zog die Polizei ab

Ihm wurde schlecht: Gendarm Hubert Pelikan (22) aus Mödling

Mit Motorsägen und Äxten kamen die Baumfäller in die Au

Als unter dem Gekreisch der Kettensägen die Bäume fielen, sangen Umweltschützer mit entrollter Nationalflagge die Bundeshymne

„Ihre Köpfe hingehalten" haben am Montag im wahrsten Sinn des Wortes Naturschützer in der Au in Hainburg, als Holzfäller unter Polizei- und Gendarmerieschutz innerhalb eines mit Stacheldrahtzaun abgeriegelten Gebietes mit den Rodungsarbeiten begannen. 40 Bäume fielen, danach mußten die Beamten die Aktion abbrechen: „Wir hätten Menschenleben aufs Spiel gesetzt. Frauen mit Kindern haben sich uns in den Weg gestellt."

Bis vier Uhr früh war die Lage in der Au ruhig. Die Temperaturen sanken auf zwei Grad unter Null, in den insgesamt sechs Lagern der Naturschützer in dem weitläufigen Gebiet harrten rund 3500 Menschen aus allen Bundesländern und Gesellschaftsschichten der Dinge. Jene, die in Zelten, Holzhütten, Notbehausungen und Erdlöchern Unterschlupf fanden, konnten zumindest einige Stunden schlafen. Andere wiederum hockten zusammengekauert rund um die zahlreichen Lagerfeuer. Tee wurde gekocht, man sang Lieder, um sich wachzuhalten, oder marschierte von Zeltlager zu Zeltlager, um durch viel Bewegung der Kälte einiges von ihrem Schrecken zu nehmen.

Punkt vier Uhr ging es dann los: Überall tauchte plötzlich Polizei aus Wien und Gendarmerie aus Niederösterreich auf. In Gruppen von zwanzig bis vierzig Personen streiften sie durch den dichten Auwald, tauchten kurz in den vollgestopften Lagern auf und verschwanden wenige Minuten später wieder im Unterholz. Die Naturschützer reagierten: Menschenketten wurden gebildet, dann wieder aufgelöst. Von einem Stützpunkt zum anderen wurden pausenlos Verstärkungen und Ablösen geschickt. An den vielen Barrikaden entlang der Auwege herrschte Hochspannung. Jeder wartete eigentlich auf einen Großangriff der rund 800 Beamten, die in ihren Mannschaftsbussen auch Helme, Schutzschilde und Schlagstöcke liegen hatten. Diese „Hilfswerkzeuge" kamen Montag allerdings noch nicht zum Einsatz.

VON KARL WENDL, ERICH SCHÖNAUER, PETER GROTTER, CHRISTIAN HAUENSTEIN (TEXT) UND OTTO WIESINGER, JOSEF SCHRÖPFER, ERNST KAINERSTORFER UND GINO MOLIN (FOTOS)

Durch die Verwirrungstaktik und die vorgetäuschten Räumungseinsätze der Exekutive wurden die Aubesetzer in ihren Großlagern vom wahren Ziel der Beamten abgelenkt: Um 5.45 Uhr heulte plötzlich die erste Holzsäge auf. In einem Gebiet, direkt unter der Donaubrücke, in dem sich zu diesem Zeitpunkt nur rund 30 Aubesetzer aufhielten. Über einen freien Feldweg hatten die Beamten mit Bussen die Rodungsarbeiter zu dieser Stelle gebracht. Ein Stacheldrahtzaun wurde rund um die Arbeiter gezogen. Dahinter nahmen in einem Abstand von einem Meter die Exekutivorgane Aufstellung. Mann an Mann gereiht, bildeten sie eine lebende Schutzwand.

Über Funk und durch stille Boten

BITTE BLÄTTERN SIE UM

Leider hat ab dem Zeitpunkt der ersten Auseinandersetzungen nicht mehr die Vernunft gesprochen, sondern die harten Worte. Dann kam der 19. Dezember. Leute, die friedlich demonstrierten, wurden mit Knüppeln geschlagen. Wäre es zu einer Gegendemonstration der Arbeiter in der Au gekommen (eine solche konnte nur mit knapper Mühe unterbunden werden), hätte es bestimmt unabsehbare Folgen gehabt.

Ein wesentliches Element, das damals mitgewirkt hat, bestand im Vorgehen der E-Wirtschaft. Sie hat schon lange vor der Diskussion um Hainburg an Glaubwürdigkeit eingebüßt. Das Mißtrauen breiter Bevölkerungsschichten in etablierte Institutionen wie der E-Wirtschaft hatte nach Zwentendorf einen neuen Höhepunkt erreicht.

Natürlich haben wir uns auch mit der Gegenseite auseinandergesetzt und vor allem Alternativvorschläge präsentiert. Grundsätzlich muß gesagt werden, daß wir in Österreich mehr als genug Strom haben. Hainburg war somit energiepolitisch keine Notwendigkeit. Außerdem, so argumentierten wir damals, würde Energiesparen mindestens „zwei Hainburg" überflüssig machen, vor allem in den Haushalten und im Bereich der Wärmedämmung.

Es ist bekannt, daß die E-Wirtschaft versucht, den Stromverbrauch künstlich mit Elektroheizungen zu steigern. Die heimischen E-Heizungen machen rund 10 Prozent des bundesweiten Stromverbrauchs aus. Der Verbrauch auf diesem Sektor soll noch mehr angehoben werden, um zu legitimieren, daß weitere Kraftwerke, vor allem kalorische Kraftwerke, notwendig sind. Dies geht unter anderem aus einem internen Bericht der E-Wirtschaft hervor, der unmittelbar vor Hainburg bekannt wurde und in der Öffentlichkeit für beträchtliches Aufsehen gesorgt hat.

Die Wasserkraft ist sicher die sauberste Form der Energiegewinnung, aber wir haben bereits 70 Prozent der heimischen Wasserkräfte ausgebaut und müssen uns Gedanken machen, welche derzeit noch verschont gebliebenen Naturgebiete wir in Zukunft erhalten wollen.

Hainburg '84 war ein allgemeiner österreichweiter Aufschrei, daß es in dieser Richtung nicht weitergehen kann. Diese Auseinandersetzung war in der zweiten Republik einmalig. Es hat sich zum ersten Mal gezeigt, daß aufgrund eines friedlichen und passiven Widerstandes einiges in diesem Land möglich ist und daß der Staat mit dem Bürger nicht machen kann, was er will.

Seit Hainburg wissen wir, daß wir nicht ohnmächtig sind, eine Chance haben. Hainburg ist für die Zukunft ganz gewiß ein Hoffnungsschimmer.

Hannes Zach

Umweltschutz: Bei uns in guten Händen

Verbund-Generaldirektor-Stv. Dkfm. Hannes Zach, verantwortlich für den Baubereich

Die Grünen haben recht. Umweltschutz ist wichtig. Was aber Umweltschutz ist, darüber gibt es unterschiedliche Ansichten. Hainburg ist das beste Beispiel dafür. Ich meine: Ein Taferl „Nationalpark" und ein Strich auf den Landkarten, eine Eintragung in die Ramsar-Liste – das alles ist der Au völlig gleichgültig. Sie macht, was Natur immer macht, ohne irgendjemanden zu fragen: Sie verändert sich. Im konkreten Fall heißt das: Sie trocknet aus. Die Donau gräbt sich wie jeder Wasserlauf immer tiefer in ihr Bett ein. Der Grundwasserspiegel sinkt. Die Au verändert sich. Nicht von heute auf morgen. Aber in dreißig oder fünfzig Jahren ist die Au auf den Photos, die 1984/85 dort gemacht wurden, nicht mehr wiederzuerkennen. Statt Feuchtbiotop gibt's dann dort harte Trockenhölzer. Ganz natürlich. Das passiert, wenn dort nichts geschieht. Wenn der Mensch dort nicht eingreift und die Fließgeschwindigkeit der Donau reduziert, um die Eintiefung zu bremsen – also zum Beispiel die Donau staut.

Ähnliches gibt es auch anderswo. Der Bayerische Wald zum Beispiel ist bereits ein Naturschutzgebiet. Dort stehen die Taferln schon. Der Wald allerdings kümmert sich um die Taferln gar nicht. Er stirbt trotzdem. Weil er die Luftverschmutzung nicht verträgt. Den Wald retten – nicht nur den Bayerischen – heißt also nicht: Taferln aufstellen. Sondern: Etwas gegen die verschmutzte Luft tun. Zum Beispiel durch Protestresolutionen? Nein. Durch den Einbau modernster Rauchgasreinigungstechnologie in die kalorischen Kraftwerke. Im Verbundkonzern wurden in den letzten Jahren vorbildliche Anlagen gebaut, teilweise zum ersten Mal in der Welt. Mit großem Kostenaufwand. Und mit Resultaten: Der Schadstoffausstoß aus den Wärmekraftwerken des Verbundkonzerns sank seit Beginn der 80er Jahre auf ein Fünfzehntel. Das nennen wir Umweltschutz.

Schauen wir uns das Problem noch allgemeiner an. Wir brauchen Energie. Alle. Also stellt sich die Frage: Woher soll die Energie kommen?

Wir meinen: Verglichen mit der Kernenergie, den zu Ende gehenden sogenannten fossilen Brennstoffen, wie Öl und Gas oder der Kohle, die zwar noch länger reichen wird, aber bei jeder Verbrennung die mittlerweile immer drängendere CO_2-Problematik verstärkt – Stichwort „Treibhauseffekt" –, verglichen mit all diesen Energieträgern ist Wasserkraft die weitaus umweltfreundlichste Energieform. Sie ist sauber, sie ist unerschöpflich, sie nutzt den ewigen Kreislauf Sonne – Wasser. Österreich hat den Vorteil, daß es rund 70 Prozent seines gesamten Strombedarfs aus Wasserkraft decken kann. Im Verbundkonzern sind es sogar bis zu 90 Prozent. Wir sollten diese Chance nutzen.

Keine weiteren Wasserkraftwerke bedeutet: Mehr Strom muß aus anderen Quellen kommen. Und darum geht es weltweit: Alle Energie, die aus erneuerbaren Quellen – Wasserkraft, Wind, auch Biomassen – gewonnen werden kann, ist in der Lage, Energie aus unwiderbringlich verlorengehenden Brennstoffen – wie Öl, Gas, Kohle – zu ersetzen. Der Gefahren, die die riesigen Rodungen der Urwälder zur wirtschaftlichen Erschließung – zum Beispiel im Amazonasgebiet – mit sich bringen, wird man sich heute mehr und mehr bewußt.

In Österreich bedeutet der Ausbau der Wasserkraft nicht nur „umweltfreundliche Energie". Sondern auch: „Mehr Unabhän-

Der Stau belebt die Au! „Lebensader“ Gießgang beim Kraftwerk Greifenstein.

gigkeit“. Österreich fördert derzeit noch selbst Erdöl und Erdgas. Die Steinkohle ist bereits zu Ende gegangen, Braunkohle gibt es noch im Land. Aber der Zeitpunkt, an dem alle diese einheimischen Brennstoffvorräte erschöpft sein werden, rückt näher. Wir werden es noch erleben, Anfang des dritten Jahrtausends – und bis zur Jahrtausendwende sind es nur noch ein paar Jahre. In zwanzig, dreißig Jahren müssen alle diese Energieträger aus dem Ausland importiert werden. Alle Experten erwarten, daß Öl, Gas und damit auch Kohle wieder teurer werden. Es ist nur eine Frage der Zeit: Was knapp wird, wird teurer. Dann haben wir nur noch einen einzigen einheimischen Bodenschatz, der Energie bringt: Die Wasserkraft. Lange, bevor das Öl den Beinamen „Schwarzes Gold“ bekam, sagten die Österreicher zur Wasserkraft „Weißes Gold“.

Wir werden nicht in den Goldrausch verfallen. Weiterer Ausbau der Wasserkraft heißt nicht: Zubetonieren des letzten Baches und des letzten Wasserfalls. Aber: Naturnaher moderner Wasserbau wird es möglich machen, die umweltfreundlichste Form der Energiegewinnung zu nutzen – und Raum für Nationalparks zu haben. Nationalparks, die nicht austrocknen. Entweder – oder, das ist in diesem Fall keine Alternative.

N E W S F L A S H

Live-Aid gegen Hunger

Das „Live-Aid"-Popkonzert im Londoner Wembley Stadion am 13. 7. 1985 ist eine Initiative von Rockstar Bob Geldof für die Hungernden in Äthiopien. Im Bild Freddie Mercury, Leadsänger der Gruppe „Queen".

Dürnrohr und Oberlaa Ost-West-Verbindung

17 Milliarden für Netzausbau

Der Austausch elektrischer Energie zwischen Ost- und Westeuropa wird künftig aus Gründen der Versorgungssicherheit, aber auch zur gegenseitigen Störungsaushilfe von großer Bedeutung sein. Die Verbundgesellschaft wird daher innerhalb des laufenden Jahrzehnts rund 17 Milliarden Schilling in den Ausbau ihres 380-kV-Netzes investieren müssen. In dieser Summe sind zwei Gleichstromkurzkupplungen inbegriffen. Dürnrohr ging 1983 in Betrieb. Auch das Umspannwerk Oberlaa (Wien-Südost) wird zu einer solchen Drehscheibe ausgebaut, die das ungarische mit dem österreichischen Netz koppeln soll.

Damit leistet Österreich neben einer Verbesserung der Versorgungssicherheit – alle österreichischen Ballungsgebiete sollen durch einen „Ring" von zwei Seiten her versorgt werden können – auch einen entscheidenden Beitrag zur gesamteuropäischen Energiepolitik.

„Strom-Loch" im Winter

Noch mehr Energie aus dem Ausland

● Start für UdSSR-Energietausch

Für den Winter 1985/86 gibt es keinen Zuwachs bei kalorischen Kraftwerken, da Dürnrohr, Mellach und Riedersbach erst 1986 in Betrieb gehen.

Die Verbundgesellschaft muß daher erhöhte Importkontingente, vor allem aus Osteuropa, anfordern. Verschärft wird die Situation durch das Betriebsverbot des 25 Jahre alten Dampfkraftwerkes Zeltweg.

Der Stromtauschvertrag zwischen der Verbundgesellschaft und der UdSSR wurde 1982 abgeschlossen und tritt Anfang 1985 in Kraft.

Im Sommer liefert Österreich elektrische Energie. Im Winter bezieht es Energie aus der UdSSR. Der Stromtausch soll 20 Jahre lang aufrechterhalten werden. Die UdSSR liefert dabei von Jänner bis April und von Mitte Oktober bis Mitte Dezember 472 GWh, insbesondere Nachtenergie sowie Wochenend- und Feiertagsenergie, was in Österreich den Einsatz von Wärmekraftwerken verringert und Brennstoffkosten spart. Österreich liefert dagegen Tagesenergie von 590 GWh im Jahr zwischen Anfang Mai und Ende August.

Affäre um Heimkehr des ehemaligen Kriegsverbrechers Reder

Bautenminister Sekanina zurückgetreten

Volksbegehren gegen Abfangjäger

VOEST-Debakel, Krise der Staatsindustrie

Skandal um Glykolwein

Stromproduktion

71 Prozent aus Wasserkraft

In Österreich werden 1985 insgesamt 44,5 Milliarden kWh Strom produziert. Nahezu drei Viertel – 71 Prozent – davon stammen aus der heimischen Wasserkraft – der saubersten, umweltfreundlichsten Art der Energieerzeugung. Österreich exportiert in diesem Jahr knapp 7,7 TWh (Terawattstunden) Strom und importiert 6,0 TWh, wobei man immer beachten muß, daß wir Sommerenergie und Spitzenstrom exportieren und umgekehrt Winterenergie, also thermische Energie aus Wärmekraftwerken, importieren.

Erdbeben in der Staatsindustrie. Die Milliardenverluste der VOEST-Tochter „Intertrading“ führen zu einer Blitzablöse des VOEST-Vorstandes. Finanzminister Ferdinand Lacina, verantwortlich für die Verstaatlichte, gerät ins Schußfeld der Opposition.

- **Wien-Südost**
  Die Arbeiten an der 380-kV-Anlage des Umspannwerks Wien-Südost werden beendet.

- **Energie**
  Alle Sondergesellschaften zusammen haben 1985 rund 22000 GWh elektrischer Energie erzeugt und ins Verbundnetz eingespeist.

- **Beleuchtung**
  Eine Großstadt wie Wien wird heute durch 260259 Straßenlampen erhellt.

NEWS

Die Gipfelbegegnung zwischen Reagan und Gorbatschow in Genf bringt eine echte Chance für die Rückkehr zu einer neuen Entspannungspolitik.

Golfkrieg Iran – Irak verschärft sich

UdSSR: Tschernenko tot, Nachfolger Gorbatschow

Spionageaffäre in Bonn

Frankreich: Greenpeace erschüttert Regierung

Gipfel Reagan – Gorbatschow in Genf

Israelis bombardieren PLO-Ziele in Tunis

Öffentlichkeits-arbeit

Mit einer Serie von Informationstexten unter dem Tenor „Wir müssen uns Energiefragen stellen" kommt es zu einem regen, sachlichen Dialog mit den Stromkunden.

WOZU BRAUCHEN WIR MEHR STROM.

WIR verbrauchen heute 6% weniger Erdöl, Erdgas und Kohle als 1978. Aber jedes Jahr ca. 3% mehr Strom. Das sind rund 1,7 Milliarden Kilowattstunden. Etwa so viel, wie Vorarlberg pro Jahr benötigt oder so viel, wie das Donaukraftwerk Greifenstein in einem Jahr erzeugen kann.

WIE kommt es, daß wir heute insgesamt nicht mehr Energie verbrauchen als 1973, dem Jahr des ersten „Ölschocks", der Strombedarf seither aber um ein gutes Drittel gewachsen ist?

Wieviele elektrische Geräte haben Sie in den letzten Jahren dazugekauft?

DIE Antwort ist einfach: Unser Standard steigt ständig. Österreichs Wirtschaft produziert heute rund ein Viertel mehr als damals.

DIE „elektronische Revolution" ist in vollem Gang – Industrie, Gewerbe und Handel arbeiten zunehmend mit präzisen elektronischen Geräten.

DER Güterverkehr verlagert sich von der Straße auf die Schiene. Die öffentlichen Verkehrsmittel fahren öfter und schneller; Straßen- und U-Bahnen sind eine umweltfreundliche, zeitsparende Alternative zum Auto.

WIR können Tag und Nacht ein riesiges Freizeitangebot nützen. Und das tägliche Leben erleichtern wir uns durch Waschmaschinen, Geschirrspüler, Tiefkühltruhen und andere moderne Haushaltsgeräte.

FÜR all das brauchen wir Strom. Der kommt nur dann aus der Steckdose, wenn wir genügend Kraftwerke haben.

WIR MÜSSEN UNS ENERGIEFRAGEN STELLEN

TUN wir es gemeinsam. Schreiben Sie uns: Verbundgesellschaft, 1010 Wien, Am Hof 6a

Verbundgesellschaft

Die Sperre Zillergründl der Tauernkraftwerke AG im Bau (1850 m Seehöhe). Speicherkraftwerke werden dann voll eingesetzt, wenn die Flüsse wenig Wasser führen. Sie bilden auch eine „eiserne Reserve" für Spitzenstrombedarf und müssen bei Ausfällen anderer Kraftwerke binnen Sekunden „einspringen" können.

Boris – im Tiefflug zur Sensation

Der erst 17jährige Boris Becker gewinnt das Wimbledon-Tennisfinale.

Deutschland hat über Nacht ein neues Sportidol, das besonders der Jugend ein Beispiel gibt: „Aussteigen ist out", heißt plötzlich die Parole.

AIDS
bedroht Europa

Die todbringende Seuche AIDS hat, ausgehend von Zentralafrika und der Karibik, über die USA nun voll auf Europa übergegriffen. In fast allen europäischen Ländern wird der Ernst der Lage erkannt, und Bekämpfungsmaßnahmen werden eingeleitet.

Doch die Wissenschaftler sind eher pessimistisch. Man arbeitet zwar fieberhaft an der Erforschung der Seuche, ein Impfstoff wird jedoch wahrscheinlich erst in den neunziger Jahren zur Verfügung stehen. Intensive Aufklärungsaktionen richten sich nicht nur an die bekannten Risikogruppen.

Eine Krankheit wird zum Medienereignis: Seriöse Aufklärung findet im Blätterwald eher selten statt.

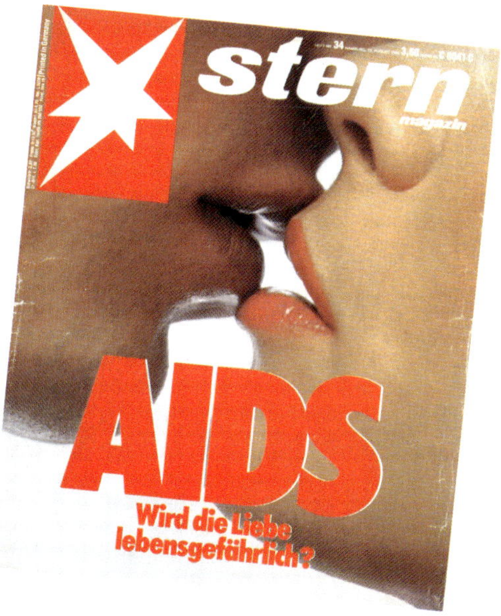

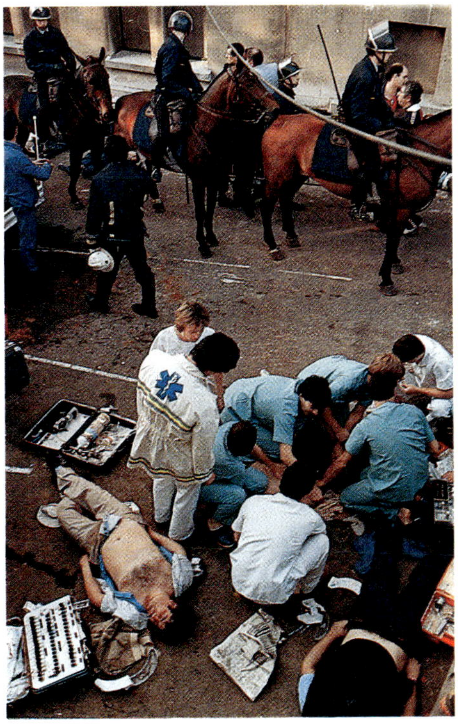

Die Tragödie von Brüssel

Vor dem Fußball-Europacupfinale Juventus Turin gegen Liverpool kommt es am 29. Mai 1985 im Brüsseler Heyselstadion zu Ausschreitungen unter den Zuschauern, die 39 Tote und zahlreiche Verletzte fordern.

NEWSFLASH

Tschernobyl

In der Sowjetunion kommt es im April 1986 zu einem folgenschweren Reaktorunfall. Als Reaktion werden in fast ganz Europa zum Teil drastische Sicherheitsvorkehrungen gegen die radioaktive Verstrahlung getroffen.

Wärmekraftwerk Dürnrohr geht in Betrieb

Meilenstein für den Umweltschutz

Als Kohlekraftwerk der Zukunft ist Dürnrohr mit modernsten Filteranlagen ausgerüstet. Mit den vergleichbaren japanischen Kraftwerken liegt es bezüglich Entschwefelung, Entstickung und Entstaubung weltweit im Spitzenfeld.

Das Kraftwerk Dürnrohr weist eine Leistung von rund 700 Megawatt elektrischer Energie auf (das entspricht dem Spitzenleistungsbedarf von ganz Niederösterreich). Damit trägt es entscheidend zur Sicherung der Stromversorgung vor allem im Winter bei. Dürnrohr, eines der modernsten Kohlekraftwerke der Welt, wird von der Verbundkraft und EVN (Energieversorgung Niederösterreich) betrieben. Hier wurden rund 3 600 Millionen Schilling für den Umweltschutz verwendet – fast ein Drittel der gesamten Baukosten. Die behördlich überwachten Messungen der Luftqualität ergeben: Das Kraftwerk ist so „sauber", wie versprochen.

Dürnrohr: 700 Megawatt saubere Energie

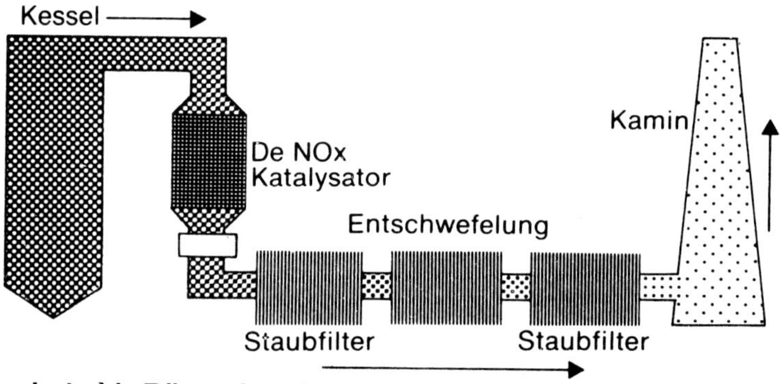

Umweltschutz à la Dürnrohr: Die Rauchgase werden zu 100 Prozent erfaßt, zu 99,8 Prozent von der Flugasche befreit, zu 90 Prozent entschwefelt, das Stickoxid wird zu 80 Prozent „herausgefiltert".

WIFO: 30 Prozent mehr Strom bis zum Jahr 2000!

Nach einer Prognose des Wirtschaftsforschungsinstituts (Wifo) werden wir bis zum Jahr 2000 etwa 30 Prozent mehr Strom brauchen. Das neue koordinierte Ausbauprogramm der E-Wirtschaft für die nächsten zehn Jahre verlangt daher den forcierten Ausbau des Wasserkraftpotentials.

Sollten die Widerstände gegen den Ausbau der Wasserkraft weiter aufrecht bleiben, so bedeutet das steigende Kosten, steigende Auslandsabhängigkeit, das Fehlen dringend benötigter Impulse für die Gesamtwirtschaft und mögliche Versorgungslücken für die neunziger Jahre.

SPÖ, ÖVP verlieren, ein deutlicher FPÖ-Erfolg und erstmals „Grüne": Das ist das Ergebnis der Nationalratswahlen (v. l. n. r. Vranitzky, Mock, Haider, Meissner-Blau).

Nationalratswahlen: Regierung Vranitzky/Mock

Waldheim nach heftigem Wahlkampf Bundespräsident

Internationale Diskussion über Österreichs Vergangenheitsbewältigung

Groer Wiener Erzbischof

VÖEST: Kündigungen geplant

Podgorski ORF-Chef

Mehr Versorgungssicherheit durch 380-kV-Höchstspannungsleitung

Die „Donauschiene" ist fertig

Mit der Inbetriebnahme des 112 Kilometer langen Abschnitts Ernsthofen – St. Peter ist die sogenannte „Donauschiene" zwischen der Grenze zu Bayern bei Braunau am Inn und Wien fertiggestellt. Damit hat der Verbund sein nationales 380.000-Volt-Höchstspannungsnetz entscheidend erweitert. Um die allgemeine Versorgungssicherheit noch mehr zu erhöhen, sollen Österreichs Städte über eine Ringleitung von zwei Seiten versorgt werden können. Dabei nimmt man auf höchstmöglichen Umwelt- und Landschaftsschutz Bedacht. Zum Beispiel hat der Verbund rund 500 Millionen Schilling Mehrkosten in Kauf genommen, um den Wienerwald großräumig umgehen zu können.

● Aus für Zwentendorf

Der Beschluß der Bundesregierung und der E-Wirtschaft, die mobilen Teile des Kernkraftwerkes zu verkaufen, bedeuten das „Aus" für Zwentendorf. Es könnte in ein Gaskraftwerk umgebaut werden.

● E-Auto-Symposium

Abgasfrei und leise – so sollten Fahrzeuge im Stadtverkehr sein. Das Wiener Symposium über die Möglichkeiten des E-Autos weckt Hoffnung für die Zukunft dieser Fahrzeuge. Die Verbundgesellschaft will Testfahrzeuge ankaufen.

NEWS

Die amerikanische Raumfähre „Challenger" explodiert 75 Sekunden nach dem Start. Alle sieben Astronauten kommen ums Leben.

Philippinen: Aquino-Wahlsieg, Marcos geht

Schweden: Olof Palme ermordet

Konflikt USA – Libyen eskaliert

Reykjavik: Gipfel gescheitert

Iran – Contra-Affäre: Reagan wankt

UdSSR: Regimekritiker Sacharow frei

Wir könnten ein reiches Land sein...

Die Auslandsabhängigkeit in der Energieversorgung wird durch die Verbrauchssteigerung und die zunehmende Erschöpfung heimischer Lagerstätten immer größer.

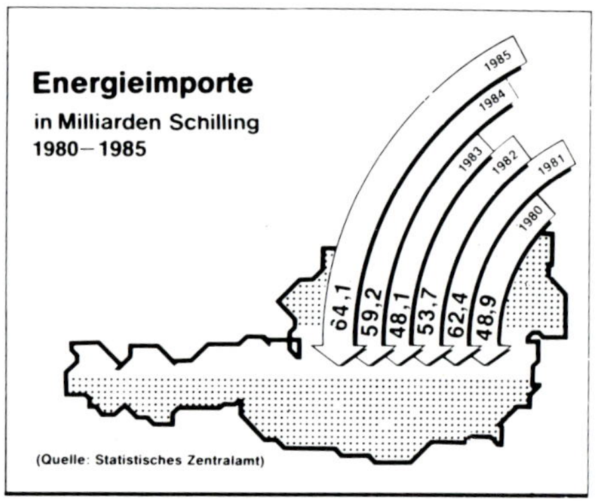

Durch die Energie-Importe wird die Zahlungsbilanz stark belastet. 1972 mußte Energie um 8,5 Milliarden Schilling importiert werden, das waren 9,9 Prozent der gesamten Importausgaben. 1979 waren es 12,3 Prozent und 1981 18,6 Prozent.

Wasserkraft und Holz sind die einzigen Energieträger, die aus dem Inland kommen. Bei der Kohle stammt etwa ein Viertel aus dem heimischen Braunkohleabbau, der Rest ist Importkohle. Gas wird zu über 80 Prozent importiert (ausschließlich aus Osteuropa), ebenso Rohöl, vor allem aus dem Nahen Osten, Nordafrika und der UdSSR.

Verstärkter Einsatz von Wärmekraftwerken belastet die Kosten

Bleibt der Wasserausbau weiter blockiert, werden die Preise steigen, weil vermehrt kalorische Kraftwerke (im Bild das neu eröffnete Dürnrohr) eingesetzt werden müssen und mehr Strom aus dem Ausland bezogen werden muß. Im Bild die Rauchgasreinigungsanlagen beim Kraftwerk Dürnrohr, die 30 % der gesamten Baukosten erforderten.

Neue Kronen Zeitung UNABHÄNGIG

Neue Kronen-Zeitung, 30. Mai 1986

Apropos

Dr. Georg Wailand

Energie: Abhängig vom Ausland . . .

Was den Umweltschutz anlangt, so hat Österreich eine Spitzenposition erreicht. Auf der Strecke geblieben ist dabei freilich die Sicherung unserer Energieversorgung. Die Abhängigkeit vom Ausland steigt ständig. Wir haben Zwentendorf nicht in Betrieb genommen, wir haben auf Hainburg und die Nutzung der Umbalfälle verzichtet – umweltmäßig gewaltige Errungenschaften. Aber ebenso besorgt müssen wir uns die Frage stellen, woher in den nächsten Jahrzehnten der Strom für Österreich kommen soll.

Das kann uns nicht egal sein: Schon jetzt stammen 75 Prozent unseres gesamten Handelsbilanzdefizits aus den Energieimporten (diese kosteten uns 1985 bare 57 Milliarden Schilling). Österreich wäre ein reiches Land, hätte es seine Energiegewinnung im Inland besser gelöst. Verschärft wird diese Entwicklung noch dadurch, daß wohl der gesamte Energieverbrauch nicht mehr so schnell wie unser Wirtschaftswachstum steigt, daß aber ausgerechnet der Stromverbrauch überdurchschnittlich anwächst. Bis 1995 werden wir um ein Drittel mehr Strom benötigen.

Hier mangelt es an einer klaren Linie in der Energiepolitik. Wir protestieren zwar mannhaft gegen die Wiederaufbereitungsanlage in Wakkersdorf, bauen aber gleichzeitig den Ungarn ein riesiges Donaukraftwerk. Die Ungarn werden das mit Stromlieferungen abzahlen – aber nicht mit Strom aus dem Donaukraftwerk, sondern aus den neuen Kernkraftwerken, die sie derzeit bauen und bereits fix geplant haben.

So schön die neuen Nationalparks – hoffentlich – sein werden: Den gleichen Ideenreichtum, den wir beim Umweltschutz in Österreich entwickelt haben, werden wir bei der Lösung unserer Energieversorgung brauchen. Das wird bitter nötig sein – wenn wir unser Schicksal nicht vollständig in die Hände ausländischer Staaten, insbesondere solcher aus dem Ostblock, legen wollen . . .

Sturm auf US-Charts

Der Falke landet einen Hit nach dem anderen („Amadeus", „Vienna Calling") und belegt in den US-Charts Number one.

Gerhard Berger

Formel-I-Senkrechtstarter

Nach Niki Lauda hat Österreich wieder einen GP-Toppiloten: den Tiroler Gerhard Berger, der in dieser Saison in die roten Flitzer von Enzo Ferrari klettert.

Lottofieber in Österreich

Seit September wird Österreich vom Lottofieber gebeutelt: „Sechs aus 45" heißt das fröhliche Kreuzelschreiben, das zum Lieblingsspiel der Nation wird. Das Lottofieber (zwei Jahre später sind 69 Prozent der Bevölkerung mit dabei) hat schon eine Menge Millionäre hervorgebracht. Hauptgewinner beim Lotto bleibt freilich der Staat.

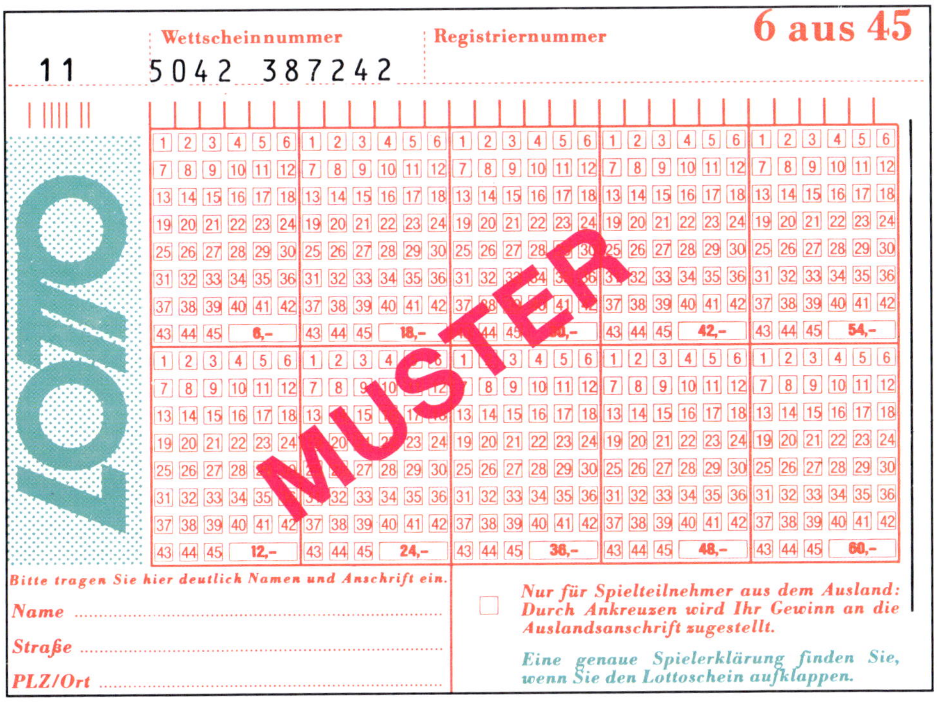

100 Lichtjahre

„LICHTJAHRE – 100 Jahre Strom in Österreich". Eine Erlebnisausstellung, die Technik, Kunst, Wirtschaft und Zeitgeschichte zeigte, war der Schwerpunkt der Öffentlichkeitsarbeit der österreichischen Elektrizitätswirtschaft im Jahre 1986.

Mehr als 200 000 Besucher im Wiener Künstlerhaus, mehr als 45 000 dann auch in Linz erlebten einen Industriezweig in neuem Licht.

Plastisch dargestellt: Der winzige Chip und seine auf ihm gespeicherte Information.

Flüsterkegel mit Mythen, Legenden und Visionen rund um den Strom.

Seinerzeit – Probebeleuchtung auf dem Wiener Graben 1882.

NEWSFLASH

Abrüstungsvertrag der Supermächte

Beim Washingtoner Gipfel unterzeichnen Reagan (USA) und Gorbatschow (UdSSR) einen Abrüstungsvertrag über Mittelstreckenraketen. Nach diesem „historischen" Vertrag ist das ganze Ausmaß der Wende der internationalen Politik nicht abzusehen.

40 Jahre Verbund – 2. Verstaatlichungsgesetz novelliert

Verbund wird Eigentümerkonzern

- Sondergesellschaften übernommen
- Verbund-Aktien an der Börse

Durch die Änderung des 2. Verstaatlichungsgesetzes verwandelt sich der Verbundkonzern in einen Eigentümerkonzern. Diese Novellierung wird am 2. Juli 1987 mit einer Zweidrittelmehrheit im Parlament beschlossen.

Die Verbundgesellschaft erwirbt um einen Betrag von 6 Milliarden Schilling die Beteiligungen des Bundes an den Sondergesellschaften, die sie bisher als Treuhänder verwaltet hatte. Eine Ausnahme bilden nur die Vorarlberger Illwerke.

An den bisherigen Aufgaben der Verbundgesellschaft ändert sich durch die Novellierung nichts.

Im Herbst 1988 sollen erstmals Aktien der Verbundgesellschaft an die Börse kommen. Die Republik Österreich beabsichtigt, bis zu 49 Prozent ihrer Anteile abzugeben.

ÖDK-Kraftwerk Voitsberg 3

Europa-Pionierleistung für saubere Umwelt

Almluft im Industriegebiet? – Eine Utopie. Doch Europas Kraftwerkstechniker blicken auf eine heimische Pionierleistung in Sachen Umweltschutz: Im braunkohlebefeuerten Dampfkraftwerk Voitsberg wird die neue Rauchgasentschwefelungsanlage in Betrieb genommen. Die Rauchgase werden zu nahezu 100 Prozent entstaubt und zu 90 Prozent entschwefelt. Kosten: mehr als eine Milliarde Schilling.

Voitsberg 3 ist das erste Braunkohlekraftwerk mit derart hohen Entschwefelungswerten und zählt neben Dürnrohr und Mellach zu den umweltschonendsten und modernsten Kraftwerken Europas.

Donauraumjury:

Empfehlung für Staustufe Wien

Im März liegen erste Ergebnisse der Donauraum-Jury vor. Wichtigster Punkt: die Staustufe Wien, für die sich das 30köpfige Expertenteam einhellig ausspricht.

Die internationale Jury ist daher der Ansicht, daß das Projekt einer Umweltverträglichkeitsprüfung zuzuführen ist. Die Bevölkerung von Wien soll in den Entscheidungsprozeß auf jeden Fall eingebunden werden. Die Präsentation der Wettbewerbsergebnisse ist für Anfang 1988 geplant.

Die Große Koalition ist fix. Die Budgetsanierung ist das vordringlichste Ziel der neuen Regierung unter Bundeskanzler Franz Vranitzky.

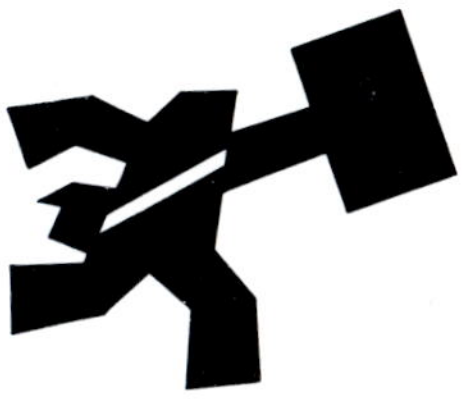

Große Koalition fix

Waldheim auf US-Watchlist, Historiker-Kommission prüft seine Kriegsvergangenheit

Sparbudget der Regierung: Protestwelle

Attentat auf Kärntner LH Wagner

Vranitzky in USA, Papst-Besuch Waldheims

ÖGB: Verzetnitsch folgt Benya

Verbund setzt auf Forschung

Themen wie „Energie und Umwelt" und „Energieformen der Zukunft" sollen aufgrund einer Verbund-Initiative Schwerpunkte von Forschungsprojekten werden. Aus Anlaß des 40jährigen Bestandsjubiläums forcieren die Verbundgesellschaft und die Sondergesellschaften ihre Aktivitäten auf dem Gebiet der Forschung und der Forschungsförderung. Aus einem Jubiläumsfond sollen Energieforschungsprojekte gefördert werden. Die Forschungsthemen reichen von naturnahem Wasserbau bis zur Sonnenenergie. Somit setzt die E-Wirtschaft eine weitere Initiative, Wirtschaft und Umweltschutz auf einen Nenner zu bringen.

- **Zillergründl**

Feierliche Inbetriebnahme des Zillerkraftwerkes der Tauernkraftwerke AG. Die gesamte Speicherkraftwerksgruppe Zemm/Ziller ist zu einem wichtigen Stützpunkt des heimischen Verbundnetzes geworden.

- **Verbund-Bilanz**

Das Jahr 1987 bringt das beste Bilanzergebnis der Verbundgesellschaft seit ihrem Bestehen. Der Aufsichtsrat kann den beiden Vorständen Dr. Fremuth und Dkfm. Zach zu einem Gewinn von 1,6 Milliarden Schilling gratulieren. Österreichs Strombedarf ist 1987 um 3,4 Prozent gestiegen.

- **Medienkoffer**

Die erfolgreiche Schulfernseh-Filmserie „Energie" wird vom Verbundkonzern allen höheren Schulen Österreichs als Medienkoffer gewidmet.

NEWS

Düstere Wolken ziehen am Horizont der westlichen Wirtschaft auf. Der schwarze Montag an den Börsen könnte, so wird vermutet, der Vorschein einer tiefen Depression der Weltwirtschaft sein. Auch der Dollar erreicht in diesem Jahr ein historisches Tief.

„Historischer" Abrüstungsvertrag USA-UdSSR

Börsenkrach – Kurssturz

Affäre Barschel erschüttert die BRD – Tod des Kieler Ministerpräsidenten

„Glasnost": Gorbatschow für Öffnung der UdSSR

„Kreml-Flieger" Rust: Sturz des UdSSR-Verteidigungsministers

Modernes Infocenter an der Enns

„Die Gegensätze sind überbrückbar"

Um die Verflechtung zwischen Energie und Umwelt deutlich zu machen, wird im Ennskraftwerk Staning ein Informationszentrum eröffnet: ein Brückenschlag zwischen Ökonomie und Ökologie, zwischen E-Wirtschaft und Naturschutz.

Oft sind es Mißverständnisse und mangelnde Information, die dem Bau neuer Wasserkraftwerke im Wege stehen. Das neue Infocenter in Staning soll dem Besucher Gelegenheit bieten, sich selbst vom Bemühen der E-Wirtschaft um eine Lösung des scheinbaren Gegensatzes von Technik und Natur zu überzeugen. „Die Gegensätze sind überbrückbar", meint Bundesminister Univ.-Prof. Dr. Hans Tuppy anläßlich der Eröffnung.

In Staning besteht seit 1982 auch das „Institut für angewandte Öko-Ethologie".

Infocenter „von innen"

- Beginnend mit dem Urknall wird in einer Multivision auf das Zentralthema „10 Milliarden Jahre Energie" eingegangen.
- Ein Großdiorama zeigt das Ennstal von der Steinzeit bis heute.
- Durch einen Kanaleinstieg betritt der Besucher ein begehbares Gewässermodell, das Einsicht in das Geschehen über und unter Wasser gewährt.
- Ein großer Globus mit den Energievorräten symbolisiert unser „Raumschiff Erde".
- Das Funktionsmodell einer Wasserkraftmaschine, ein Österreich-Relief mit den wesentlichsten Kriterien der E-Wirtschaft, Schautafeln, ein Computer und eine Video-Großprojektion ergänzen das Infocenter.

„Aufreger des Jahres“

Sein „Richard III.“ wird zum Theaterereignis des Jahres. Bochum-Import Claus Peymann rührt in Wien kräftig um. Er schafft, was zuvor kaum gelungen ist: Aufregung in die stagnierende Theaterszene zu bringen und maximale Aufmerksamkeit zu erzielen. Profil-Zeichner Gerhard Haderer sieht den wortgewaltigen Burg-Herrn auf seine Art.

Genial banal

Eine ausgeflippte Undergroundband waren sie Jahre hindurch – dann machten sie mit Nonsens Millionen. Die „Erste Allgemeine Verunsicherung“ schaffte den Durchbruch mit Witz und Genialität. Mit einem „Handkuß“ entschwebten die sieben Platin-Boys aus der Steiermark in diesem Jahr in schwindelerregende Höhen.

Ulla, wir lieben dich!

In unseren grauen Alltag brachtest Du ein bißchen Blond. Als die Kunde aus London uns Gramgebeugte erreichte, ward dies Balsam aufs aufgeschundene Selbstbewußtsein. Denn wir haben gewiß so manche Probleme – dafür aber das schönste Mädchen der Welt. Wir mögen, weiß Gott, nicht nur charmant sein – schön sind wir allemal.

Du hast uns gerettet, Du trägst die Kron'. Und nur Dir, liebe Ulla, haben wir es zu danken, daß dieses öde Buch mit etwas wirklich Schönem endet.

NEWSFLASH

Jahr des Friedens

Das Jahr, in dem der Frieden ausbrach? Sowjettruppen beginnen mit dem Abzug aus Afghanistan (Bild); nach acht blutigen Kriegsjahren kommt es zum Waffenstillstand (Irak – Iran) am Golf, Regionalkonflikte (Kambodscha, südliches Afrika) werden entschärft. 1988 brachte auch die erste echte Abrüstung in der Geschichte der Menschheit. Es war jedenfalls ein Jahr der positiven Überraschungen in der Weltpolitik.

73 000 Österreicher sind Aktionäre

Erfolg für Verbund-Aktie

Als Aktionär „im Verbund leben“ – für die Österreicher mehr als bloß ein Werbeslogan. Denn mit der Verbund-Aktie kommt ein Wertpapier auf den österreichischen Kapitalmarkt, das für breite Anlegerschichten interessant ist.

Die offizielle Zeichnungsfrist läuft vom 21. bis 25. November 1988 – und muß wegen der hohen Nachfrage vorzeitig beendet werden. Insgesamt werden 15 Millionen Aktien im Nominale zu S 100,– zum Preis von S 365,– angeboten. Die Verbund-Aktie ist bald um mehr als ein Drittel überzeichnet.

In der Werbekampagne ist es gelungen, die Verbundgesellschaft als Unternehmen zu präsentieren, das Sicherheit, Substanz und Wachstum als seine größten Vorzüge ausweisen kann. Die neuen Aktionäre aus dem In- und Ausland haben dem Verbund ihr Vertrauen ausgesprochen. Mit einem Schlag ist der Verbund Österreichs Publikumsgesellschaft mit der weitaus größten Zahl von Teilhabern.

Die Verkaufskampagne für die Verbund-Aktie wird in Fachkreisen als äußerst professionell eingestuft. Eine Kampagne, die eine Nachfrage nach Verbund-Aktien um rund 8 Milliarden Schilling auslöste.

WIR LEBEN IM

Verbund

Das „Bedenkjahr" 1988 wird von Diskussionen und Auseinandersetzungen um Österreichs jüngste Zeitgeschichte geprägt. Die März-Feiern zum Gedächtnis an den „Anschluß" 1938 verstehen sich als Aufruf zu Toleranz, Humanität, zur Wahrung und Achtung der Menschenrechte.

EG-Frage: unterschiedliche Positionen der Parteien zu Österreich-Beitritt

Zweiter Papstbesuch in Österreich

Historikerkommissions-Bericht: Diskussion um Waldheims Kriegsvergangenheit neu entfacht

Lucona-Affäre: Tatverdächtiger „Demel"-Chef Proksch geflüchtet. Parlamentarischer Untersuchungsausschuß beschlossen

Steueraffären, Skandale: Politiker-„Abgänge" von der innenpolitischen Bühne

„Kulturkampf" um antifaschistisches Hrdlicka-Denkmal am Albertinaplatz in Wien und Thomas-Bernhard-Stück „Heldenplatz"

Aktien für alle. Vorteile im Verbund.

NEWS

Mit der Wahl des Republikaners und bisherigen Vizepräsidenten George Bush zum Päsidenten der USA geht die Reagan-Ära zu Ende.

USA – UdSSR: Gipfeltreffen, Abzug und Zerstörung von Mittelstreckenraketen

Bush neuer US-Präsident

Israel: Palästinenseraufstand in besetzten Gebieten

Iran – Irak: Kriegsende ohne Frieden

Afghanistan: Abzug der Sowjets

Erdbeben und blutige Unruhen im Kaukasus. Erdbebenhilfe aus aller Welt

Und ein Blick in die Zukunft

Abgasfrei und leise in die Zukunft – wann kommt das Elektroauto? Der Verbund „gibt Gas“. Testfahrzeuge sollen die notwendigen Aufschlüsse bringen. Auf dem Loser bei Altaussee entsteht Europas größtes alpines Photovoltaik-Sonnenkraftwerk: Strom aus der Sonne, direkt ins Netz.

Der Computer als Künstler

Aus den besten, bei der Linzer „Klangwolke“ eingereichten Computer-Kunstwerken erstellte die Verbund-Gesellschaft ihren Kalender für 1988.

Dopingskandal überschattet Olympia

Ben Johnson, die „menschliche Rakete“, gewinnt bei den Spielen in Seoul den 100-Meter-Lauf, doch nach der Disqualifikation des Kanadiers geht Gold an US-Sprinter Lewis. Über Nacht wird der „Jahrhundertathlet“ zum Buhmann. Experten sprechen von Heuchelei, denn ohne Doping gehe im Spitzensport – angeblich – nichts mehr. Eine Diskussion nach noch schärferen Kontrollen oder gänzlicher Freigabe aller Dopingmittel setzt ein. Spitzensport oder Spritzensport?

Friedhof Nordsee

Das Robbensterben in Nord- und Ostsee schockiert ganz Europa. Insgesamt verenden mehr als 20 000 Tiere. Als Ursache wird später ein Hundestaupe-Virus angenommen. Man vermutet auch, daß die fortschreitende Öko-Katastrophe der Meere die Widerstandskraft der Tiere geschwächt hat.

Suchtgift-Welle

Experten schlagen Alarm. In Österreich ist derzeit so viel Suchtgift im Umlauf wie noch nie zuvor. Der Tod des Popsängers Hansi Dujmic wirft ein grelles Schlaglicht auf den steigenden Drogenkonsum. Der einst gefeierte „Elvis“-Darsteller stirbt an einer Überdosis Heroin.

Nachwort

Prof. Dr. Walter Fremuth

„Die österreichische Elektrizitätswirtschaft, ein Wirtschaftszweig mit Zukunft?“

Kann die Frage: „Die österreichische Elektrizitätswirtschaft, ein Wirtschaftszweig mit Zukunft?“ wirklich ernsthaft mit einem Fragezeichen versehen, aufgeworfen werden? Ist es nicht ein wenig weit ausgeholt, einem Basiswirtschaftszweig der österreichischen Volkswirtschaft mit rund 30.000 Mitarbeitern, einem Anlagevermögen, das höher ist als das aller anderen Industriezweige, und Investitionsleistungen, die Zehntausende weitere Menschen in anderen Branchen beschäftigen, die Zukunft abzustreiten oder auch nur in Zweifel zu ziehen – und sei es nur rhetorisch?

Zieht man eine Momentaufnahme der Situation wie die folgende heran, ist das Fragezeichen nicht mehr ganz so weit hergeholt: Nahezu alle von der Elektrizitätswirtschaft vorgeschlagenen großen Kraftwerksprojekte sind blockiert, die „Entkoppelung“ von Wirtschaftsleistung und Energieverbrauch wird konstatiert und gefeiert, Umweltschützer erzielen ihren durchschlagendsten Erfolg mit der scheinbar schlüssigen Argumentation, es würden ohnehin keine weiteren Kraftwerke mehr gebraucht, weil ohnehin der Bedarf nicht mehr steige. ▸

Die Frage nach der Zukunft des Wirtschaftszweiges Elektrizitätserzeugung ist zunächst einmal so zu formulieren: „Hat das Produkt eines Wirtschaftszweiges, die elektrische Energie, eine Zukunft oder nicht?"

Lassen Sie mich einen Blick in die Vergangenheit werfen. Rund 5.000 Jahre geschriebene Menschheitsgeschichte, und davon bloß 100 Jahre menschlicher Gebrauch elektrischer Energie. Und dennoch: Können wir Menschen des ausgehenden 2. Jahrtausends nach Christus uns ein Leben ohne den Nutzen dieser allseits verwendbaren Energieform auch nur vorstellen, geschweige denn wirklich darauf verzichten? Die überwältigende Ingenieurleistung von nur 100 Jahren liegt hinter uns; von Beleuchtung über Kommunikation, von Datenverarbeitung über mechanische Arbeit, von Verkehrswesen über moderne Medizin ist unser gegenwärtiges Leben ohne diese Energieform nicht vorstellbar.

Sehr früh wurde auch die gesellschaftliche Dimension dieses neuen Hilfsmittels der Menschen erkannt. Im Jahre 1909 wurde nach vielen Jahren der Vorarbeiten schriftlich eine „Enquete über legislative und administrative Angelegenheiten des Elektrizitätswesens" vom k. k. Ministerium für öffentliche Arbeiten herausgegeben. Neben der Auseinandersetzung mit den Produktionsproblemen war Raum gegeben dem Interesse der Allgemeinheit, der Universalität der Verwertung elektrischer Energie für die Landwirtschaft, für die gewerbliche und industrielle Gütererzeugung, das Verkehrswesen und die „Gedankenübertragung" (Telegraphie und Telephonie); nicht zuletzt aber auch: den Einflüssen auf die gesundheitliche und soziale Lage der Bevölkerung einschließlich der Frage der Verwendung von Elektrizität für hauswirtschaftliche Aufgaben. Zitiert nach dem geradezu mit Sehergabe begabten Mentor dieser Untersuchungen, Prof. Dr. Arnold Krasny („Die Aufgabe der Elektrizitätsgesetzgebung", Wien, Manz, 1910), betrug die Gesamtleistung aller zwischen 1886 und 1909 entstandenen Werke Zisleithaniens bloß 285.353 Kilowatt (Vergleich heute: 14,951.000 Kilowatt allein auf unserem Staatsgebiet). Geradezu prophetisch mutet die Prognose Krasnys für den Stromverbrauch der österreichischen Alpenländer für das Jahr 1970 mit 10.700 Millionen PS-Stunden (= 7.870 Millionen Kilowattstunden) an, wenn man dem den effektiven Verbrauch an elektrischer Energie des Jahres 1970 in Österreich mit 24.622 Millionen Kilowattstunden gegenüberstellt: Eine in der Größenordnung so treffende Prognose über 60 Jahre Entwicklung ist wohl einmalig zu nennen. Und prophetisch schrieb und verlangte der einflußreiche Professor im Jahre 1910: „Die erste und wichtigste wirtschaftspolitische Aufgabe ist demnach auch in Österreich, die Ausnützung der Elektrizität mit allen Kräften zu fördern, die Entstehung neuer Unternehmungen zu begünstigen, ihre Lebensbedingungen zu verbessern, ihre Rentabilität und ihre dauernde und ersprießliche Wirksamkeit sicherzustellen."

Wenn man heute auch keine neuen Elektrizitätsversorgungsunternehmungen mehr braucht, weil genügend vorhanden sind, so trifft doch alles übrige Gesagte auf die Gegenwart ebenso zu, wie dies 1910 gesagt und geschrieben wurde.

Gerade bei der Betrachtung der jüngsten Vergangenheit aber wird klar, welche Prozesse dazu führen, daß die „Ausnützung der Elektrizität" zwar nicht mit allen Kräften gefördert wird, dennoch aber ständig an Bedeutung gewinnt.

Seit den beiden sogenannten „Ölschocks" ist in der Welt der Energie nichts mehr so, wie es vorher war. Die Erkenntnis, daß die Ressourcen an fossilen Brennstoffen nicht unendlich sind, daß die Menschheit also im Energiebereich von der „Cowboy-Ökonomie" – einfach weiterzuziehen, wenn eine Weide abgegrast ist – wegkommen muß, traf die Bevölkerung in den Industriestaaten mit nachhaltiger Wirkung.

Und auch mit Erfolg. Überlegungen über einen sinnvollen Einsatz von Energie führten in Österreich zu bemerkenswerten Resultaten beim Energiesparen:

Im Jahr 1983, zehn Jahre nach dem ersten „Ölschock", war der gesamte Energieverbrauch wieder nur genauso hoch wie zehn Jahre zuvor, obwohl die Wirtschaftsleistung, das Bruttoinlandprodukt (BIP), um gut ein Viertel höher lag als 1973. Es war also gelungen, Wachstum zu erzielen, ohne gleichzeitig auch den Energieeinsatz zu steigern.

Wie kam es zu diesem bemerkenswerten Ergebnis? War vorher einfach so viel Energie verschwendet worden?

Die Antwort auf diese Frage wird möglich, wenn man einen etwas näheren Blick auf die Entwicklung wirft – und „Energie" nicht als Ganzes sieht, sondern die einzelnen Energieträger und -formen genauer betrachtet. Denn während der Gesamtenergiebedarf im Vergleich zur Gesamtproduktion (BIP) sank, stieg in den Jahren von 1973 bis 1983 der Bedarf an elektrischem Strom um nicht weniger als rund 33 Prozent. Elektrizität hat also andere Energieträger, vor allem Öl, ersetzt. Neue Verfahren in der Industrie – als Symbol dafür ist die Blüte der Elektronik mit dem stromdurchflossenen Chip gegenüber der Krise der traditionellen Industrien mit ihren rauchenden Schloten zu sehen –, mehr Komfort im Haushalt, der Siegeszug der EDV in der Verwaltung und anderes mehr hat zu steigendem Strombedarf bei abnehmender Nachfrage nach anderen Energieträgern geführt. Gezielte Einsatzmöglichkeit, präzise Regelbarkeit, hoher Wirkungsgrad sind die hervorstechenden Eigenschaften dieser „Edelenergie" Strom. Immer mehr Stromanwendungen, bei immer weniger spezifischem Verbrauch pro Anwendung – das scheint die intelligenteste Formel fürs Energiesparen zu sein.

Strom ist gefragt, weil er die „Energie zum Energiesparen" ist.

Wir können davon ausgehen, daß dieser Nachfrageanstieg weitergehen wird. In den Jahren 1984 und 1985 ist der Stromverbrauch jeweils um mehr als vier Prozent gewachsen. Stärker also als das Bruttoinlandsprodukt, wesentlich stärker als der Gesamtenergiebedarf, der durch die belebte Konjunktur auch wieder leicht zugenommen hat. 1987 war der Bedarfszuwachs mit 3,4 Prozent überdurchschnittlich hoch.

Im „Koordinierten Ausbauprogramm" der Elektrizitätswirtschaft, das jedes Jahr revidiert wird und auf zehn Jahre im voraus plant, gehen unsere Experten auf Grund von Zehntausenden Einzeldaten davon aus, daß bis 1996 durchschnittlich pro Jahr mit einem Wachstum des Strombedarfs von rund 2,5 Prozent zu rechnen ist. Mit dieser Prognose sind sie ziemlich genau einer Meinung mit den Fachleuten der Wirtschaftsforschungsinstitute.

In seiner jüngst vorgestellten, bis zum Jahr 2000 erstreckten, revidierten Energieprognose geht das Österreichische Wirtschaftsforschungsinstitut davon aus, daß die Nachfrage nach Elektrizität stärker steigen wird als die Summe der Nachfrage nach allen anderen Energieträgern. Nach den Indexwerten werden im Jahr 2000 der Bedarf an Strom um 48 Prozent, der an Energie insgesamt um 16 Prozent und der an nicht elektrischen Energieträgern um 9 Prozent über dem des Jahres 1984 liegen. Elektrizität wird daher auch einen deutlich höheren Prozentanteil am gesamten Energiemarkt haben als heute: Und zwar einen um 3 Prozentpunkte höheren Anteil bis 1990 und einen um 5 Prozentpunkte höheren Anteil bis 2000.

Warum geht die Entwicklung so weiter? Zur Beantwortung dieser Frage ist zunächst einmal ein Vergleich mit den anderen europäischen Industriestaaten interessant. In unseren beiden Nachbarländern, der Bundesrepublik Deutschland und der Schweiz, ist der Pro-Kopf-Verbrauch an elektrischer Energie immer noch deutlich höher als bei uns. Es ist also immer noch mit Nachholbedarf zu rechnen. Auch innerhalb Österreichs ist übrigens ein starkes Gefälle zwischen den westlichen und den östlichen Bundesländern zu registrieren, das Nachholbedarf erwarten läßt.

Ein zweiter Punkt ist der weitere Strukturwandel der Industrie. Strom ist *die* „Arbeitsenergie", bei der mechanischen Arbeit hat die Nutzenergieart Strom einen Anteil von 90 Prozent. Strom ist in vielen Anwendungsbereichen – zum Beispiel bei Computern – durch keine andere Energieform zu ersetzen. Im Gegenteil: Wir sehen aus der Entwicklung in anderen Industriestaaten – etwa in Frankreich oder in Schweden –, daß Strom andere Energieträger mehr und mehr ablöst, weil die Stromanwendung zu geringerem Gesamtenergieaufwand führt. Dabei sind sogenannte Substitutionsfaktoren von eins zu zwei, meistens sogar von eins zu fünf zu verzeichnen, das heißt, die Kilowattstunde Strom ersetzt zwei, fünf oder mehr Kilowattstunden Energieleistung aus anderen Energieträgern. Im Extremfall gibt es sogar Substitutionsfaktoren von eins zu hundert: Eine französische Molkerei hat ihre Trockenmilchherstellung auf ein neues Verfahren umgestellt: Statt des sehr energieintensiven Wärmetrocknungsprozesses wird die Milch jetzt mit Hilfe einer elektrisch betriebenen Pumpe durch ein osmotisches Filter gepreßt.

Ein Beispiel für einen besonderen spektakulären Strukturwandel hat in den letzten Jahren die Druckindustrie geliefert. Ein Blick in die Statistik des Verbandes der Elektrizitätswerke Österreichs, die den Strombedarf der Industrie nach Branchen auflistet, zeigt den Zusammenhang sehr deutlich: Die Druckindustrie hat in den letzten Jahren überdurchschnittliche Stromverbrauchszuwachsraten: 1984 waren 13 Prozent Mehrbedarf zu verzeichnen. Ein dritter Bereich schließlich, der steigende Stromnachfrage bedingt, ist der Umweltschutz.

Was bedeutet die Realisierung der sinnvollen Forderung, den Güterverkehr von der Straße auf die Schiene zu verlegen, Lkw-Züge „huckepack" auf Zügen durch Österreich zu transportieren? Mehr Stromanwendung – wieder bei geringerem Gesamtenergieeinsatz übrigens. Oder was bedeuten die Forderungen, alle Fabriksschlote mit Abgasfiltern auszurüsten? Es geht um elektrostatische Staubfilter. Womit werden die immer zahlreicher erforderlichen Wasserkläranlagen betrieben? Mit Strom! Oder innerstädtische Verkehrskonzepte, die den Schwerpunkt mehr und mehr auf schnellere Massenverkehrsmittel legen, um den Individualverkehr einzudämmen? Gar nicht zu reden von jener Verbesserung der Luftqualität, die durch den Einsatz von Elektroautos im Cityverkehr oder die Ablösung der Einzelofenheizung durch eine Elektroheizung dort wo Fernwärme oder Gas nicht zur Verfügung stehen, erreichbar wäre.

Gerade in Österreich, wo mehr als 70 Prozent des Stroms aus der Wasserkraft stammen und die modernsten und umweltfreundlichsten Kohlekraftwerke Europas im Betrieb stehen, ist Strom auch die sauberste Energie.

Dazu kommt als zweite Überlegung, daß Österreich mehr als 70 Prozent der gesamten im Land benötigten Energie im Ausland kaufen muß. Die Rechnung dafür machte 1984 mehr als 59 Milliarden Schilling aus, 1985 sogar weit mehr als 60 Milliarden Schilling.

Auf jeden erwerbstätigen Österreicher entfallen da pro Jahr so 18.000 bis 20.000 Schilling. 1987 war die Sache ein wenig billiger, weil der Ölpreis und der Dollarkurs nach unten gingen. Aber die Experten sind sich einig, daß die Atempause nicht von langer Dauer sein wird.

Österreichs einzige Energiereserve, die nicht in absehbarer Zeit erschöpft sein wird, ist die Wasserkraft. Deren Potential nutzen wir derzeit erst zu rund 60 Prozent. Während unsere heimischen Öl- und Gasreserven zu Ende gehen werden, haben wir also bei der Wasserkraft noch die Chance, saubere, regenerierbare, unerschöpfliche Energie zusätzlich bereitzustellen.

Was also wird das Hauptproblem in der Zukunft sein? Die wachsende Komplexität von Technik, Wirtschaft und Gesellschaft stellt steigende Anforderungen an uns alle. Wir müssen einerseits auf klare politische Rahmenbedingungen pochen, wir müssen andererseits auch Verständnis dafür haben, wie sich unsere Entscheidungen auf das gesellschaftliche Umfeld auswirken und umgekehrt, wie das Umfeld unseren Entscheidungsspielraum beeinflußt.

In den letzten Jahren ist der Umweltschutz in der Hitparade des öffentlichen Interesses an die Spitze vorgerückt. Trotz großer Anstrengungen auf diesem Gebiet unsererseits ist eine Konfliktsituation entstanden. Einerseits sind wir zur Sicherung des wirtschaftlichen und sozialen Standards mehr denn je auf den Einsatz modernster Technik angewiesen – auch zur Erfüllung der Forderungen des Umweltschutzes. Andererseits wird gerade diese Technik teilweise durch alles andere als nüchterne, manchmal geradezu religionskriegartige Auseinandersetzungen blokkiert. Daß auch die Politik in diesem Spannungsfeld nicht immer sachliche Entscheidungen fällt, ist bedauerlich, aber nicht unverständlich. Wir sind aufgerufen, zwischen der Verantwortung für die Umwelt und der uns gesetzlich auferlegten Verantwortung für eine sichere und kostengünstige Stromversorgung das relative Optimum herauszufinden. Als Unternehmen möchten wir den Dialog eröffnen. In Spannungsfeldern, so lernt man, steckt immer eine gehörige Menge Energie. Diese Energie nutzbringend umzuwandeln und einzusetzen, das ist es, was Zukunft hat.

BILDNACHWEIS

Sämtliche Bilder mit Energiemotiven stammen aus dem Archiv der Abteilung „Presse und Information" der Verbundgesellschaft sowie aus den Sondergesellschaften des Verbundkonzerns. Die Bildauswahl erfolgte durch den Autor. Der Bildnachweis gibt die dem Autor bekannten Rechtsinhaber an. Bei der Fülle der Abbildungen können Irrtümer jedoch nicht ausgeschlossen werden. Sollten Urheberrechte verletzt worden sein, wird der Verlag berechtigte Ansprüche entgelten.

Keystone 55, 75, 101, 189 unten; ORF 113 oben, 189; Weber 33, 63, 66; Lauzensky 54 unten; Pflaum 63; Viennareport 79, 87, 93, 97, 117, 190 oben, 191 unten; CCC-Filmkunst Berlin 83; Gamma 106; Siemens 36, 66 unten, 108 unten, 158; Bissuti 122, 156; Wobrazek 137; Cou 142; Contrast 143; Archiv der Stadt Linz 10 unten; Semotan 144; Kernstock 147 oben; IBM 154; Basta/Mazura 172; profil-Archiv 183; Österreichisches Institut für Zeitgeschichte 25, 29, 36, 85 oben; ÖGB-Bildarchiv 28, 49, 103 unten; Breitenseer Kino 47 oben; Sturm 108 oben; Kofler 22, 53 oben, 107; Pospesch 81 oben; Hubmann 49 unten, 54, 75 oben; Birbaumer 69 oben; Fischer 48; Pressestelle Stadt Wien 12, 13, 27; Hintermayer 90, 91; Watts 70 oben; AP 107 unten, 111, 153, 161 unten, 168, 181 unten; Bartel 161 oben, 169; Henisch 82, 141; IVP-Report 118; Neue AZ-Archiv 9, 15, 35, 76; Kern 28; Wiener Stadt- und Landesbibliothek 74; Constanze 86; Bundespolizeidirektion Wien 14; Votava 6, 7, 18, 19, 21, 23, 29 oben, 30, 31 oben, 32, 35 oben, 36 oben, 37 unten, 38, 39, 40 unten, 41–46, 47 unten, 52, 53 unten, 55, 57, 61, 65, 66, 67, 69–73, 76, 77, 78 unten, 81, 83, 84, 85, 88, 89, 95, 96, 98, 99, 103, 108 unten, 110, 111, 112, 114, 115, 116, 121, 123, 125, 126, 129, 131, 132, 136, 137 unten, 139, 140, 145, 147 unten, 149, 151, 152, 153 oben, 154 unten, 155, 160, 164, 165, 167, 169 unten, 171, 176, 177, 179, 183, 186, 187, 191 oben, 193 oben, 193 rechts; Polygram 193 unten.

LITERATURNACHWEIS

Hellmut Andics, *50 Jahre unseres Lebens. Österreichs Schicksal seit 1918*, Wien/München/Zürich 1968; H. Baschnegger/G. Navara/M. Wagner, *Die Kälte des Dezember. Der illustrierte Pressespiegel zu Hainburg*, Wien 1985; Ekkehard Böhm u.a., *Kultur-Tagebuch, 1900 bis heute*, Braunschweig 1984; Viktor Ergert, *50 Jahre Rundfunk in Österreich*, Bd. 2, Salzburg 1975; Ulrich Gregor, *Geschichte des Films ab 1960*, München 1978; Bodo Harenberg, *Chronik der Menschheit*, Dortmund 1984; G. Jagschitz/K.D. Mulley, *Die wilden fünfziger Jahre*, St. Pölten/Wien 1985; Walter Kleindel. *Die Chronik Österreichs*, Dortmund 1984; Walter Kleindel, *Das große Buch der Österreicher*, Wien 1987; Dennis Meadows, *Die Grenzen des Wachstums*, Stuttgart 1972; Siegfried Nasko, *Österreich. Die Zweite Republik*, Ausstellungskatalog, Wien 1980; Günther Nenning/Andreas Huber, *Die Schlacht der Bäume. Hainburg 1984*. Wien 1985; Jill Pearlman/Wayne White, *Elvis für Anfänger*, Hamburg 1986; Hugo Portisch/Sepp Riff, *Österreich II*, Wien 1986; Eckhard Siepmann u.a., *CheSchahShit: die Sechziger zwischen Cocktail und Molotow*, Berlin 1984; Werner Stein, *Der große Kulturfahrplan*, Wien 1979; Hermann Stöger, *So stand's im Kurier. 25 Jahre Zeitgeschichte im Spiegel einer Zeitung*, Wien 1979.

Literatur zum Thema Energie

Friedrich Achleitner u.a., *100 Jahre Strom in Österreich*, Ausstellungskatalog, Wien 1986; Viktoria Arnold, *Als das Licht kam . Erinnerungen an die Elektrifizierung*, Wien/Graz/Köln 1986; H. Bandhauer/W. Fremuth/H. Orglmeister, *Österreichisches Elektrizitätsrecht*, Wien/München 1975; Walter Frank, *Zur Geschichte der Energieplanung in Österreich*, Wien 1982; Walter Fremuth, *Die Elektrizitätswirtschaft in Österreich*, in: Die österreichische Gemeinwirtschaft, Wien/München 1982; Walter Fremuth, *Zeitgemäße Wirtschaftskunde*, Wien/München 1973; Heinrich Fritzberg, *Geschichte der öffentlichen Elektrizitätsversorgung in Österreich*, Wien 1976; Alexander Kothbauer, *Die Koordinierung der österreichischen Elektrizitätswirtschaft*, Wien 1969; Peter Müller, *Energie. Von der Staumauer zum Kernkraftwerk*, Wien 1978; Peter Müller, *Wärmekraftwerk Dürnrohr – Meilenstein für den Umweltschutz*, Wien/Berlin 1986; Heinrich Sequenz, *Der Wiederaufbau der österreichischen Elektrizitätswirtschaft nach dem Ende des Zweiten Weltkrieges*, Wien 1977; Hans-Günther Sohl, *100 Jahre Strom für Berlin*, Berlin 1984; Walter Starik, *Lichtjahre: 100 Jahre öffentliche Stromversorgung in Österreich*, Wien 1986; Heinrich Stigler, *Entwicklung des Verbundkonzerns. Betriebs- und volkswirtschaftliche Aspekte*, Diplomarbeit, Wirtschaftsuniversität, Wien 1982; Hans Ströbitzer/Friedrich Käfer, *100 Lichtjahre*, St. Pölten/Wien 1987; Oskar Vas, *Wege und Ziele der österreichischen E-Wirtschaft*, Wien 1982; Rudolf Weber, *Mini-Lex der Energie*, Köln 1983; Wilhelm Weber, *Österreichs Energiewirtschaft*, Wien 1957; Markus Weiss, *100 Jahre Strom in Österreich. Entwicklung, Struktur und Tendenzen der Energieversorgung*, Wien 1986.

Der besondere Dank des Autors gilt der Verbundgesellschaft, insbesondere Herrn Helmut Dité, der mit seinen Mitarbeitern der Abteilung „Presse und Information" als ständiger Berater wertvolle Arbeit leistete. Eine wesentliche Grundlage für diese Dokumentation bildet die Diplomarbeit eines weiteren Verbundmitarbeiters, Herrn Dipl.-Ing. Heinrich Stigler. Frau Andrea Ulrich (Presse und Information) und Dr. Erich Demmer („Neue AZ") haben sich um den Bildteil bemüht, Frau Else Gebel (Verbund-Dokumentationszentrum) um die notwendige Literatur.
Auch Herrn Ministerialrat Dr. Leopold Rettinger vom Bundesministerium für Unterricht, Kunst und Sport sei an dieser Stelle besonders gedankt.

Von Wende zu Wende

Sowohl am Beginn unserer gemeinsamen Vorstandstätigkeit 1979 als auch zum Zeitpunkt der Herausgabe dieses Buches 1989 standen entscheidende Ereignisse, die das gesellschaftliche Umfeld und die Rahmenbedingungen für die Unternehmenspolitik der Verbundgesellschaft wesentlich verändert haben: einerseits die Volksabstimmung, die ein Verbot der friedlichen Nutzung der Kernenergie brachte, andererseits die Teilprivatisierung der Verbundgesellschaft.

Das Verbot der Inbetriebnahme des betriebsbereiten Kernkraftwerkes Zwentendorf hatte entsprechende finanzielle und bilanzielle Folgen. Die Abwertung des auf die Verbundgesellschaft entfallenden Hälfteanteils der Baukosten ergab für die Verbundgesellschaft den Tatbestand der Überschuldung. Zur Abwendung eines drohenden Konkurses mußten bei zwei Sondergesellschaften beträchtliche Kapitalherabsetzungen und eine entsprechende Umschichtung der freigewordenen Mittel zur Verbundgesellschaft vorgenommen werden. Der Ausfall des für die sichere Inlandsversorgung eingeplanten Großkraftwerkes mit einer Leistung von 730 Megawatt mußte durch die Errichtung eines Ersatzkraftwerkes auf Steinkohlebasis in Dürnrohr wettgemacht werden. Mehrere aufeinanderfolgende Jahre mit überdurchschnittlich guter Wasserführung einerseits und kleineren Strombedarfszuwachsraten andererseits machten es möglich, den Erzeugungsausfall zu überbrücken, ohne daß es – sieht man von dem extremen Kälteeinbruch im Jänner 1985 ab – zu Versorgungsengpässen kam. Anfang 1985 waren allerdings Notimporte zu hohen Preisen aus der Schweiz und der BRD erforderlich.

Mit dem Verbot der Kernenergie hat Österreich als erster westlicher Industriestaat auf diese Möglichkeit der Energieerzeugung verzichtet. In der Folge mußte der Ausbau der Wasserkraft forciert werden. Es wurden nicht nur die Kraftwerksprojekte Melk, Greifenstein (Österreichische Donaukraftwerke AG), Villach, Kellerberg, Paternion (Österreichische Draukraftwerke AG), Zillergründl, Bischofshofen, Urreiting, Grafenhof, St. Johann, Gerlos II (Tauernkraftwerke AG), Nußdorf (Österreichisch-Bayerische Kraftwerke AG) realisiert, sondern auch beim weiteren Donaukraftwerksausbau auf eine Verkürzung der Bauzeit von drei auf zweieinhalb Jahre übergegangen. Neben diesen Wasserkraftwerksprojekten wurden auch die thermischen Kraftwerke Voitsberg 3 der Österreichischen Draukraftwerke AG und Dürnrohr der Verbundkraft Elektrizitätswerke Gesellschaft m. b. H. errichtet.

Die Investitionen des Konzerns in Stromerzeugungs- und -verteilungsanlagen betrugen im Zeitraum 1978 bis 1987 64 Milliarden Schilling. Die Investitionsschwerpunkte lagen in den Jahren 1982 bis 1984, wobei das Jahr 1982 mit Investitionsausgaben von 9,6 Milliarden Schilling besonders hervorsticht. Gemessen am Sachanlagevermögen, das heute einen realen Wert von mehr als 230 Milliarden Schilling repräsentiert, ist die Verbundgesellschaft mit ihren Tochtergesellschaften in dieser Hinsicht Österreichs größter Konzern.

Die Zäsur, die sich mit dem Verzicht auf die Kernenergie für die weiteren Ausbaupläne des Verbundkonzerns ergab, fand auch in weiterer Konsequenz in einer verstärkten Berücksichtigung von Anliegen des Umweltschutzes im Ausbau konventioneller Kraftwerke ihren Ausdruck. Allein beim Verbundkraft-Block des Kraftwerkes Dürnrohr betrugen die auf Investitionen für den Umweltschutz entfallenden Ausgaben für die Rauchgasreinigung rund ein Viertel der Baukosten von insgesamt rund sieben Milliarden Schilling. Auch Altanlagen wurden nachgerüstet. Für Wasserkraftwerke wurden im Hinblick auf die Landschaftsgestaltung ebenfalls neue Wege beschritten, wie etwa der Gießgang beim Donaukraftwerk Greifenstein oder die landschaftsgestalterischen Maßnahmen beim Ausbau der Drau- und Salzachstufen beweisen.

Eine Folge des Ereignisses Zwentendorf, das das hohe Risiko der Verbundgesellschaft als vom Gesetz vorgesehener Beauftragter für die Veranlassung der Errichtung von Großkraftwerken bewußtmachte, war auch eine bilanzpolitische Neuorientierung. Die Bilanzpolitik war im weiteren Verlauf in noch stärkerem Maße von kaufmännischer Vorsicht getragen.

Von Änderungen war auch die Unternehmensfinanzierung bzw. das Finanzmanagement betroffen. Während in bezug auf die Fremdkapitalbeschaffung in den Nachkriegsjahren günstige ERP-Mittel und Weltbankkredite im Vordergrund standen, haben mit der Normalisierung der wirtschaftlichen Verhältnisse im zunehmenden Umfang die Fremdmittelaufnahmen auf den Kapitalmärkten des In- und Auslandes an Bedeutung gewonnen. Wiederholt wurden neue Finanzierungsinstrumente, wie Swap-, Partly-paid-Transaktionen usw. verwendet, wie überhaupt der Effizienzsteigerung und Straffung des Finanzmanagements eine hohe Bedeutung zugemessen wurde. Nicht unerwähnt bleiben soll, daß dem Verbundkonzern im vergangenen Jahrzehnt zunehmend weniger Mittel aus der Eigenaußenfinanzierung zur Verfügung gestellt wurden. Das Grundkapital verschiedener Gesellschaften des Konzerns konnte im vergangenen Jahrzehnt um 3485 Millionen Schilling angehoben werden, doch rührten davon 1535 Millionen Schilling aus Dividendenleistungen von Sondergesellschaften oder aus Kapitalumschichtungen her, sodaß der Aktionär Bund nur 1950 Millionen Schilling aus eigenem aufbringen mußte. Abgesehen von der Bereitschaft des Bundes, für Anleihen, Darlehen und sonstige Kredite des Verbundkonzerns die Haftung zu übernehmen, wurden dem Verbundkonzern keine weiteren Begünstigungen bei der Investitionsfinanzierung zuteil. Im Gegenteil, seit 1985 werden keine ERP-Großkredite mehr gewährt, und es stehen auch keine anderweitigen, geförderten Sonderfinanzierungen zur Verfügung. Auch scheidet der Umwelt- und Wasserwirtschaftsfonds für begünstigte Fremdmittelinanspruchnahmen aus, obwohl die Gesellschaften des Verbundkonzerns hohe Investitionen, insbesondere zur Aus- und Nachrüstung der Kohlekraftwerke mit Rauchgasreinigungsanlagen, getätigt haben.

Analog zum Abbau von Vorteilen bei der Aufnahme von langfristigen Fremdmitteln ergaben sich auch auf dem Gebiet der Selbstfinanzierung einschneidende Änderungen. Durch den Wegfall der jahrzehntelang für EVU geltenden Begünstigungen auf dem Gebiet der Gewerbe- und Vermögenssteuer per 1. 1. 1988 sah sich der Konzern beträchtlichen Kostensteigerungen gegenüber. Trotz weiterer Kostensteigerungen aufgrund der hohen Grenzgestehungskosten neuer Kraftwerke konnte der Verbundtarif im internationalen Vergleich im unteren Bereich des Strompreisspektrums gehalten werden.

Trotz Rückgang des Gesamtenergieverbrauchs nach den Ölpreisschocks war das vergangene Jahrzehnt durch einen stetigen Anstieg des Strombedarfs gekennzeichnet. Dieser betrug im Durchschnitt der Jahre 1978 bis 1988 rund 2,7 Prozent pro Jahr. Auf Basis des derzeitigen österreichischen Stromverbrauches bedeutet eine solche Steigerungsrate etwa 1100 GWh pro Jahr oder die Hälfte der Jahreserzeugung der umstrittenen Donaustaustufe Hainburg. Zur Deckung des Bedarfes mußten neben dem Ausbau von hydraulischen und thermischen Kraftwerken Stromimportverträge mit ausländischen Partnern abgeschlossen werden. Im besonderen ist der Vertrag über den Strombezug aus Polen hervorzuheben. Daneben wurden auch zahlreiche Tauschverträge abgeschlossen: Vorwiegend wird dabei hydraulisch erzeugte Sommerenergie nach jeweils vereinbarten Schlüsseln gegen höherwertige Winterenergie abgetauscht.

Der wachsende Strombedarf erforderte nicht nur zusätzliche Erzeugungseinheiten, sondern stellte auch höhere Anforderungen an das überregionale Hochspannungsnetz. Ein Übergang von der 220-kV-Ebene auf die 380-kV-Ebene war die logische Folge. Insgesamt wurden im vergangenen Jahrzehnt 500 Kilometer an 380-kV-Leitungen errichtet. Weitere 1222 Kilometer entfielen auf die Erweiterung der 110-kV- und 220-kV-Leitungen.

Im Hinblick auf die verstärkte Kooperation mit den Anrainerstaaten wurde die Gleichstromkurzkupplung in Dürnrohr errichtet, die eine Verbindung des osteuropäischen Stromnetzes mit dem West-Netz der UCPTE herstellt. Damit bekam Österreich eine wichtige Drehscheibenfunktion, die ihm neben einer erhöhten Versorgungssicherheit auch kommerzielle Chancen im internationalen Stromhandel garantiert.

Elektrische Energie ist ein ganz besonderes Produkt. Der Strom muß genau in jenem Augenblick erzeugt und geliefert werden, in dem der Konsument ihn benötigt, also den Schalter betätigt. Diese Besonderheit hat nicht nur zu einer im 2. Verstaatlichungsgesetz festgelegten besonderen Organisationsform des Wirtschaftszweiges Elektrizitätswirtschaft geführt, sondern auch zu ständigen Verbesserungsbemühungen in all den Jahren seit Österreichs Wiederaufbau.

Optimal aufeinander abgestimmter Einsatz des gesamtösterreichischen Kraftwerksparks gehört ebenso dazu wie die bereits erwähnten innerbetrieblichen Rationalisierungen und Verbesserungen innerhalb des Verbundkonzerns und der Verbundgesellschaft. Durch den Abschluß von Kooperationsverträgen mit mehreren Landesgesellschaften ist in den letzten Jahren die Optimierung der Energieaufbringung durch Abtausch von Erzeugungsmengen unterschiedlicher Charakteristik weiter verbessert worden. Im Rahmen des Verbundkonzerns selbst haben diese Optimierungs- und Rationalisierungsbemühungen bereits deutliche Erfolge mit sich gebracht. Eine straffe Planung und eine dreifache Kontrolle, nämlich eine dem Baubeginn von Projekten vorausgehende, eine begleitende und eine betriebliche Kostenkontrolle, haben dazu geführt, daß der Stromtarif der Verbundgesellschaft im internationalen Vergleich, wie erwähnt, sehr günstig gehalten werden konnte.

So wurde beispielsweise eine EDV-unterstützte betriebliche Vorschaurechnung installiert, mit deren Hilfe über einen Betrachtungszeitraum von fünf bis zehn Jahren die Unternehmensentwicklung bezüglich Investitionstätigkeit, Finanzierungserfordernissen und Betriebsergebnissen bis hin zur Erstellung von Planbilanzen abgebildet werden kann – ein wichtiges Instrument der Unternehmensplanung.

Mit der organisatorischen Straffung ging auch ein Ausbau der sowohl auf Konzernebene als auch im Rahmen der Verbundgesellschaft bestehenden Kontrolleinrichtungen einher. Die Konzernrevision erhielt eine neue Revisionsordnung, die ihr eine wirkungsvolle Prüfungstätigkeit ermöglicht. Die Ausarbeitung von abgestimmten Grundsätzen der Unternehmensführung und die Einführung eines effizienten Controllings sind im Gange.

In der Verbundgesellschaft selbst wurde die Innenrevision personell gestärkt und dem Vorstand direkt unterstellt. Größter Wert wird seit Jahren auf die Forcierung der Aus- und Weiterbildung unserer Mitarbeiter gelegt. Eine eigene Führungskräfteakademie sowie ein umfangreiches Angebot an internen und externen Seminaren soll dafür Sorge tragen, daß die im Verbund Tätigen auf der Höhe der Erfordernisse ihrer Aufgaben agieren können.

Mit Inkrafttreten des Bundesverfassungsgesetzes vom 2. Juli 1987, mit dem das aus dem Jahre 1947 stammende 2. Verstaatlichungsgesetz novelliert wurde, sind die bisher von der Verbundgesellschaft treuhändig verwalteten Bundesbeteiligungen an den Sondergesellschaften, ausgenommen die Vorarlberger Illwerke Aktiengesellschaft, in das Eigentum der Verbundgesellschaft übergegangen. Das Entgelt dafür betrug sechs Milliarden Schilling, der Bund setzt diese Mittel zur Finanzierung einer Forschungs- und Technologieoffensive ein.

Mit der Novelle 1987 zum 2. Verstaatlichungsgesetz, das Grundlage und Auftrag der Verbundgesellschaft und der gesamten Bundes-Elektrizitätswirtschaft ist, wurde die Basis für die Teilprivatisierung von EVU geschaffen, die im Eigentum von Gebietskörperschaften oder von Unternehmungen stehen, an denen Gebietskörperschaften beteiligt sind.

Nach umfangreichen Vorarbeiten, insbesondere im Zusammenhang mit der Unternehmensbewertung, wurde, nachdem sich der Alleinaktionär Bund entschlossen hatte, sofort 49 Prozent seines Aktienpaketes zu veräußern, der Aktienverkauf in der Zeit vom 21. bis 24. 11. 1988 durchgeführt und damit die bisher größte Privatisierung und Aktienplacierung in Österreich überhaupt realisiert. Im Hinblick auf die hohe Bonität des Verbundkonzerns, die Ausstattung der Verbund-Aktie mit besonderen Vorzügen für den Anleger (niedriges Nominale, Dividendenvorzug, Teileinzahlungen, Treuebonus), die ausgezeichnete Zusammenarbeit mit allen an der Teilprivatisierung Beteiligten und das richtige Timing des Vorhabens konnte der Aktienverkauf mit Erfolg abgewickelt werden. Die Aktie beziehungsweise das Interimszertifikat I notierte am 6. 12. 1988 erstmalig an der Wiener Börse, ihr Kurs entwickelt sich seither sehr gut. Für das Jahr 1988 wurde bereits eine Dividende von 9 Prozent ausgeschüttet, für 1989 sind 16 Prozent vorgesehen.

Ende Juni 1989 fand in der Geschichte der Verbundgesellschaft erstmalig eine Hauptversammlung vor einem großen Forum statt. Der Vorstand gab vor 1000 Teilnehmern nicht nur Rechenschaft über das Geschäftsjahr 1988, sondern hatte auch die Gelegenheit, die Schwierigkeiten, mit denen der Verbundkonzern nicht zuletzt aufgrund einer in Umweltfragen zunehmend kritischer und der Technik skeptischer gegenüberstehenden Öffentlichkeit konfrontiert ist, darzulegen.

Mehr als 70.000 Aktionäre bedeuten für das Unternehmen, das damit zur größten Publikumsgesellschaft Österreichs geworden ist, Herausforderung und Chance zugleich. Wenn es gelingt, die ökonomischen Erfordernisse in Abwägung mit den ökologischen Aspekten verständlich zu machen und eine Identifikation der Aktionäre mit der Geschäftspolitik der Gesellschaft herbeizuführen, wäre damit eine wichtige Basis für eine weitere erfolgreiche Entwicklung des Unternehmens gelegt.

Eine Öffentlichkeitsarbeit des Verbundkonzerns, die sich am Dialog orientiert, und unser persönlicher sowie der Einsatz unserer führenden Mitarbeiter, sei es durch Lehr- und Vortragstätigkeit an den Hochschulen, sei es durch offene Diskussion mit den Bürgern, beginnt bereits Erfolge zu zeigen. „Wir müssen uns Energiefragen stellen" und „Wir leben im Verbund" sind nicht nur Slogans.

Auf Wunsch des Hauptaktionärs, der Republik Österreich, wird die Satzung der Verbundgesellschaft in einer außerordentlichen Hauptversammlung im November 1989 erweitert: Der Verbundkonzern soll sich nicht mehr nur um die Sicherstellung der Stromversorgung Österreichs kümmern, sondern seine Ingenieurleistung und sein Know-how auch in weiteren Geschäftsbereichen einsetzen. Modernes Abfallmanagement, Wasserwirtschaft und effizienter Energieeinsatz sind Aufgabenbereiche für ein modernes, innovatives Dienstleistungsunternehmen, das in allen Bereichen der Ver- und Entsorgungstechnologien Lösungen mit Zukunft anbieten kann. Die Erfolge der bereits vor zwei Jahren gegründeten „Forschungsinitiative" des Verbundkonzerns, vor allem auf dem Sektor der Erprobung alternativer Formen der Energiegewinnung – wie das gemeinsam mit der OKA auf dem Loser gebaute Solarkraftwerk oder Forschungen im Zusammenhang mit Elektroautos für den City-Verkehr –, haben einer breiteren Öffentlichkeit bereits gezeigt, daß die Verbundgesellschaft für die neuen Aufgaben gerüstet ist.

Der Vorstand

Hon. Prof. Komm.-Rat Mag. Dr. Walter Fremuth
Generaldirektor
der Österreichischen Elektrizitätswirtschafts-AG

Dkfm. Hannes Zach
Generaldirektor-Stellvertreter
der Österreichischen Elektrizitätswirtschafts-AG